# 基金理财

基金筛选+组合配置+交易策略

蚂蚁不吃土 ◎ 著

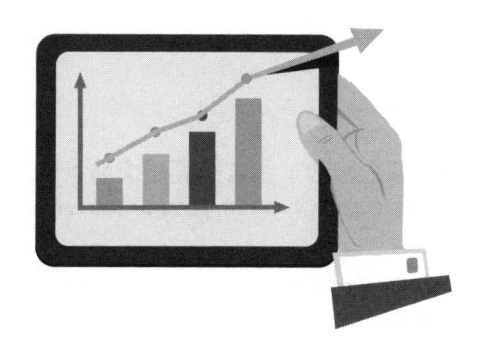

中国铁道出版社有限公司
CHINA RAILWAY PUBLISHING HOUSE CO., LTD.

图书在版编目（CIP）数据

基金理财：基金筛选+组合配置+交易策略/蚂蚁不吃土著. -- 北京：中国铁道出版社有限公司，2024.9.
ISBN 978-7-113-31446-0

Ⅰ.F830.59

中国国家版本馆CIP数据核字第2024PG5968号

| 书　　名：| 基金理财——基金筛选+组合配置+交易策略 |
|---|---|
| | JIJIN LICAI: JIJIN SHAIXUAN + ZUHE PEIZHI + JIAOYI CELÜE |
| 作　　者：| 蚂蚁不吃土 |

| 责任编辑：张　明 | 编辑部电话：(010)51873004 | 电子邮箱：513716082@qq.con |
|---|---|---|
| 封面设计：仙　境 | | |
| 责任校对：苗　丹 | | |
| 责任印制：赵星辰 | | |

出版发行：中国铁道出版社有限公司（100054，北京市西城区右安门西街8号）
网　　址：http://www.tdpress.com
印　　刷：河北宝昌佳彩印刷有限公司
版　　次：2024年9月第1版　2024年9月第1次印刷
开　　本：710 mm×1 000 mm　1/16　印张：15.25　字数：254千
书　　号：ISBN 978-7-113-31446-0
定　　价：79.00元

**版权所有　侵权必究**

凡购买铁道版图书，如有印制质量问题，请与本社读者服务部联系调换。电话：(010)51873174
打击盗版举报电话：(010)63549461

# 序 言

在基金理财过程中,你是否遇到过下面这些困惑:

预期收益目标设置为多少合适?风险承受能力如何量化?在哪种渠道购买基金成本比较低?有哪些好用的基金理财工具?怎样筛选适合自己的基金?怎样选择适合自己投资风格的基金经理?如何构建基金组合?怎样进行基金定投?基金亏损后是补仓、止损还是持有不动?如何确定买入、卖出时机?如何从基金季报、年报中获取有价值的信息?

对于上述困惑,你可能看过一些关于基金理财的书或文章,读的时候感觉懂了,但操作时还是不会。

在基金理财过程中,你是否犯过下面这些错误:

盲目追逐热点概念基金;恐惧于市场大跌而将持有的基金卖出;买个人或者基金销售平台推荐的基金;没有经验,凭个人感觉或喜好随便买卖基金,频繁交易;根据行业估值或者业绩排行榜买基金;盲目买入知名基金经理管理的基金;没有构建适应自己风险承受能力的基金组合;买入基金后,不再关注,对于不合适的基金没有及时调整;盲目追求高收益而买入高风险基金,忽略了个人风险承受能力;认为行情好或者想抄底而借钱买基金;认为持有基金种类越多越能分散风险;认为基金净值越低越值得购买;认为定投的最好选择是指数基金;没有做好资产配置……

我是蚂蚁不吃土,从 2011 年开始接触基金理财,不知不觉已经十多年了。我开始时也是什么都不懂,在理财期间也遇到过不少困难,后来经过长期持续学习,加上实践、摸索,逐渐对基金理财有了一定的理解,形成了适合自己的投资观。所以，我对一些理财经验不足的朋友的辛酸理财路深有感触，毕竟我们都是从小白起步的。

对于普通投资者而言，接触最多的理财渠道除了银行存款外或许就是股票、基金了。A股上所谓的"七亏二平一赚"，看似戏言，其实确实如此。很多普通投资者在股市中是赚不到钱的，成为其中的"七"，不仅亏损，还浪费时间、精力。股市或许真的不适合多数普通投资者。一些散户易受外部因素干扰，盲目进入市场，追涨杀跌，遇到热点就追，天天盯盘，情绪随市场涨跌而起伏不定。股市中从不缺一时脑热而盲目买入的人，担心晚一分钟就买不到了，这些人很容易成为被收割对象。

我们知道，即使行情再差也有人赚钱，但真的很难，很多散户妄图用几万元资金在A股实现财富自由，结果多次失败，多次又重来。有时某只股票在收盘前突然大幅波动，多数人根本不知道发生了什么，而已经有人或机构"先知先觉"地完成交易了。是有什么我们不知道的消息吗？我们也只能在收盘后的市场信息里验证了。有些人或机构能超前"看见"普通投资者看不见的东西，比如一些政策、公司的重大事件等，跟他们相比，多数投资者胜算很低。对于普通投资者来说，通过基金进入市场，是一个比较不错的途径，因为基金的整体风险较股票低，也不用浪费太多精力，一个好的基金管理团队比普通投资者强多了。但这并不意味着，通过基金理财赚钱很容易。确实，比我们更专业的基金经理能让基金取得良好的整体业绩，但是，再牛的基金经理也挡不住一些基民的追涨杀跌。

例如，在经历了2019年、2020年基金市场的繁荣后，由于基金"赚钱效应"凸显，越来越多的投资者开始通过基金理财。这其中就包括一些经验不足甚至没有经验的投资者（并不是说你买了几年基金就有经验了）。他们没有基本的理财知识，也没有风险意识，频繁操作，追涨杀跌，不注重风险控制，不懂止盈，盲目追热点，生怕错过机会，更有甚者把基金当作股票来炒，等到市场大跌被套时，也只能无奈接受现实。但是，他们总是一次又一次做着相同的事情，却希望得到不同的结果。自然，"市场先生"会给他们点儿颜色瞧瞧。于是，在2021年春节后，市场给了他们当头一棒。2021年春节前后市场风格突变，春节前大火的消费、新能源、医疗等基金，在春节后持续下跌，春节前追高的"基民"对市场盲目乐观，错以为会一直涨下去，盲目追热点，导致追高被套在山顶,甚至有人被套到了2022年。

长期来看,股市中的大多数普通投资者就算买基金也赚不到多少钱,因为他们没有形成合理科学的理财观。"市场先生"就是这么反复且不可预测,风险无处不在。所以,看好你的本金,理财时根据个人实际情况构建一个适合自身风险承受能力的投资组合是很重要的。

有的投资者成功做到了通过理财获取正收益,但有的投资者却是越理财,财越少。我不建议在对基金理财知识所知不多的情况下就匆匆进入市场盲目买入基金。有些人一开始就是买了基金销售平台上推荐的产品,抑或是追逐热点概念,看到基金短期业绩好就买入,导致被套。基金理财虽不复杂,但也没有简单到随便买几只别人推荐的基金就能赚钱的程度。

在这个阶段,我建议读一些与基金理财相关的书籍,丰富自己的理财知识,边学习边用少量资金实践,理论结合实际,积累经验,提高自己的理财能力,最终形成自己的理财观念。如果没有实践,理论知识再牢固也不过是"纸上谈兵"罢了。

当然也有人认为,自己没有钱,不适合理财。这种观点是不正确的。钱少也可以理财,可以为以后做准备,积累经验,毕竟我们以后的收入是会增长的,不要等到有了钱的时候却没有理财能力。我觉得大家应该尽早接触理财,理财是伴随我们一生的事情,对我们每一个人来说都很重要,只有掌握足够的理财知识,才能在长期的投资中获益。其实,基金理财不需要过多的本金就可以开始,早期可以用少量资金实践,减少试错成本,这时候就算亏损了,也不会有很大损失,后期则需尽量避免再次踩坑。

不积跬步,无以至千里;不积小流,无以成江海。

写作本书的原因一个是很多粉丝朋友看了我在知乎、公众号等自媒体平台上写的文章后都希望我系统性地讲解基金理财知识,这样学习也比较方便;另外一个原因就是周边朋友经常咨询一些理财方面的问题,这也让我感到原来很多人的理财知识储备是很不足的。思之再三,经过长期筹备,也就有了这本书。在本书中,我会根据每一章的内容,结合我的基金实操经验来对讲解的知识进行实战演练,这样理论结合实际,加深大家对已讲解知识的印象。

本书包含关于基金工具使用、基金筛选等相关内容的三节实战课,以及两个基金组合分析实例，手把手教你使用基金工具筛选基金，构建基金组合，让你在基金理财过程中实现收益最大化。希望通过对本书的阅读，能够让大家学会基金理财，获得工资之外的收入。当然，这并不是一蹴而就的，理财，虽与我们息息相关，但任重而道远，需要我们结合书中讲解的知识不断去实践，去积累自己的理财经验，持续优化原有的投资理念，适应市场。

投资，知易行难，很多简单的道理我们都听过，可就是做不来。因此，不要急于求成，不要投机，努力提高自己的投资能力，赚钱就只是自然而然的结果。

如果在学习的过程中有疑问，大家可以添加我的微信（z1059972278）咨询，在公众号"蚂蚁不吃土"上我也会持续分享我的理财观点。

作　者

2024 年 6 月

# 目 录

**第一章　基金的概念与分类　/　1**
　　一、基金简介 / 2
　　　　（一）基金的概念 / 2
　　　　（二）基金的名称 / 2
　　　　（三）基金收益来源 / 3
　　二、基金的分类 / 3
　　　　（一）基金投资对象 / 3
　　　　（二）投资风格 / 6
　　　　（三）投资策略 / 7
　　　　（四）基金份额是否可以变动 / 7
　　　　（五）投资地域 / 8
　　　　（六）基金交易场所 / 10
　　　　（七）发行方式 / 11
　　　　（八）组织形态 / 12
　　　　（九）特殊类型基金 / 12

**第二章　基金费用与交易渠道　/　16**
　　一、基金费用 / 17
　　　　（一）基金交易手续费 / 17
　　　　（二）基金运作费 / 20
　　　　（三）基金的 A 类份额与 C 类份额的区别 / 22

二、基金交易渠道 / 24

  （一）场内交易 / 24

  （二）交易成本 / 28

  （三）场外交易渠道 / 29

三、一级市场与二级市场 / 32

四、北向资金与南向资金 / 33

## 第三章　基金理财的常用工具　/ 36

一、常用工具 / 37

  （一）晨星网 / 37

  （二）天天基金 / 39

  （三）支付宝 / 41

  （四）基金 E 账户 / 42

二、常用参考指标 / 43

  （一）标准差 / 43

  （二）最大回撤 / 43

  （三）夏普比率 / 44

  （四）贝塔系数（$\beta$）/ 44

  （五）阿尔法系数（$\alpha$）/ 45

三、工具使用实战 / 45

  （一）使用晨星网筛选 / 46

  （二）使用天天基金筛选 / 48

  （三）使用支付宝筛选 / 52

## 第四章　基金筛选　/ 55

一、基金筛选 / 56

  （一）基金业绩 / 57

  （二）基金经理 / 60

  （三）基金持仓 / 61

  （四）基金规模 / 62

（五）基金成本 / 63

　　（六）基金评级 / 63

　　（七）第三方推荐的基金 / 63

　　（八）形成自己的"基金池" / 64

　　（九）累计净值 / 65

　　（十）不推荐基金打新 / 65

　　（十一）不建议购买封闭基金 / 66

　　（十二）学以致用，实践中积累经验 / 66

二、基金经理 / 66

　　（一）不要盲从基金经理 / 67

　　（二）如何选择基金经理 / 68

　　（三）基金经理变更后，我们要如何操作 / 72

　　（四）基金管理中的违法操作 / 73

三、基金定期报告 / 73

　　（一）披露日期 / 73

　　（二）基金年报 / 75

四、基金规模 / 87

　　（一）规模过小 / 87

　　（二）规模过大 / 89

五、基金赚钱，投资者不赚钱 / 90

　　（一）基金赚钱，投资者不赚钱分析 / 90

　　（二）投资者操作损益 / 91

六、基金净值越低越值得买吗 / 93

七、实战经历 / 95

　　（一）使用晨星网筛选 / 96

　　（二）使用天天基金筛选 / 99

　　（三）使用支付宝筛选 / 100

## 第五章 资产配置与基金组合 / 102

### 一、投资风险 / 103
（一）系统性风险 / 103
（二）非系统性风险 / 103
（三）投资中的不可能三角 / 104

### 二、低风险理财产品 / 104
（一）债券型基金 / 105
（二）货币型基金 / 111
（三）银行存款 / 111
（四）大额存单 / 111
（五）国债与国债逆回购 / 113

### 三、资产配置 / 118
（一）美林时钟 / 120
（二）合理进行资产配置 / 121
（三）资产配置举例 / 124

### 四、基金组合 / 127
（一）基金组合形式 / 127
（二）如何构建基金组合 / 129

### 五、基金组合分析实例 / 141
（一）组 合 一 / 141
（二）组 合 二 / 144

## 第六章 基金交易 / 149

### 一、基金申购 / 150

### 二、基金赎回 / 152
（一）基金止盈 / 152
（二）基金标的不再适合，及时更换 / 158
（三）急用钱卖出基金 / 158
（四）割肉或者止损 / 158

三、基金亏损后是"割肉"还是硬扛 / 161
　　（一）顺势而为 / 161
　　（二）逆势而上 / 162
四、如何做到逢低分批买入 / 165
　　（一）不要一下跌就买入 / 166
　　（二）如何认定相对低点 / 166
五、在连续下跌行情下，基金经理为何不调仓 / 168
六、基金回本后，要如何操作 / 169
七、基金净值大幅变化分析 / 170
　　（一）市场环境巨变引起 / 170
　　（二）基金分红 / 170
　　（三）基金份额合并、拆分 / 171
　　（四）巨额赎回 / 173
八、实战经历 / 176

## 第七章　指数基金与基金定投 / 180

一、指数基金的定义 / 181
二、指数基金分类 / 181
　　（一）复制方式 / 181
　　（二）交易方式 / 182
　　（三）指数覆盖范围（指数代表性）/ 182
　　（四）跟踪标的资产类别 / 183
三、A股宽基指数 / 184
　　（一）沪深300指数 / 184
　　（二）上证50指数 / 186
　　（三）中证系列规模指数 / 187
　　（四）创业板指数 / 189
　　（五）科创50指数 / 189
　　（六）中证科创创业50指数 / 189
　　（七）各指数收益情况及相关性 / 190

四、港股宽基指数 / 191
    （一）恒生指数 / 191
    （二）恒生中国企业指数 / 193
    （三）恒生科技指数 / 194

五、美股宽基指数 / 195
    （一）纳斯达克 100 指数 / 195
    （二）标准普尔 500 指数 / 196

六、策略（加权）指数 / 197
    （一）红利指数 / 198
    （二）基本面指数 / 199
    （三）价值指数 / 200
    （四）低波动指数 / 200
    （五）策略指数收益对比 / 200

七、基金定投 / 201
    （一）定投定义 / 201
    （二）对基金定投的看法 / 201
    （三）定投类型 / 202
    （四）定投优势 / 203
    （五）如何定投 / 204
    （六）定投终止 / 206
    （七）定投误区 / 206
    （八）基金定投与指数基金 / 208

## 第八章 基金亏损原因及应对 / 211

一、市场大环境不好，基金普遍下跌 / 212

二、基金选择不合理，盲目买入 / 215
    （一）"唯业绩论"，只选择业绩排名靠前的基金 / 215
    （二）跟风买入知名基金经理管理的基金 / 215
    （三）盲从专家，选择他们推荐的基金 / 216
    （四）莫被基金理财课程忽悠 / 217

（五）不建议看直播买基金 / 217

　　（六）盲目买入基金销售平台推荐的基金 / 218

三、基金组合不合理，无法分散风险 / 218

四、持有期短、交易频繁，易错失机会且成本高 / 219

　　（一）持有期短可能会错过市场快增长时期 / 219

　　（二）交易频繁会提高持基成本 / 221

五、交易时机不合理，追涨杀跌 / 222

　　（一）买入时机不对——追涨、盲目抄底 / 223

　　（二）卖出时机不对——低卖 / 224

六、资产配置不合理 / 225

七、没有及时止盈、止损 / 226

　　（一）止　　盈 / 226

　　（二）止　　损 / 228

八、加杠杆，急于还债，低价卖出 / 228

# 第一章

## 基金的概念与分类

基金是指为了某种目的或用途而设立的具有一定数量的资金，比如我们经常听到的公积金、保险基金、退休基金等，本书所指基金专指证券投资基金。

不同国家、地区对基金的称谓各异。在美国，其被称为"共同基金"；在日本，其被称为"证券投资信托基金"；在英国，其被称为"单位信托基金"；在欧洲其他一些国家，则被称为"集合投资基金"或"集合投资计划"。

# 一 基金简介

## （一）基金的概念

基金是基金管理人通过公开发售基金份额来募集资金，作为独立的基金资产，由基金托管人（银行、券商等）托管，由基金管理人以资产组合的方式进行证券投资，由基金投资人共享投资收益、共担投资风险的集合投资方式。

通俗来讲，就是投资人把自己的钱交给更专业的基金经理，让基金经理去投资各类股票、债券等金融资产，投资人享受收益，同时也承担一定的风险。

## （二）基金的名称

基金名称的组成：基金管理人＋投资方向＋运作方式＋基金类型＋份额类别，这里注意，名称中要素并非须齐全。

比如通过"前海开源中药股票A"，我们可以知晓：该基金的管理人为前海开源基金管理有限公司，投资方向是中药行业，基金类型为股票型，基金份额为A类份额。

基金名称中的投资方向，大致可分为：行业或主题，比如医药、新能源、消费等；指数，比如上证50指数、沪深300指数、纳斯达克100指数等；投资的市场或区域，比如全球、亚洲等；投资交易所板块，比如科创板、创业板等。当然，并非所有的基金都会列出投资方向，我们需要注意的是，有时候基金的投资方向会发生"风格漂移"，比如名称中指明投资方向为文体休闲，但是可能当时的市场趋势在新能源行业，于是部分基金经理就会重仓与文体休闲无关的新能源基金，这个时候我们可以通过查看基金的重仓股或者根据基金的定期报告来判断基金的投资方向。

基金名称中的运作方式是指定期开放、持有期运作、封闭等运作类型，默认运作方式是普通的开放式基金。以"红土科技创新3年封闭混合"这只基金为例，其运作方式属于封闭式基金，在三年的封闭期内不可以进行申购、赎回操作。

### （三）基金收益来源

基金收益来源主要有以下五种。

资本利得：买卖股票或者债券等产生的资本利得，这是权益类基金的主要收益来源。

利息：投资债券获得的定期利息及银行存款产生的利息。开放式基金应当持有不低于基金资产净值5%的现金或到期日在一年以内的政府债券以应对基金赎回。

红利：基金持仓的股票的分红。

股息：基金购买公司优先股而获得的该公司净利润分配所得，通常是按一定的比例事先规定的。优先股股息率固定，可以先于普通股分配公司利润，在分配公司剩余财产时，优先股的索偿权次于债权人，优先于普通股。优先股只能通过优先股的赎回条款被公司赎回，股东无选举权、被选举权，通常对公司的经营也没有参与权。

赎回费：赎回费用会按照一定比例计入基金资产。

## 二 基金的分类

根据不同的分类方式，基金可分为多种类型，我们平日接触最多的基金分类方式是根据基金的投资对象划分的，这也是一种最普遍的基金分类方式。

### （一）基金投资对象

根据基金投资对象，基金可分为货币型基金、债券型基金、混合型基金、股票型基金等。

**1. 货币型基金**

货币型基金仅投资于货币市场，其投资范围一般为：现金，期限在一年以内（含一年）的银行存款、债券回购、中央银行票据、同业存单，剩余期限在397天以内（含397天）的债券、非金融企业债务融资工具、资产支持证券，以及证监会、中国人民银行认可的其他具有良好流动性的货币市场工具。

货币型基金流动性强，安全性高，亏损可能性极低，相应地，其收益率也很低，余额宝就是一种常见的货币型基金，截至2023年8月23日，余额宝七日年化收益率已跌破2%。货币基金净值固定不变，一般为1元，投资收益的增加表现为投资者所拥有基金份额的增加，在周末、节假日也有收益。货币型基金无申购费、赎回费，有管理费、托管费、销售服务费。货币型基金的收益情况主要参考每日万份收益与七日年化收益率这两个指标。每日万份收益是指用一万元投资货币基金每天所获得的收益，货币型基金的实际收益应以每日万份收益为准。

七日年化收益率是将货币型基金最近七天的平均收益率进行年化以后得出的收益率数据，用来预估一年的收益率，反映了基金过去七天的收益情况。以余额宝为例，2023年8月23日的七日年化收益率为1.555%，它是根据从昨日开始往前七天的平均实际收益推算而来的，若该收益率不变，则持有一年收益率为1.555%。

年化收益率是将一段时间的收益率换算成一年的收益率，是一种理论收益率，并不代表持有基金在未来一年内可以取得该收益率水平，不等同于实际年收益率，其计算公式为：（收益÷本金）÷（投资天数÷365）×100%。

**2. 债券型基金**

债券型基金80%以上的基金资产投资于债券，主要是国债、金融债、企业债及可转债等，可细分为纯债型债券基金、一级债券基金、二级债券基金、可转债债券基金。利率风险（债券对利率变动的敏感度，债券价格与利率呈反向变动关系）与信用风险是影响债券型基金业绩的主要因素。

纯债型债券基金（以下简称纯债基金）专门投资债券，不投资股票等高风险资产，收益稳定，不会大起大落，走势和股票市场一般呈负相关关系。根据主要投资的债券资产的剩余期限（债券还有多长时间还本付息），纯债基金可细分为以下四种类型,见表 1-1。

表 1-1  纯债基金分类

| 纯债基金 | 主要投资债券的剩余期限 |
| --- | --- |
| 超短债基金 | 一般不超过 270 天(含) |
| 短债基金 | 一般不超过 397 天(含) |
| 中短债基金 | 一般不超过 3 年(含) |
| 其他纯债基金 | 比较灵活 |

一级债券型基金不可以参与股票交易与打新,可以参与可转债交易,因此有一定的波动性,这一点是与纯债基金的主要区别。

二级债券型基金主要投资债券,且投资债券的资产占基金资产的比例不低于 80%,可用不超过 20% 的资金参与二级市场的股票交易,也可以参与一级市场新股投资,波动较大。

可转债债券型基金以可转债债券投资为主,可转债的投资比例不低于基金所投债券资产的 80%。

### 3. 混合型基金

混合型基金可以投资于股票、债券等金融资产,而且投资股票、债券的资金比例不符合股票型基金、债券型基金规定的比例。按照混合型基金资产投资比例,可进一步细分为:

①偏股混合型基金:以股票投资为主,投资股票的资产占基金资产比例为 60%~95%;

②偏债混合型基金:以债券投资为主,投资于债券的资产占基金资产比例 60% 以上;

③股债平衡型混合型基金:股票与债券配置比例比较均衡,占比 40%~60%;

④灵活配置型混合型基金:该类基金资产配置比例比较灵活,对股债投资比例没有明确约束,投资于股票的资产占基金资产比例为 0~95%。

> ● 小贴士："固收+"基金
>
> 　　在基金理财时，我们或许听过"固收+"基金，那么什么是"固收+"基金呢？其实在基金类型中是没有该类基金的，它是从混合基金中衍生出来的一个概念，我们可以把"固收+"基金理解为（偏债）混合基金，"固收+"是一种投资策略，通过调整基金资产配置比例来控制基金的波动。
>
> 　　以"固收"为主，基金的主要资产配置在风险相对较低、收益相对稳定的债券上，如利率债、信用债等，以降低基金波动、获取稳健收益为目标，相当于基金的"盾"；以"+"为辅，将少部分基金资产配置在股票、衍生品、可转债等风险较高的金融产品上，以获取超额收益为目标，相当于基金的"矛"。常见的"固收+"基金有一级债券基金、二级债券基金、偏债混合型基金、部分偏债灵活配置型基金，"固收+"基金中权益类资产仓位通常在20%以内，一般不会超过30%。

### 4. 股票型基金

对于股票型基金来说，其80%以上的基金资产都投资于股票，波动较大，我们经常听说的指数基金也属于股票型基金，因为指数基金大部分资产都是投资股票的。

## （二）投资风格

根据投资风格，基金可以分为成长型基金、价值型基金、平衡型基金。

### 1. 成长型基金

主要以市场中有较大升值潜力的中小公司的股票和一些新兴行业的股票为投资对象，期望所投资公司的长期盈利潜力超过市场预期，以资本长期增值为投资目标。该类型基金通常波动性较高，在获取高收益的同时，也会承担较高风险。

### 2. 价值型基金

投资对象以大盘蓝筹股、公司债、政府债券等收益稳定的证券为主，以获得稳定的投资收益为目标，波动性较成长型基金低。该基金通常会选择被市场低估、股价较其内在价值明显低的公司的股票进行投资。

### 3. 平衡型基金

收益与风险较为平衡，介于成长型基金与价值型基金之间，在资本长期增值与当期收入之间做出平衡，从优先股、债券等固定收入证券上获得较为稳定的利息收入，通过普通股票获得风险相对较高的资本利得与资本增值。

## （三）投资策略

根据投资策略，基金可以分为主动基金与被动基金。

### 1. 主动基金

以获取超越市场平均业绩为目标，业绩与基金经理的选股、择时能力有很大关系。

### 2. 被动基金

一般是指指数基金（不包括指数增强型基金），以某个特定的指数为目标，比如上证 50 指数、沪深 300 指数等，通过购买指数中的成分股来构建投资组合，通过跟踪指数，力求做到跟随指数并复制指数的表现，业绩与基金经理关系较小。

## （四）基金份额是否可以变动

根据基金份额是否可以变动，基金可分为开放式基金与封闭式基金。

### 1. 开放式基金

开放式基金份额、规模不固定，投资者可以通过基金公司的直销渠道、第三方基金销售平台、券商等渠道进行申购和赎回，这也是我们接触最多的基金。开放式基金包括普通开放式基金、ETF 基金和部分 LOF 基金。普通开放式基金一般不上市交易，对于特殊的开放式基金（LOF 基金、ETF 基金），投资者既可以在场外基金销售平台进行申购、赎回交易，也可以在交易所买卖该基金。我们需要注意一下，并不是所有的开放式基金都可以随意申赎，除了建仓期的新发基金，还有基金名称中带有以下字眼的基金，申赎都有一定限制。

①定期开放：就是定期开放申购与赎回的基金，封闭运作期内无法申购赎回，该基金需至少每周披露一次基金资产净值和基金份额净值；开放运作期内可

以申购赎回，每日披露基金份额净值和基金份额累计净值，按照封闭运作和开放运作交替循环的方式运作。

② ×年/×个月持有：也即持有期基金，每份基金份额有最短持有期限，比如六个月、一年、三年等，申购无限制，买入基金后，会有最短持有期限制，期间不可以赎回，当基金份额达到最短持有期后方可赎回。

### 2. 封闭式基金

有固定的存续期，基金份额总额在发行前已确定，在发行完毕后基金合同规定的期限内，基金份额固定不变，通常在封闭期满后，封闭式基金会转为普通的开放式基金。基金持有人在封闭期内不能申购、赎回，一般不建议购买。

如果封闭期间基金在证券交易所上市交易，那么投资者可以通过券商平台进行基金交易，这种交易是投资者之间的交易，其交易价格由供求关系决定，不一定与基金单位净值相等，若交易价格低于单位净值，为折价交易，交易价格高于单位净值，为溢价交易。

## （五）投资地域

根据投资地域，基金可分为投资境内证券市场的基金与投资境外市场的 QDII 基金。

### 1. 投资境内证券市场的基金

是指资金来源于境内，并投资于境内金融市场的基金。

### 2. 投资于境外市场的 QDII 基金

QDII，即合格境内机构投资者，QDII 基金就是经过证监会认可的境内金融投资机构将募集到的基金资产投资到境外证券市场的股票、债券等有价证券上的基金，是一种进行境外资产配置的投资选择，可简单理解为投资者用来投资其他国家或地区市场的基金，通过 QDII 基金，可以配置非人民币资产。QDII 基金的收益主要受投资标的表现、汇率波动等因素影响，基金净值的表现可能与投资标的表现有所差别，即使该 QDII 基金是跟踪指数的，也会因汇率波动出现差别。

虽说基金组合中可以通过持有 QDII 基金来布局其他国家或地区市场的金融

资产,从而分散单一市场投资风险,降低投资组合的相关性,同时持有回报相对较好的金融资产,比如港股、美股等,但普通投资者并不适合在组合中大比例持有 QDII 基金,主要原因如下。

该类基金赎回时到账较慢,超过一周也正常,申购时一般 T+2 确认份额,赎回时一般 T+4~T+10 到账。赎回 QDII 基金时,基金管理人需要把外币兑换成人民币,有时还可能需要卖出部分投资标的来筹集赎回资金,而不同市场的交易规则可能不同,交易时间也与国内市场不同,如果再遇上节假日等因素闭市,就需要更长时间,这些都导致了 QDII 基金的赎回到账时间比普通基金更长。

> **● 小贴士:交易术语**
>
> T 日:指交易日,每日 15:00(不含)前为 T 日,15:00(含)及之后为 T+1 日。周末和法定节假日属于非交易日。交易日 15:00 之前的申购赎回申请按照当天的基金净值成交,15:00 之后的交易申请按照下一个交易日的基金净值成交,比如周三 15:00 前申购基金,则以周三(T 日)的基金净值成交,周四(T+1 日)确认买入份额。

无法查看估值,与国内市场不同步,比如投资美股的 QDII 基金会因美股市场休市而暂停申购赎回,因不同区域间存在时差导致净值披露不及时,操作不方便。

管理费、托管费费率较普通开放式基金高。

部分 QDII 基金风险较高,波动较大,对于风险承受能力弱的投资者来说,不建议购买,很多基金成立以来的业绩甚至为负。以 2020 年大跌的原油类基金为例,虽然在 2021 年、2022 年相关基金业绩都大幅上涨,但是期间该类基金持有者所受的煎熬,真不是普通投资者所能忍受的(又有几人能够耐住在长期大幅下跌时持有,而后享受到从底部涨到现在的收益)。图 1-1 为华宝标普油气上游股票人民币 A 单位净值走势图,其单位净值在 2020 年 3 月 23 日曾跌至 0.166 3 元,这一段下跌走势就足以让人崩溃。

图 1-1　华宝标普油气上游股票人民币 A 单位净值走势图

会面临汇率风险。汇率风险是指金融工具的公允价值或未来现金流量因外汇汇率变动而发生波动的风险。对于汇率波动风险，其实对于 QDII 基金来说更像是一把"双刃剑"，因为人民币汇率在未来存在不确定性，QDII 基金的汇率收益与人民币汇率走势相反。投资者用人民币申购 QDII 基金后，基金管理人会将这笔钱兑换成所投资海外市场的货币，然后再用兑换的货币投资于这些市场的证券，在计算基金净值时，需要根据当天汇率把外币资产折算成人民币资产。比如投资美股市场的 QDII 基金：基金公司需要将人民币转换为美元来持有美股市场的股票、债券等，如果人民币对美元贬值，持有 QDII 基金可以享受美元升值带来的汇率收益，赎回时可以兑换更多的人民币资产；但如果人民币对美元升值，持有的 QDII 基金会产生损失，小规模资金单纯为了汇率波动收益去持有 QDII 基金是没必要的。

另外，每家基金公司的外汇额度是有限的，并不是说有人民币就能兑换外汇，当外汇额度不足时，QDII 基金就会暂停申购。我们可以根据不同国家和地区证券市场的表现及个人风险承受能力适量配置 QDII 基金。

## （六）基金交易场所

根据基金交易场所的不同，可将基金分为场内基金与场外基金。场内就是股票市场，一般指上交所、深交所、北交所等，也就是大家熟知的二级市场；场外可理解成股票交易市场之外的市场，就是支付宝、天天基金、银行等这种第三方代销渠道及基金公司直销渠道等。

**1. 场内基金**

场内基金是指需要通过股票账户在证券交易市场交易的基金，像买卖股票一样，价格是实时变化的，一天之中有无数个交易价格，比如 ETF 基金与 LOF 基金。

上市型开放式基金（LOF）：是一种既可以在场外市场进行基金份额申购赎回，又可以在场内市场进行基金份额买卖的开放式基金。

交易型开放式指数基金（ETF）：又被称为交易所交易基金，是一种在交易所上市交易的、基金份额可变的开放式指数基金。ETF 以某一选定指数所包含的成分证券（股票、债券等）或商品为投资对象，依据构成指数的证券或商品的种类和比例，采取完全复制或抽样复制方式进行被动投资。ETF 采用实物申购、赎回机制，一级市场与二级市场交易并存。

**2. 场外基金**

通过基金公司直销渠道及支付宝、天天基金、银行等第三方渠道申购赎回的基金。

## （七）发行方式

根据发行方式，基金可分为公募基金与私募基金。公募基金与私募基金主要在募集方式、募集对象、信息披露要求、投资限制、报酬方式等方面有所不同。

**1. 公募基金**

募集对象为社会公众，即不特定投资者，募集资金通过公开发售的方式进行，对信息披露有非常严格的要求，其投资目标、投资组合等信息都要披露，在投资品种、投资比例、资产配置与基金类型的匹配上有严格的限制。公募基金不提取业绩报酬，主要赚取管理费，普通投资者日常接触的基金就是这种。

**2. 私募基金**

通过非公开发售的方式募集资金，募集对象是少数特定投资者，包括机构和个人，对信息披露要求较公募基金低，具有较强的保密性，投资限制完全由协议约定。私募基金管理人的收入来源以收取基金业绩报酬为主，较为普遍的比例是

20%。业绩报酬是指私募基金管理人基于基金的业绩表现,依据基金合同约定的计提比例、计提时点和计提频率等相关条款收取的费用,其目的是使私募基金管理人与投资者长期利益趋于一致。

## (八)组织形态

根据组织形态,基金可分为公司型基金与契约型基金。

### 1. 公司型基金

公司型基金本身就是一家具有独立"法人"地位的股份有限公司,通过发行股份或受益凭证的方式募集基金资产,用于证券投资,投资者持有该公司股票后,就成为该公司的股东,享有股东权,可以领取股息、红利并分享公司投资所得收益。

### 2. 契约型基金

由基金管理人、托管人和投资者三方通过基金契约设立,通常是通过基金管理人发行基金份额的方式来募集并使用资金,由基金托管人管理资金,基民在享受基金投资成果的同时也承担一定的风险,我们日常接触到的证券投资基金为契约型基金。

## (九)特殊类型基金

除以上常见的基金类型外,还有三种特殊类型基金:基金中的基金、不动产投资信托基金(REITS)、量化基金。

### 1. 基金中的基金

基金中的基金(FOF),是一种将80%以上的基金资产投资于基金的基金,相当于一揽子基金组合,它不直接投资股票或债券,而是通过投资其他基金,间接持有股票或债券,虽然它可以在普通基金的基础上进一步分散风险,但收益也会降低。由于多了一层嵌套,FOF基金的交易成本较高,会二次收费,一是交易FOF基金本身会收费,二是FOF基金交易所包含的其他基金也会收费。如果FOF基金购买基金管理人的自管基金,则不重复收费,即FOF投资于自管基金的部分,不收取FOF的管理费,该部分所投基金的申购费(ETF除外)、赎回费（应计入基金财产的赎回费除外）、销售服务费可以免除，如果所投基金的托管人和FOF托管人是同一家，那么这部分FOF托管费也可以免除。

**2. 不动产投资信托基金**

REITs是指在证券交易所公开交易，通过证券化方式将具有持续、稳定收益的不动产资产或权益转化为流动性较强的上市证券的标准化金融产品。

基础设施公募REITs，即公开募集基础设施证券投资基金，是指依法向投资者公开募集资金形成基金财产，通过基础设施资产支持证券等特殊目的载体持有基础设施项目，由基金管理人等主动管理运营上述基础设施项目，并将产生的绝大部分收益分配给投资者的标准化金融产品。基础设施公募REITs将80%以上的基金资产投资于基础设施资产支持证券，并通过基础设施资产支持证券持有基础设施项目公司全部股权，进而取得基础设施项目完全所有权或经营权利。基础设施公募REITs底层资产的基础设施项目类型一般可分为两类：一是经营权类项目（比如高速公路、污水垃圾处理等），二是产权类项目（比如产业园区、仓储物流等）。

基础设施公募REITs与普通公募基金的区别如下。

①投资标的不同：基础设施公募REITs投资集中度高，以拥有持续、稳定经营现金流的基础设施项目作为底层基础资产。首批基础设施公募REITs主要投资于数个同一类型的基础设施项目，投资资产的质量、所处位置、管理者运营能力、经济环境等都会影响收益；普通公募基金采用分散化投资策略，主要投资标的为股票、债券等金融资产。

②收益来源不同：基础设施公募REITs收益来源主要为所投不动产本身的资产增值与底层资产的经营收益，比如来自收费公路、市政设施等的经营收费，来自仓储物流、产业园区等出租获得的租金；普通公募基金收益来源为资本利得、红利、股息、利息。

③运作方式不同：基础设施公募REITs采用封闭式运作方式，存续期间不接受申购、赎回，符合条件获准在交易所交易后，投资者可以在场内买卖基金份额；多数公募基金都是开放式基金，投资者可以随意申赎，对有封闭运作期的基金在封闭期满后也可以申赎。

④分红机制不同：与多数公募基金相比，基础设施公募REITs强制分红，在

《公开募集基础设施证券投资基金指引（试行）》中要求基础设施公募REITs应当将90%以上合并后基金年度可供分配金额以现金形式分配给投资者，且符合分配条件时每年至少开展1次分配。

### 3. 量化基金

量化基金是指使用量化投资策略进行交易的基金，结合数学、统计学、信息技术等技术手段，借助计算机对市场海量数据进行数理统计分析，找出规律，筛选能带来超额收益的多种"大概率"事件以制定策略并严格执行已固化的策略，建立可以重复使用并反复优化调整的量化模型，通过模型来引导投资决策，筛选投资标的，构建投资组合。量化基金可以简单理解为程序化交易的基金，即通过计算机程序实施投资策略的基金。量化基金采用的策略包括：量化选股、量化择时、股指期货套利、统计套利、算法交易、资产配置等。

---

● **小贴士：量化基金的投资策略（以某基金为例）**

**1. 资产配置策略**

本基金采用自主开发的量化风险模型对市场的系统性风险进行判断，作为股票、债券、现金等金融工具上大类配置的依据，并随着各类金融工具风险收益特征的相对变化，动态地调整各金融工具的投资比例。同时，本基金将适时地采用股指期货对冲策略做套期保值，以达到控制下行风险的目的。

**2. 量化选股模型**

（1）多因子选股策略。

本基金股票部分的构建采用Alpha（阿尔法）多因子选股模型。根据对中国证券市场运行特征的长期研究，利用长期积累并最新扩展的数据库，科学地考虑了大量各类信息，选取估值（valuation）、成长（growth）、质量（quality）、市场（market）和一致预期（forecast）等几大类对股票超额收益具有较强解释度的因子，构建Alpha（阿尔法）多因子模型，从全市场可投资股票中优选股票组合进行投资，并根据市场状况的变化及基本面研究成果定期或不定期地对模型进行复核和改进，进行因子调整与定性优化。

（2）统计套利策略。

本基金通过对股票大量数据的回溯研究，用量化统计分析工具找出市场内部个股之间的稳定性关系,将套利建立在对历史数据进行统计分析的基础之上,估计相关变量的概率分布进行套利操作。

(3)事件驱动套利策略。

本基金通过挖掘和深入分析可能造成股价异常波动的时间及对过往事件的数据监测,获取时间影响所带来的超额投资回报。

(4)投资组合优化。

本基金根据量化风险模型对投资组合进行优化,调整个股权重,在控制风险的前提下追求收益最大化。

# 第二章

## 基金费用与交易渠道

近年来,基金在不同平台上的交易手续费及基金自身的运作费用都呈下降趋势,选择基金时,在考虑基金表现的同时,尽量选择成本低的基金。当然,如果基金的表现足以弥补其成本,还是应当选择表现更好的基金,而不是只选择费用低的,不能"捡了芝麻丢了西瓜",有时基金亏损造成的损失远超过省下的交易费用。

## 一 基金费用

基金费用是我们在基金理财时需要付出的成本,可以分为两类:基金交易手续费与基金运作费。在选择基金时,我们在考虑基金表现的同时,尽量选择成本低的基金。如果基金的表现足以弥补其成本,还是应该选择表现更好的基金,而不是只选择费用低的。

### (一)基金交易手续费

场外基金交易手续费主要有认购费、申购费、赎回费、转换费,这些费用在我们每次交易时收取。

#### 1. 认购费

投资者在基金募集期内购买基金时支付的手续费。

净认购额=认购金额÷(1+认购费率),认购费用=认购金额-净认购额。

#### 2. 申购费

投资者在基金成立后的存续期间购买基金时支付的手续费。在通过前端收费模式申购基金时,基金申购手续费计算采用"外扣法"。

净申购额=申购金额÷(1+前端申购费率),申购手续费=申购金额-净申购额。

比如某基金前端申购费为0.15%,投资者买入10 000元,净申购额为:10 000÷(1+0.15%)=9 985.02(元),申购手续费为:10 000-9 985.02=14.98(元),而不是10 000×0.15%=15(元)。

认购费与申购费有两种收费模式:前端收费(A类模式)与后端收费(B类模式)。前端收费在认购/申购基金时支付认购/申购费,从认购/申购额中扣除；后端收费是在购买基金时不支付认购/申购费，而是在赎回基金时支付的收费方式，从赎回额中扣除。

我们以融通通慧混合 A/B 基金（前端：002612，后端：002613）说明，如图 2-1 所示，在该基金的买入规则页面，我们可以看到申购费率分为前端与后端两种模式：前端申购费率会随着申购额的增大而逐级递减，直到固定为某一额度。后端申购费率通常会随基金持有时间的增加而降低，甚至可以低至 0 费率，适合长期持有基金的投资者。

| 累计收益 | 单位净值 | 累计净值 |
| --- | --- | --- |
| 近1年: -1.29% | 同类平均: -2.76% | |
| 中证全债: 4.01% | 最大回撤: 4.34% | |

前端购买和后端购买的区别

购买（前端:002612）
10元起

购买（后端:002613）
10元起

取消

| 申购费率（前端） | |
| --- | --- |
| 买入金额 | 费率 |
| 购买金额 < 100万元 | 1.50% 0.15% |
| 100万 ≤ 购买金额 < 200万元 | 1.00% 0.10% |
| 200万 ≤ 购买金额 < 500万元 | 0.50% 0.05% |
| 购买金额 ≥ 500万元 | 1000元/笔 |

| 申购费率（后端） | |
| --- | --- |
| 持有期限 | 费率 |
| 持有期限 < 1年 | 1.80% |
| 1年 ≤ 持有期限 < 2年 | 1.35% |
| 2年 ≤ 持有期限 < 3年 | 0.90% |
| 3年 ≤ 持有期限 < 4年 | 0.45% |
| 持有期限 ≥ 4年 | 0.00% |

图 2-1 基金前端申购与后端申购费率差别

### 3. 赎回费

它是在开放式基金的存续期间，投资者卖出基金时所支付的手续费，赎回费率一般会随着基金持有时长的增加而递减，甚至可以低至 0。基金申购时若是分批买入，在赎回时会按照先进先出原则计算持有时间和对应的赎回费用。

赎回费 = 赎回份额 × 赎回日基金单位净值 × 赎回费率。

2013 年，证监会发布修改后的《开放式证券投资基金销售费用管理规定》，对于赎回费有以下规定：

①收取销售服务费的，对持续持有期少于 30 日的投资人收取不低于 0.5% 的

赎回费，并将上述赎回费全额计入基金财产。

②不收取销售服务费的，对持续持有期少于7日的投资人收取不低于1.5%的赎回费，对持续持有期少于30日的投资人收取不低于0.75%的赎回费，并将上述赎回费全额计入基金财产；对持续持有期少于3个月的投资人收取不低于0.5%的赎回费，并将不低于赎回费总额的75%计入基金财产；对持续持有期长于3个月但少于6个月的投资人收取不低于0.5%的赎回费，并将不低于赎回费总额的50%计入基金财产；对持续持有期长于6个月的投资人，应当将不低于赎回费总额的25%计入基金财产。

③对于ETF基金、LOF基金、分级基金、指数基金、短期理财产品基金等股票基金、混合基金及其他类别基金，基金管理人可以参照上述标准在基金合同、招募说明书中约定赎回费的收取标准和计入基金财产的比例。

### 4. 转换费

基金转换就是将持有的一只基金转换成其他基金的业务。支持转换的基金，T日发起转换后将在T+1完成转换（QDII基金会慢很多），基金转换比赎回A基金，然后等待赎回资金到账，再申购B基金快2~4天，可以有效节约时间成本。说一个技巧，当你想用A基金转换成B基金时，可以观察两只基金最近一段时期的净值走势，当A基金净值相对于B基金净值上涨时，转换相对好一些，相当于高卖低买。转换会收取手续费，下面以支付宝平台为例进行说明。

①同一基金公司间产品转换，由管理人统一发起转换操作（普通转换）：转换手续费 = 转出基金赎回费 + 申购补差费。

②非同一基金公司间产品转换，由平台发起一笔赎回与一笔申购操作（高级转换）：转换手续费 = 转出基金赎回费 + 转入基金申购费。

图2-2为支付宝平台的基金转换情况。

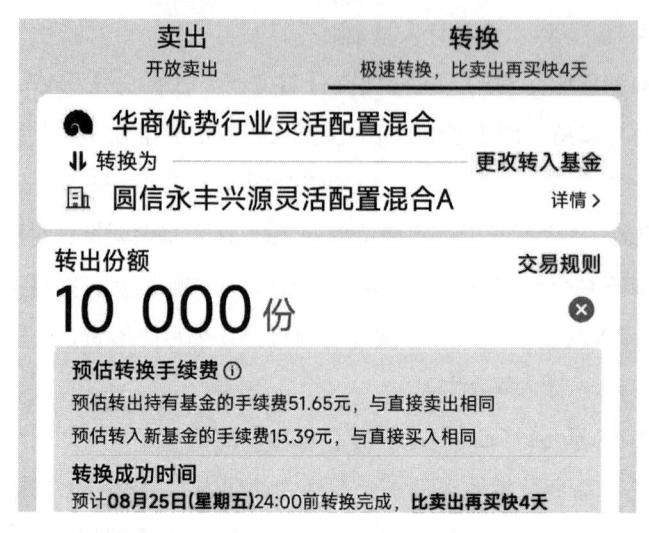

图片来源：支付宝。

图 2-2　基金转换

## （二）基金运作费

基金运作费用主要包含管理费、托管费、销售服务费，对于指数基金来说，还有标的指数许可使用费，这些费用都是从基金资产中每日计提，每个交易日公告的基金净值中已扣除相应费用，无须投资者在每笔交易中另行支付。

### 1. 管理费

管理费是基金公司利润的主要来源，无论基金能不能给基民赚钱，管理费都是会收取的，可以说是旱涝保收。管理费与基金规模直接挂钩，这也导致了有些基金公司为了收取管理费而不顾市场行情一味地扩大基金规模，这也表明了基金公司与基民利益并不完全一致。比如在市场行情被严重高估时，基金公司还大量发行基金，这导致很多基民追高被套，而此时基金公司赚取的管理费却有增无减，同样地，基金公司包装出的知名基金经理也赚得盆满钵满。当基金为基民赚取利润时，收取管理费无可厚非，其实权益类基金1.5%的管理费并不算高，只要基金业绩好，就算收取2%的管理费，相信基民也是愿意的，问题是管理人的业绩配不上管理费，这就导致基民对基金在亏损时收取的各种费用产生不满。在波动市场中，基金管理人很难保证基金的长期优异业绩，尤其是在基金业绩较差时，所以，只得通过降低基金费率或者将基金费率与基金业绩挂钩等退而求其次的方式降低基民的"怨气"了。我们来看一下2022年公募基金的战绩：2022年各类基金亏损达1.46万亿元，与之形成鲜明对比的是，基金四大费用合计超过2 146亿元，创下历史新高，其中，管理费规模为1 442.43亿元，占比超过67%，见表2-1。

表2-1　2022年公募基金主要费用信息

| 费用名称 | 金额（亿元） |
| --- | --- |
| 管理费 | 1 442.43 |
| 其中：客户维护费 | 413.98 |
| 托管费 | 304.56 |
| 销售服务费 | 217.04 |
| 交易佣金 | 181.98 |
| 四大费用合计 | 2 146.01 |

对基民而言，基金业绩才是主要的，不要仅凭基金费率去选择基金，管理费等费率的降低实质上对最终盈利影响不大，但聊胜于无。2023年5月，招银理财子公司发售了一款权益类理财产品，该产品在其累计净值低于1元时暂停收取1.5%的管理费，这或许开了一个好头。2023年7月，证监会制定了公募基金行业费率改革工作方案，标志着公募基金费率改革正式拉开序幕，方案主要涉及以下六个方面的内容。

坚持以固定费率产品为主。

推出更多浮动费率产品。前期证监会已受理一批与投资者持有时间挂钩的浮动费率产品。近日，证监会正式接收11只浮动费率产品募集申请，包括与基金规模挂钩、与基金业绩挂钩两类。

降低主动权益类基金费率水平。新注册产品管理费率、托管费率分别不超过1.2%、0.2%；部分头部机构已公告旗下存量产品管理费率、托管费率分别降至1.2%、0.2%以下；其余存量产品管理费率、托管费率将争取于2023年底前降至1.2%、0.2%以下。

降低公募基金证券交易佣金费率。逐步规范公募基金证券交易佣金费率，推进相关改革措施中的相关法规修改。

规范公募基金销售环节收费。除直接收取认申购费、销售服务费、赎回费外，销售机构还从基金管理费中收取一定比例尾随佣金，2022年，销售渠道相关费用占公募基金费用总额的比例约为37%。将通过法规修改，统筹让利投资者和调动销售机构积极性的方式，进一步规范公募基金销售环节收费，预计于2024年底前完成。

完善公募基金行业费率披露机制。

### 2. 托管费

基金托管人提供基金资产托管服务，监督基金管理人的投资运作，负责基金投资的清算交割、资金核算，进行信息披露，执行基金管理人的投资指令等，并基于以上服务向基金收取费用。托管人是基金资产名义持有人，一般由商业银行、证券公司等机构担任。

基金资产运作采取"管理与保管分开"原则：基金资产的投资运作是由基金管理人负责，但基金资产保管是由托管人负责，这样做也是为了基金资产的安全。

### 3. 销售服务费

销售服务费用于支付销售机构佣金、基金营销费用及基金份额持有人服务费等。

### 4. 标的指数许可使用费

基金公司在根据某一指数发行指数基金时支付给指数所有人的费用。

## （三）基金的A类份额与C类份额的区别

同一基金的A类与C类份额，其资产是合并在一起投资运作的，在投资策略、资产配置上是完全相同的，风险收益特征也没有差别，两者之间的区别在于收费方式不同。

A类基金在前端申购时一次性收取申购费（认购时收取认购费），无销售服务费。另外，申购费与申购额有关，会随着申购额的增加而逐级递减，当申购资金量达到一定规模时，A类基金将会收取固定额度的申购费。

多数C类基金在申购时不收取申购费，但是会收取销售服务费。销售服务费按日计提，所以持有时间越长，销售服务费越多，达到一定持有期，A类基金的申购费、赎回费与 C 类基金的销售服务费相等，当超过这个持有期后，A 类基金的申赎费会低于 C 类的销售服务费，此时购买 A 类基金成本更低。都说长期持有选择 A 类基金，那么这个长期是多长呢？目前在申购基金时，一些销售平台会提示持有期为多久时购买 A 类基金的费用更低，不用手动计算，图 2-3 为在支付宝上购买基金时平台会自动根据持有期提示购买哪类份额的费用更低。

图 2-3　可以根据持有期选择 A 类基金还是 C 类基金

部分 C 类基金也会收取申购费，其优惠方式体现在赎回费较 A 类基金可在更短的时间内变为零，并且销售服务费相对较低。在其他费用方面，A 类基金与 C 类基金的管理费、托管费相同。

对大多数基金来说，A 类基金业绩相对好一点，主要有两点原因。

一是在申购 A 类基金时，申购费是一次性扣除的，后期不会影响到基金净值；而 C 类基金申购时无申购费，但销售服务费会从基金资产中每日计提，从而使得基金净值降低，因此，A 类基金业绩相对好一些。

二是基金赎回费计入基金资产引起基金净值变化。A 类基金将赎回费的一定比例计入基金资产中，C 类基金将赎回费全额计入基金资产，但 C 类基金在短期内持有后赎回，其赎回费通常会低至零，也就是说，相较于 A 类基金，C 类基金计入基金资产的赎回费更少。

## 二 基金交易渠道

基金交易渠道分为两种：场内交易渠道、场外交易渠道。

### （一）场内交易

场内交易又称交易所交易，基金场内交易就是用股票账户买卖场内基金（场内基金数量少，可选择性较场外基金低一些），与交易股票类似，基金价格是实时变化的，一天之中有多个交易价格，是投资者之间的买卖交易。以 ETF 基金交易为例：ETF 基金在交易时，最小交易单位为 1 手（即 100 份基金份额），交易的最小价格变动单位为 0.001 元。因为在一级市场申购赎回 ETF 基金需要大额资金，对于普通投资者来说，ETF 基金适合场内交易，场外的话可以购买 ETF 联接基金。

ETF 联接基金：它是场外指数基金的一种，将基金的大部分资产（通常超过 90%）配置到跟踪同一标的指数的 ETF 基金上，间接跟踪相应指数，而不是去直接投资股票。这样基民就可以在场外间接申赎对应的 ETF 基金，不用再开通股票账户去交易 ETF 基金，比较便捷，也可以进行定投，ETF 联接基金对投资 ETF 基金的部分不会重复收费。

**1. ETF 基金交易**

ETF 基金资产为一揽子股票组合，组合中的证券种类与某一特定指数（如上证 50 指数）包含的成分股票相同，股票数量比例与该指数的成分股构成比例一致，因其仓位几乎可以达到 100%，所以更能有效地跟踪标的指数。ETF 基金采用实物申赎机制，而非普通开放式基金的现金申赎机制。

投资者交易普通开放式基金时，采取"金额申购、份额赎回"的原则，也即使用现金申购，获得基金份额，赎回时卖出基金份额获得现金；交易 ETF 基金时，采用"份额申购、份额赎回"的原则，在申购时，投资者要提前按照基金管理人每日开市前发布的 PCF 清单（申购赎回清单）备足相应数量的股票（一揽子股票）和现金来换取基金份额，赎回时得到的也不是现金，而是与 ETF 基金对应的一揽子股票，得到这些股票后投资者可以自行卖出。需要注意的是，目前部分 ETF 基金有现金替代机制，也就是在申赎时并非完全使用股票，在满足一定条件下也可以使用现金作为申赎的对价。

在交易 ETF 基金时，我们可以参考 IOPV（基金份额参考净值），该值是根据 PCF 清单内组合证券的最新成交价格计算得到的，每 15 秒刷新一次，是一个估算的参考净值，以方便投资者实时了解 ETF 基金净值变动。比如 IOPV 为 3 元，ETF 市价为 2.97 元，那么 ETF 就出现了折价，相当于用 2.97 元买入净值约为 3 元的 ETF。如图 2-4 所示，某只 ETF 基金在二级市场某时刻的交易价格为 0.682 元，IOPV 为 0.683 元，溢价率为 -0.15%。

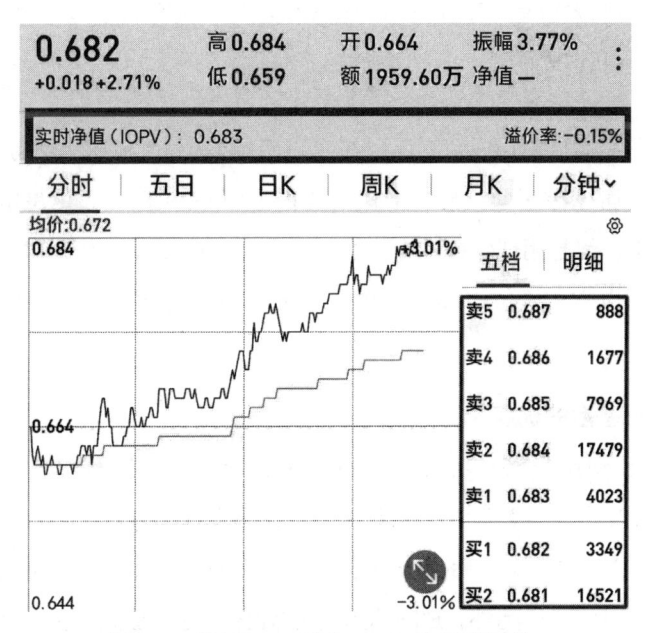

图 2-4　某只 ETF 基金 IOPV 与买卖报价

ETF 基金和 LOF 基金的最大区别是它们的申购赎回方式，ETF 基金场外申购条件较高。ETF 基金有两种交易方式。

一级市场申购、赎回：一级市场参与条件较高，需要的资金量较大，不适合普通投资者。ETF 申购是指投资者用指定的指数成分股向基金公司换取固定数量的 ETF 基金份额；ETF 赎回是投资者用固定数量的 ETF 基金份额向基金公司换取一揽子指数成分股，拿到的也是"一揽子"股票，而不是现金，所以申赎 ETF 基金需要的资金量大，申购赎回的单位通常为 100 万份基金份额或其整数倍，一般都是机构投资者在做。比如要申购某只沪深300ETF，需要先买入其成分股，然后用买入的股票去基金公司兑换基金份额。

> **● 小贴士：上交所对ETF基金申赎的定义**
>
> ETF申赎交易是指在合同规定时间内，投资者在一级市场可以随时以组合证券、现金或者基金合同约定的其他对价申购赎回ETF份额。办理ETF申购时，投资者需按照每日公告的"申购赎回清单"，准备一揽子股票（或有少量现金）。这些股票可以是库存的，也可以是当日买入的。以一揽子股票申购的ETF份额当日即可卖出；同样地，当日赎回ETF份额获得的一篮子股票，当日即可卖出。

二级市场买卖：普通投资者可以在二级市场进行ETF基金交易，每15秒刷新一次报价，可以像股票交易一样快速操作。而LOF基金无论是申购赎回，还是买入、卖出，都是用现金和基金份额进行交换。ETF基金因为申购赎回都是一揽子股票，所以它的仓位可以做到满仓，而LOF基金要应对基民赎回，一般不会满仓。

### 2. ETF基金的优点

（1）资金利用率高：目前国内部分ETF品种支持T+0交易，比如债券ETF、黄金ETF、跨境ETF、货币ETF、商品期货ETF，但是，A股的股票ETF实施T+1交易。卖出后到账资金可以用于即时交易，次日可以从股票账户提出，利于资金流通。另外，ETF基金不需要像普通开放式基金一样，需保留部分现金（至少5%）以应对投资者赎回，理论上仓位几乎可以达到100%，跟踪指数误差小。

（2）公开透明：大多数ETF基金为指数基金，在股票选择上公开透明；由于ETF基金需要用一揽子股票申购，所以一般会公布当前基金持有的股票及其所占比例。

（3）成本低：指数基金管理费、托管费较低。场内交易ETF基金，无申购费、赎回费，买入、卖出时会收取交易佣金，免收印花税；场外交易ETF基金，会收取申购费、赎回费。

（4）品种丰富，利于分散投资：除投资A股的ETF基金外，还有投资美股、港股等的ETF基金，可通过ETF基金实现分散投资的目的。

### 3. ETF基金的缺点

（1）需要股票账户才能交易，大部分投资者更习惯于在场外平台交易基金。

（2）由于净值变化快，交易方便，投资者可能会用炒股的方式去交易ETF基金，经常盯着报价看，频繁交易，从而增加成本，难以做到长期投资，显然这是不合适的。

（3）部分ETF基金规模较小，流动性不足，即使在合理价格范围内也有可能面临卖出不及时的情况，我们在选择ETF基金时要选择流动性强的，可以参考基金的持有人数、日均成交额、换手率、折溢价程度、买卖双方每档报价间的连续性及挂单数量是否充足等指标，避开规模太小（其实普通开放式基金也要注意基金规模）的基金。比如图2-4中的ETF基金，它的买卖双方每档报价都很连续，而且挂单数量也很充足。

（4）场内基金不能定投，不能进行基金转换，分红方式只有现金分红。

### 4. ETF基金套利

套利无非是低买高卖，同一产品在不同市场上短期内可能会存在价差，这就产生了套利的基础。ETF基金在二级市场中的交易价格是由供求关系决定的，当二级市场基金的交易价格（场内）与一级市场基金的净值（场外）不一致时就会产生套利机会，套利一定程度上增加了市场的流动性。ETF基金套利不适合普通投资者，因为涉及场外大额操作，通常大额投资者会套利，那么该如何套利呢？

当基金场内交易价格低于IOPV时（折价），大额投资者从二级市场上买入ETF基金，然后到一级市场赎回，再回到二级市场卖出股票，赚取其中的差价，如图2-5所示。

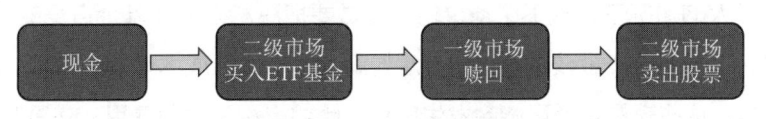

现金 → 二级市场买入ETF基金 → 一级市场赎回 → 二级市场卖出股票

图2-5　ETF基金折价套利

当基金场内交易价格高于 IOPV 时（溢价），大额投资者会在二级市场买入一揽子股票，然后去一级市场用一揽子股票申购 ETF 基金份额，最后在二级市场上把这些份额出售获利，如图 2-6 所示。

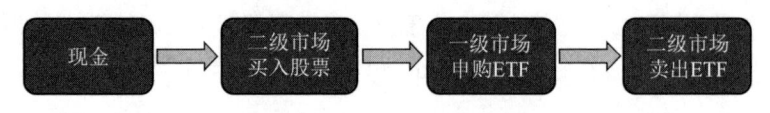

现金 → 二级市场买入股票 → 一级市场申购ETF → 二级市场卖出ETF

图 2-6　ETF 基金溢价套利

## （二）交易成本

场外基金与场内基金之间的费用差别主要是场外基金的申购费、赎回费、销售服务费与场内基金的交易佣金之间的差别，场内基金的佣金是"双向收费"的，买入和卖出都需要支付交易佣金，无印花税。场内基金交易费用较场外基金低，但在资金量小的情况下，两者之间的费用差别不大。场内基金交易费用与券商交易佣金相关，一般在万分之一至万分之三，一些中小券商费用可以低至万分之零点五，通常佣金有最低 5 元的限制，同样地，这些费用券商也会适时调整。

股票型、混合型基金申购费在第三方基金销售平台上为 1.2%～1.5%，但很多销售平台（不包括银行）有一折优惠，也就是 0.12%～0.15%，相当于万分之十二至万分之十五。在一些中小证券公司的客户端交易场外基金时（就是那个可以交易股票的客户端，同时也可以交易场外、场内基金），申购费用可以低至 0.1 折，也即万分之一点二至万分之一点五，比第三方基金销售平台的一折优惠还低，但是基金数量并不丰富，有些基金根本买不到，赎回到账时间也比较慢。

对于大多数普通投资者来说，基于个人的交易经验、交易习惯、资金量，场外基金也许更合适，没有必要单纯地为了降低一点基金费用就去买场内基金，在资金量不大的情况下，省不了多少钱，还是要把注意力放在基金自身的表现上。交易时，除了考虑资金成本，也要考虑时间成本、操作成本等其他成本。这里要注意的是，这些交易渠道可能会发生变化，比如申购及赎回费用、交易佣金、基金品种丰富度等，另外，交易网站、App 的功能也会改变，这个也需要我们在交易时关注一下。

场内基金交易渠道就是使用开立的证券投资账户在证券交易客户端内进行场内基金交易，比较简单，这里我们主要对比场外基金购买渠道的优劣。

## （三）场外交易渠道

场外基金每天只有一个成交价，那就是根据证券收盘价计算出来的基金净值，场外基金的交易双方是投资者与基金公司。我们平时大多在支付宝、天天基金、银行等这种第三方代销渠道及基金公司直销渠道购买基金，这些渠道均属于场外渠道。

场外基金可以进行定投，也可以进行基金转换，操作更加便捷，品种也更为丰富，分红方式有现金分红和红利再投资两种方式。场外基金赎回到账时间相对慢一些，除去"宝宝类"等货币基金（这些货币基金的快速到账额度有限制），其他普通式开放式基金通常是T日卖出，在T+1日15:00以后到账。另外，若T日申购，则T+1日按照T日基金单位净值确认基金份额，基金净值更新后可查看收益情况，T+2日可以赎回。

这些年我用过的场外交易渠道主要有：支付宝、天天基金、腾讯理财通、证券交易客户端、京东金融、基金公司等。我们可以以支付宝、天天基金等第三方渠道购买为主，用天天基金、晨星网等网站提供的数据、工具进行基金筛选、组合构建。再次提醒，每种渠道的功能、交易费用、赎回资金到账时间是会调整的，以下内容基于2023年各平台的相关规定。

**1. 支付宝、天天基金等第三方平台**

优点：操作便捷，赎回到账时间快，支付宝赎回基金通常在次交易日15:00之后到账，天天基金为次交易日18:00之后到账，通常，当基金赎回到账方式选择回余额宝、活期宝、余额+、京东小金库等第三方基金销售平台的主推货币基金时，T+1日即可到账，但当赎回方式选择到银行卡时，到账时间要晚两天，图2-7为支付宝基金交易规则；基金种类、数量多；基金工具功能丰富；费率低，申购费基本上打一折，各个第三方基金销售平台相差不大，为了吸引客户，这些平台的费用基本上只降不升，最后会趋同。

缺点：平台会推荐基金，比如"金榜"基金、"优选"基金等，有些投资者可能会冲动买入。很多时候销售平台推荐的基金是不靠谱的，这就需要我们善于筛选基金，毕竟投资是自己的事，不要只看别人推荐的，就算别人推荐了，我们也要分析推荐的基金是否合适。

| 买入规则 | 卖出规则 | 买入规则 | 卖出规则 |

**买入流程**

T日　　　　　　T+1　　　　　　T+1当日净值更新后
买入提交　　　确认份额　　　　查看盈亏

卖出到账余额宝

今日　　　　　05-30（星期二）　05-30（星期二）
卖出提交　　　确认份额　　　　预计资金到账

卖出到银行卡

今日　　　　　05-30（星期二）　06-01（星期四）
卖出提交　　　确认份额　　　　预计资金到账

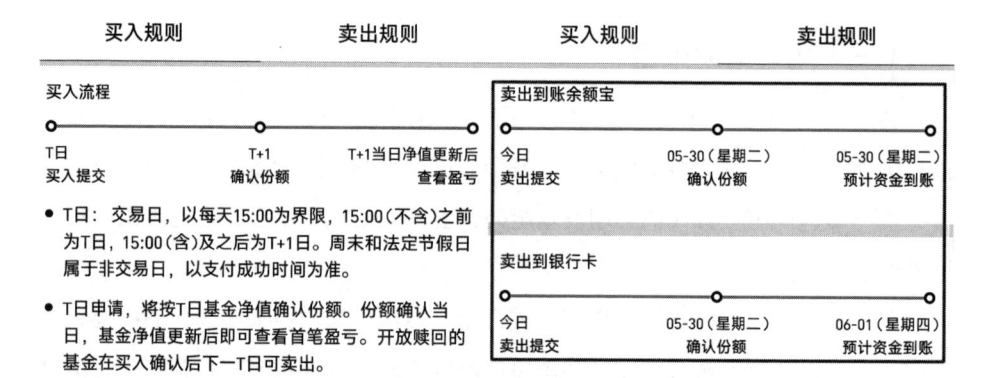

- T日：交易日，以每天15:00为界限，15:00（不含）之前为T日，15:00（含）及之后为T+1日。周末和法定节假日属于非交易日，以支付成功时间为准。

- T日申请，将按T日基金净值确认份额。份额确认当日，基金净值更新后即可查看首笔盈亏。开放赎回的基金在买入确认后下一T日可卖出。

图 2-7　支付宝交易规则

这种第三方平台，经过较多的积累，在使用上更为人性化，有很多较为方便的工具，比如基金筛选、基金对比、牛股选基等，可以为我们筛选基金、构建基金组合提供参考。

### 2. 基金公司直销—大额申购推荐

基金公司一般都有类似余额宝的货币基金产品，用户买入这只货币基金，当申购同公司其他权益类基金时，可用这只货币基金支付申购费（相当于基金转换），此时会有费率优惠。

优点：手续费便宜，甚至低至零，在进行大额申购交易时可以使用。

缺点：只能购买自家发行的基金。

举个例子，在易方达的直销渠道购买权益类基金，手续费有四折优惠（高于支付宝、天天基金的一折优惠），但是，如果购买了易方达的某只货币基金，当购买其他基金的时候，就可以从这个货币基金中扣款，手续费为0，如图2-8所示。

图 2-8　基金公司直销交易规则

## 3. 银　　行

交易费用最高，多数银行即使有折扣，折后费用还是很高，且赎回到账时间长，如图 2-9 所示。此外，银行的基金数量和品种相对较少，操作不方便，基金工具也很少，容易被基金销售人员忽悠。

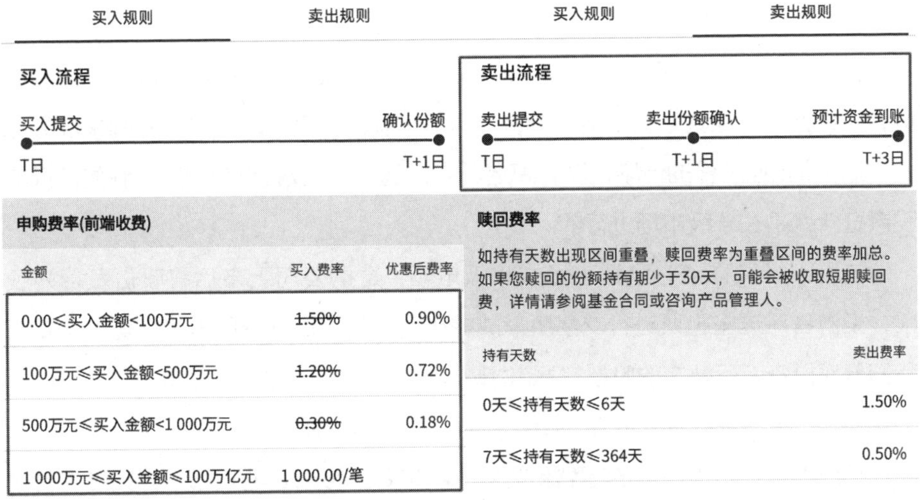

图 2-9　某四大行基金交易规则

### 4. 证券客户端——场内、场外基金均可交易

优点：可以交易股票、场内基金，也可以交易场外基金。

缺点：开户手续较烦琐；赎回到账时间慢；基金数量和品种少；基金工具也很少，功能不强大；部分产品费率可能没有第三方平台优惠，当然，也有一些中小券商为了吸引投资者，场外基金申购费可以低至 0.1 折，优于其他第三方基金销售平台的一折。

经过以上对比可知，当申购金额比较大时，可以考虑基金公司的直销平台或者申购费有 0.1 折或其他较低折扣优惠的平台；当申购金额不大时，除银行外，各个平台的申购费率差别不大，可以根据个人使用习惯、赎回到账速度、功能的丰富程度等选择交易平台。

## 三 一级市场与二级市场

根据证券市场的职能差异，金融市场可以分为一级市场与二级市场。

一级市场又称证券发行市场或初级市场，是有资金需求的公司首次将证券出售给投资者时形成的市场。天使投资、VC（风险投资）与 PE（私募股权投资）是一级市场的主要投资机构。通过一级市场投资者可以认购公司首次发行的证券，成为公司股东，获取投资机会，这一过程成功将储蓄转化成资本；而公司通过发行证券筹集到了自身发展所需的资金（股权融资），在这一过程中公司股份尚未证券化，也就是上市前的融资。简单来说，一级市场就是交易尚未证券化（未上市）企业股份的市场，没有固定场所，是一个"无形的市场"，我们常说的股票打新就是在一级市场进行的。

二级市场又称证券流通市场或次级市场，是指公司上市后将股份发行为股票，投资者对这些股票进行交易所形成的市场，是有价证券的流通市场，也就是我们普通投资者所熟知的股票交易市场。

一、二级市场间相互依存、相互制约，彼此不可分割。

一级市场是二级市场的基础和前提，决定着二级市场的规模，如果没有首次在一级市场发行的股份，就谈不上在二级市场的交易流通，当一级市场规模过小

时，会导致二级市场供需失衡，股价不合理上涨；当一级市场发行规模过大，使得股票供大于求时，会导致股价低迷，不利于公司在一级市场融资。二级市场实现了股份证券化，为股票提供了流动性，使投资者可以交易持有的股份，通过二级市场，投资者可以将一级市场认购的股票进行交易转化，正因为二级市场为一级市场投资者提供了获利退出渠道，投资者在一级市场认购的股票才不会面临流动性危机，从而保证了整个股票市场的流通性，这样一级市场对投资者才有吸引力，才能够存在并发展得更好。公司证券在二级市场的可接受价格，很大程度上决定了投资者愿意在一级市场上为公司首次发行的证券支付多少价格。另外，二级市场也为新投资者提供了投资机会。

## 四 北向资金与南向资金

在我国股市中，北向资金与南向资金表示股票市场中交易资金的流向，通常"北"指的是沪市与深市，"南"指的是港股市场。北向资金是指从港股资本市场流入 A 股资本市场的资金，南向资金是指由沪深两市流入港股资本市场的资金。

A 股市场与港股市场是两个相互独立的市场，在未建立互联互通机制前，A 股投资者想要交易港股就需要开通港股账户，而港股投资者想要交易 A 股也需要开通 A 股账户，这样比较麻烦，也不利于资金流通，解决这一问题的钥匙就是互联互通机制。互联互通机制是指上海证券交易所、深圳证券交易所分别与香港联合交易所有限公司（以下简称联交所）建立技术连接，使投资者可以通过当地证券公司或经纪商买卖规定范围内的对方交易所上市的股票。可以简单理解为投资者可以互相买卖在对方交易所上市的符合一定条件的部分股票。互联互通机制包括沪港股票市场交易互联互通机制（沪港通）和深港股票市场交易互联互通机制（深港通）。沪港通包括沪股通和沪港通下的港股通：沪股通是指投资者委托香港经纪商，经由联交所在上海设立的证券交易服务公司（SPV），向上交所进行申报，买卖沪港通规定范围内的上交所上市股票，如图 2-10 所示。

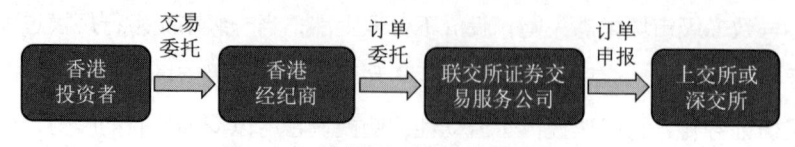

```
香港投资者 →(交易委托)→ 香港经纪商 →(订单委托)→ 联交所证券交易服务公司 →(订单申报)→ 上交所或深交所
```

图 2-10　沪股通、深股通交易流程

沪港通下的港股通是指投资者委托内地证券公司，通过上交所在香港设立的证券交易服务公司，向联交所进行申报，买卖沪港通规定范围内的联交所上市股票，如图 2-11 所示。

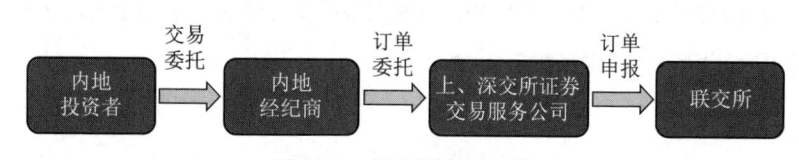

```
内地投资者 →(交易委托)→ 内地经纪商 →(订单委托)→ 上、深交所证券交易服务公司 →(订单申报)→ 联交所
```

图 2-11　港股通交易流程

深港通包括深股通和深港通下的港股通：深股通是指香港投资者委托香港经纪商，经由联交所在深圳设立的证券交易服务公司，向深交所进行申报，买卖规定范围内的深交所上市股票。深港通下的港股通指内地投资者委托内地证券公司，经由深交所在香港设立的证券交易服务公司，向联交所进行申报，买卖规定范围内的联交所上市股票。通过沪股通、深股通功能，投资者可以交易"沪股通标的股""深股通标的股"，通过港股通，投资者可以购买规定范围内联交所上市的股票。

ETF 互联互通：以前国外投资者投资国内市场的渠道主要有 QFII 基金、沪股通、深股通等，现在又多了一种渠道：ETF 互联互通。ETF 互联互通是指投资者可以互相买卖在对方交易所上市的、符合条件的 ETF 基金，类似互联互通制度下的股票交易。因为港股市场有很多国外资金借由港股进入 A 股。对于通过港股通参与香港市场 ETF 交易的 A 股投资者，需要了解可能的风险，其实港股 ETF 交易风险与 QDII 基金在大的方面还是比较相似的，具体如下。

港股价格波动较大的风险。港股实行 T+0 回转交易，股票价格无涨跌幅限制，较 A 股波动更为剧烈。对于 ETF 基金，A 股股票 ETF 涨跌幅限制通常为 10%，创业板、科创板相关 ETF 的涨跌幅限制为 20%，实行 T+1 交易，而港股 ETF 则不同，对涨跌幅没有限制，并且实行 T+0 交易制度。

汇率风险。投资者使用人民币资金账户进行交易，但在买入港股 ETF 时，需要将人民币兑换成港币；卖出时，得到的也是港币，还需要将港币兑换成人民币后才能把资金返回到投资者的账户中，汇率的波动可能造成汇率兑换损益。

港股通机制下交易日不连贯可能带来的风险。只有双方市场均为交易日且能够满足结算安排的交易日才为港股通交易日。在港股通机制下交易日不连贯可能带来的风险，包括在内地开市香港休市的情形下，港股通不能正常交易，港股不能及时卖出，可能带来一定的流动性风险。当香港出现台风、黑色暴雨或者联交所规定的其他情形时，联交所可能停市；当出现内地证券交易服务公司认定的交易异常情况时，内地证券交易服务公司可能暂停提供部分或者全部港股通服务，投资者面临在停市或暂停服务期间无法进行港股通交易的风险。

港股通每日额度限制。港股通业务实施每日额度限制，在联交所开市前时段就将当日额度使用完毕的，新增的买单申报将面临失败的风险；在联交所持续交易时段或收市竞价交易时段，港股通当日额度使用完毕的，当日基金将面临不能通过港股通进行买入交易的风险。

# 第三章

## 基金理财的常用工具

"工欲善其事,必先利其器",在用基金进行理财时,借助一些工具可以为我们筛选基金、构建基金组合提供便利。这些工具的界面、功能等都是有所变化的,所以使用时我们要灵活一点儿,可以综合各种工具使用。实际上,免费的理财工具就足够我们这些普通投资者使用了,不用特意去找收费工具。

## 一 常用工具

### （一）晨星网

晨星公司是一家进行投资研究与国际基金评级的机构，提供财经资讯、基金及股票的分析与评级服务，投资者可以把晨星网作为一个基金评级网站。晨星公司把每只具备三年以上业绩数据的基金归类，在同类基金中按照风险调整后的收益指标由大到小进行排序，并基于此提供基金三年、五年、十年评级。其中，前10%被评为5星，接下来22.5%被评为4星，中间35%被评为3星，随后22.5%被评为2星，最后10%被评为1星。晨星网也有很多关于基金的实用工具，我最常使用的就是基金工具栏目下的基金筛选器、基金对比、组合透视功能。

#### 1. 常用功能

基金筛选：通过基金组别、基金分类、晨星评级、基金业绩、资产净值、风险、成立日期、申赎状态、基金名称等条件自由组合筛选出自己想要的基金。

基金对比：从万元波动对比、历史回报、晨星评级、风险评估、行业分布、十大股票持仓、费用信息、基金经理等维度对所选基金进行直观比较，最多可同时比较四只基金。笔者比较习惯使用天天基金网的基金对比功能，读者可以根据自己的使用习惯选择工具。

组合透视：根据组合基金的权重分配，生成组合透视报告，展示组合的资产配置、投资风格、行业分布及重仓品种在资产中的占比，判断持仓是否过于集中，如图3-1所示。

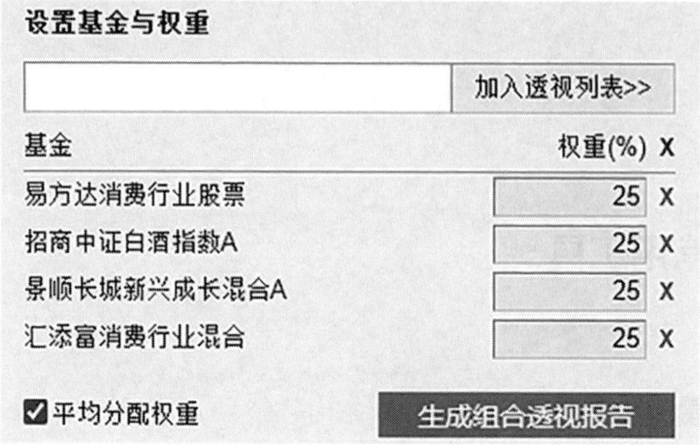

图 3-1　晨星网组合透视工具

使用晨星网时，有两点需要注意。

一是晨星只对成立三年及以上时长的开放式基金进行评级，如果只依赖评级，可能会错过成立一两年内业绩表现很好的基金，尤其对行业类基金而言，其上涨趋势能持续两年就很好了。选择行业类基金时，对其成立时长要求可以适当放宽，不用非得经历一个牛熊周期。

二是基金评级高，并不意味着基金将来能取得良好业绩，基金未来业绩会受到诸如基金经理更换、投资组合变动、市场环境等因素影响；基金评级高，也不意味着基金适合每个投资者，毕竟投资者的个人投资目标、风险承受能力、投资周期是不同的，适合自己的才是最好的。这不仅是针对晨星评级，也是针对所有评级机构对基金的评级来说的。

### 2. 晨星奖

晨星奖目前设有五个产品奖项：股票型、混合型、积极债券型、普通债券型和纯债型。每一类型最终只有一只基金获奖。获奖基金并非都是各类中表现最好的，很少有年度收益率排名前几的基金，投资风格以稳为主，不像行业类基金那样激进，所以，对于风险承受能力低一些的投资者还是比较适合的。

在基金理财时要形成自己的"基金池"，可以将日常获知的、适合自己的基金，比如晨星奖、金牛奖获奖基金等，进行初步分析，如果认为适合自己就可以先将其加入"基金池"，作为备选基金，持续观察，择优买入。对于各类获奖基金、他人推荐的基金，一定不要盲目买入，要仔细筛选，看是否适合自己，理财不要总想走捷径，不要以为买入获奖基金就一定能取得好收益，市场大势不在时，即使晨星奖、金牛奖获奖基金也照跌不误，不要夸大它们的业绩表现，要注意甄别，不要盲目买入。

图 3-2 为晨星奖 2018—2022 年获奖的积极配置型基金在 2018—2022 年的收益情况，由此可知，过往业绩优秀并不代表未来业绩同样优秀，很多基金的业绩是有一定周期性的，业绩亮丽的基金在一定时期内也会变得不亮丽，如果不加筛选只看业绩买入，很可能会追高被套，所以，对获奖基金来说，持有期若不合适，收益可能很差。

| 历史年度收益 | 易方达新经济 | 兴全合润混合 | 工银创新动力 | 易方达优质精 | 兴全趋势投资 |
| --- | --- | --- | --- | --- | --- |
| 2022年 | -15.26% | -26.93% | -2.79% | -14.42% | -25.84% |
| 2021年 | 35.69% | 6.32% | 17.93% | -13.39% | 3.70% |
| 2020年 | 68.00% | 75.16% | 28.93% | 84.34% | 48.03% |
| 2019年 | 63.34% | 62.87% | 33.89% | 65.76% | 42.62% |
| 2018年 | -25.11% | -25.54% | -34.48% | -14.30% | -17.91% |

图 3-2　晨星奖 2018—2022 年获奖的积极配置型基金年度收益

## （二）天天基金

在天天基金网上可以进行基金交易，其基金数量丰富，多数基金的申购费率有一折优惠，此外，网站上还有很多基金工具，比如基金比较、基金筛选、主题选基等。

业绩评级比较：可以对比基金不同阶段的收益、历史年度收益、定投收益等。

资产配置比较：对比基金规模、资产占比、十大重仓股情况。在构建基金组合时，一定要注意持仓股票的相关性，如果组合中持仓股重合过多，是无法起到分散风险的作用的。

有时我们会发现部分基金各资产总和占净值比例超过 100%，如图 3-3 所示，这是因为基金在运作过程中存在负债，比如存在应付账款或债券质押杠杆交易等情况。

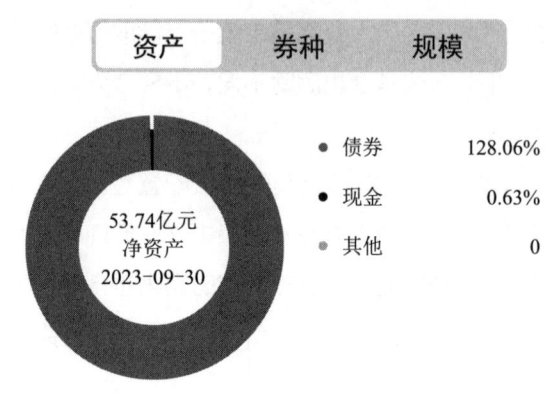

图 3-3　基金负债运作

基金筛选：可以根据基金类型、业绩、基金主题等进行基金筛选。

天天基金 App 上常用的功能有大数据榜、股票选基、条件选基、基金对比、基金组合等，基金组合功能还是比较好的，可以记录自己组合的长期表现、阶段涨幅、调仓记录等，相当于是自己创建了一只 FOF 基金，能够回顾自己过往的基金理财情况。下面对几个重要功能进行简单介绍。

大数据榜：根据不同因子对基金进行排名，在筛选基金时，可以参考这些数据，但是一定不要盲目买入榜单上的基金，如图 3-4 所示。

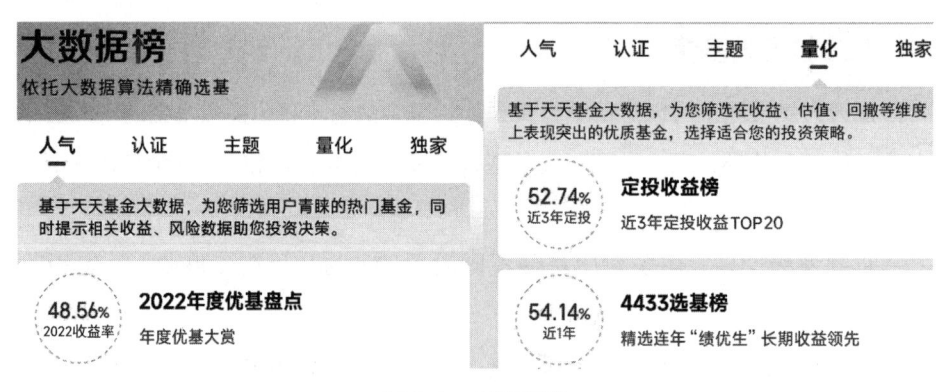

图 3-4　大数据榜

股票选基：如果你比较看好某些股票，想通过持有持仓中含有这些股票的基金来间接持有这些股票，可以通过股票选基功能来筛选出包含这些股票的基金，如图 3-5 所示。

图 3-5 股票选基

条件选基：条件选基功能可以根据不同的条件自由组合筛选出自己想要的基金，比如可以根据晨星评级、收益率、基金规模、最大回撤等条件筛选基金。

基金对比：天天基金 App 端最多可以同时对比五只基金，通过对比功能，可以很直观地比较各基金的基本信息，比如业绩表现、基金规模、投资风格、风险等级、申赎费率等，还可以比较波动率、夏普比率、最大回撤等风险数据及基金的资产配置等信息。

## （三）支付宝

支付宝、天天基金等第三方基金销售平台，功能可以说是趋同的，无非就是哪个内容更丰富、功能更完善，目前支付宝赎回到账时间快于天天基金（快了约 3 个小时），但不如天天基金工具功能强大。笔者一般使用支付宝或天天基金进行基金交易，申购费率普遍有一折优惠，使用天天基金、晨星等网站提供的数据、工具进行基金筛选，构建基金组合。

支付宝也提供了很多工具，比如基金排行、基金筛选、基金对比等。基金详情页展示了基金业绩、净值估算、申赎费率、基金公司、交易规则、基金经理等信息（这些都是各个基金平台的基本内容），支付宝使用了晨星网的基金评级。

净值估算：基金估值是指按照基金历史披露持仓和指数走势估算基金净值，这个估算值自然是不准的，但可以用于辅助判断基金每日是涨是跌及涨跌幅度大小，投资者可以参考多个平台的估算值，交易日 14:50 之后估值变动会小一点儿。估值与基金净值相差较大的基金，往往是因为基金经理已经调仓，此时可以不用参考当前估值了。买基金的时候，不应该只参考当天的净值估算来决定是否买入，可参考基金的每日估值、最近一段时期净值走势（比如昨天基金涨了五个点，今天跌了一个点，如果今天买入的话，实际上还是买高了）、市场基本面等因素来确定是否可以买入。

目前基金销售平台上除部分指数基金外，已不提供估值功能，这样有利有弊。有些基民可能会根据基金估值来判断基金当日涨跌，从而做短线交易，进行追涨杀跌，对于他们来说，取消基金估值利大于弊。但对笔者而言，取消估值，笔者认为是弊大于利，例如，根据自选基金中行业基金的估值就可以快速地了解这些行业（当然了，这些信息也可以在其他平台获得，关键是笔者在查看基金每日表现时，本来同时就能了解这些信息的）及自选基金今日的涨跌情况，如果估值跌幅较大，笔者会结合基金近期走势及市场行情来判断是否买入。

如果你持有的基金持仓与一些指数基金相似，可以参考指数基金或者场内 ETF 基金走势。还可以通过基金的前十大持仓股票（前提是十大持仓占比较大）或者该基金主要投资行业当日表现来判断该日基金的近似涨跌，当然，这些持仓信息也是基于基金过往季报或年报披露的信息。另外，仍有部分 App、小程序等提供净值估算功能，投资者可自行搜索。

## （四）基金 E 账户

如果你在多个基金平台购买过基金，那么可以通过基金 E 账户查看自己持有的场外基金。基金 E 账户可为个人投资者提供公募基金产品场外份额持有情况的查询服务，查询结果通常为 T-3 日的份额登记结果。

公募基金查询功能的查询范围仅限于公募基金场外份额，不含证券公司设立管理的投资者人数不超过 200 人的集合资产管理计划，以及在证券交易所上市交易的 ETF、LOF、REITs 等公募基金的场内份额。

## 二  常用参考指标

在筛选基金时，常用的参考指标有标准差、最大回撤、夏普比率、贝塔系数、阿尔法系数。

### （一）标准差

可以用标准差来衡量某一时期内基金收益率的波动幅度，即基金某一时期内收益率相对于平均周期内收益率的偏差程度，标准差越大，说明基金的波动幅度越大，偏离平均收益率的程度越高，风险就越大，在比较基金的标准差时，应该在同类型基金中比较。图 3-6 为 2017 年 7 月 1 日至 2022 年 6 月 30 日偏股型基金波动率与投资者投资收益情况，可以看出，高收益通常伴随着高风险，但高风险并不意味着高收益，在基金理财时想要取得高收益，通常需要承担更高的风险，面临更大的波动。

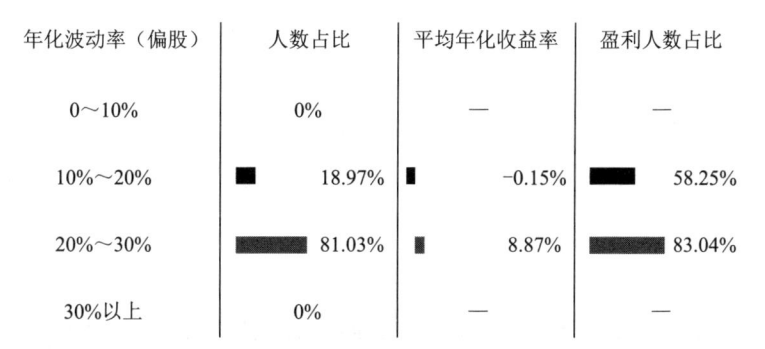

| 年化波动率（偏股） | 人数占比 | 平均年化收益率 | 盈利人数占比 |
| --- | --- | --- | --- |
| 0～10% | 0% | — | — |
| 10%～20% | 18.97% | -0.15% | 58.25% |
| 20%～30% | 81.03% | 8.87% | 83.04% |
| 30%以上 | 0% | — | — |

数据来源：2022 年公募基金投资者盈利洞察报告。

图 3-6  偏股型基金波动率与投资者投资收益情况

### （二）最大回撤

最大回撤指过去一段时间里，基金净值从最高点到最低点的跌幅，也即该段时期内基金可能产生的最大亏损。最大回撤绝对值越小，则风控能力越好；最大回撤值过大的基金，持有体验很差，很多基民可能在大幅下跌时卖出了基金，没有享受到后期基金上涨带来的收益。标准差与最大回撤可以作为衡量基金风险的指标。

图 3-7 为 2017 年 7 月 1 日至 2022 年 6 月 30 日五年间偏股型基金最大回撤与投资者投资收益情况：对于偏股型基金，想要获得更高收益，可能面临更高的最大回撤幅度，但当回撤幅度达到一定值（超过 50%）时，基金持有体验太差，很多基民可能会卖出基金。

| 区间最大回撤（偏股） | 人数占比 | 平均年化收益率 | 盈利人数占比 |
| --- | --- | --- | --- |
| 0~20% | 0% | — | — |
| 20%~30% | 5.87% | 5.36% | 83.54% |
| 30%~40% | 51.09% | 6.78% | 72.78% |
| 40%~50% | 40.35% | 8.30% | 85.17% |
| 50%以上 | 2.56% | 0.81% | 69.57% |

图 3-7　偏股型基金最大回撤与投资者投资收益情况

### （三）夏普比率

夏普比率是衡量基金风险调整后收益的指标之一，综合考虑了组合的收益与风险，反映了基金承担单位风险所获得的超额回报率，即基金回报率高于同期无风险收益率的部分，通常该比率越高，基金承担单位风险得到的超额回报率越高。

计算公式为：夏普比率 =（投资组合预期收益率 − 无风险利率）÷ 投资组合标准差。

这里需要注意的是，夏普比率并未考虑投资组合之间的相关性，所以构建组合时，不能只凭夏普比率选择基金，在参考夏普比率时，一定要在同类型基金中比较。

### （四）贝塔系数（$\beta$）

贝塔系数衡量基金收益相对于业绩评价基准收益的总体波动性。$\beta$ 值越高，意味着基金相对于业绩评价基准的波动性越大。$\beta$ 值小于 0，表示基金与基准涨跌相反；β值等于1，表示基金与基准同涨同跌；β值大于1，则表示基金的波动性大于业绩评价基准的波动性，反之亦然。比如华夏上证50ETF相对于基准指数（上证50）的β值为1.01，可以理解为若上证50指数上涨1%，则该基金上涨1.01%，若上证50指数下跌1%，则该基金下跌1.01%。

### （五）阿尔法系数（α）

阿尔法系数是基金的实际收益与按照贝塔系数计算的期望收益之间的差额，即基金收益跑赢市场（业绩比较基准）的超额收益部分，可以理解为来自基金经理管理能力的收益，阿尔法系数可作为衡量基金经理管理能力的一个指标。比如增强型指数基金的收益由两部分组成：α收益（超额收益，来源于基金经理的主动管理能力）+β收益（市场收益，来源于标的指数表现）。

## 三 工具使用实战

在选择基金时，可以参考以下步骤。

步骤一：在筛选基金前，一定要将自己的预期收益目标与个人风险承受能力等实际情况进行匹配。如果投资者的风险承受能力很低，只适合波动较低的纯债基金，却把自己的年预期收益目标设为15%，这个收益目标必须通过配置风险较高的权益类基金才可能实现，显然与个人风险承受能力不匹配，这是不合适的，投资者很可能忍受不了市场下跌产生的亏损而止损卖出。可以使用晨星网筛选近三年、五年评级为五星的基金；也可以使用天天基金网、支付宝按不同行业、主题、业绩等因子筛选；还可以选择公众号文章中列出的表现比较好的基金及晨星奖、金牛奖获奖的基金等。这些工具可以结合起来使用，经多重筛选验证，例如，在天天基金选出的基金可以去晨星网查看该基金的晨星评级等。

步骤二：将通过以上方式筛选出的基金加入自选基金，然后使用晨星网或者天天基金网的基金对比功能，根据基金的业绩、持仓、规模、投资风格、基金经理等指标再次筛选基金，删除不合适的基金。

步骤三：经过再次筛选，基金数量就比较少了，可以持续观察，熟悉这些基金。若对选出的基金有所犹豫，很难决定是否买入，可以买入少量份额，观察后期走势，再做决定，通常买入后才会更在乎。合适的基金可以逢低分批买入或者定投，不合适的基金要及时卖出。

这里要提醒一点：很多基金的业绩是有一定周期性的，现在选出的表现尚可的基金，在将来一段时期内其业绩可能会变得很差，所以适时止盈很重要。一定不要盲目相信冠军基金、知名基金经理管理的基金，不然一定会被市场“教育”的。

我们用万家行业优选混合（LOF）这只基金来介绍一下常用基金工具的使用方法。

## （一）使用晨星网筛选

可以选择三年或五年评级达到三星级以上的基金，这样的基金仍有很多，也可以根据基金分类进行选择，多种筛选条件可以自由组合，本例中的基金三年、五年评级均为五星。不要盲目相信评级，多数评级都是基于基金过往的业绩，基金业绩又在很大程度上依赖市场行情，而市场总是在波动中，将来你会发现，高评级基金也会有业绩低谷期，如图 3-8 所示。

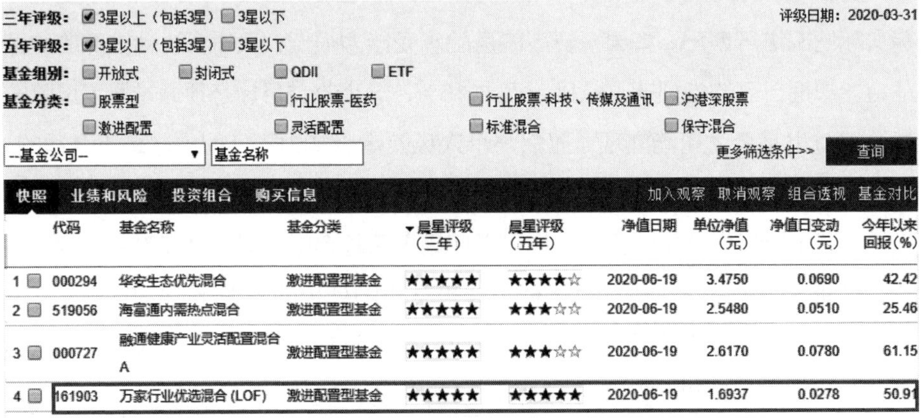
三年评级：3星以上（包括3星） 3星以下　评级日期：2020-03-31
五年评级：3星以上（包括3星） 3星以下
基金组别：开放式 封闭式 QDII ETF
基金分类：股票型 行业股票-医药 行业股票-科技、传媒及通讯 沪港深股票
激进配置 灵活配置 标准混合 保守混合
--基金公司-- 基金名称 更多筛选条件>> 查询
快照 业绩和风险 投资组合 购买信息 加入观察 取消观察 组合透视 基金对比

| | 代码 | 基金名称 | 基金分类 | 晨星评级（三年） | 晨星评级（五年） | 净值日期 | 单位净值（元） | 净值日变动（元） | 今年以来回报（%） |
|---|---|---|---|---|---|---|---|---|---|
| 1 | 000294 | 华安生态优先混合 | 激进配置型基金 | ★★★★★ | ★★★★☆ | 2020-06-19 | 3.4750 | 0.0690 | 42.42 |
| 2 | 519056 | 海富通内需热点混合 | 激进配置型基金 | ★★★★★ | ★★★☆☆ | 2020-06-19 | 2.5480 | 0.0510 | 25.46 |
| 3 | 000727 | 融通健康产业灵活配置混合A | 激进配置型基金 | ★★★★★ | ★★★☆☆ | 2020-06-19 | 2.6170 | 0.0780 | 61.15 |
| 4 | 161903 | 万家行业优选混合(LOF) | 激进配置型基金 | ★★★★★ | ★★★★★ | 2020-06-19 | 1.6937 | 0.0278 | 50.91 |

图 3-8　使用晨星网选择基金

然后点击查看该基金的详情，无论你使用何种基金工具，基金详情页面的内容你都应该了解，如图 3-9、图 3-10 所示。在基金详情页面我们可以对基金的各

项指标进行分析，也可以与其他同类型基金的指标进行对比。

①历史业绩，展现了该基金及同类型基金过往年份的收益情况。

②历史最差回报（即最大回撤）、晨星评级、风险评估、风险统计等信息需要看一下，同类型基金间也要比较基金的标准差、夏普比率等指标。晨星网上基金经理的信息不如其他第三方平台的详细、直观。

| 历史最差回报（%） | | | | | 2020—05—31 |
|---|---|---|---|---|---|
| 最差三个月回报 | | | | | -25.71 |
| 最差六个月回报 | | | | | -14.75 |

| 晨星评级 | | | | | 2020—03—31 |
|---|---|---|---|---|---|
| | 三年评级 | | 五年评级 | | 十年评级 |
| 晨星评级方法论 | ★★★★★ | | ★★★★★ | | ☆☆☆☆☆ |

| 风险评估 | | | | | | 2020—03—31 |
|---|---|---|---|---|---|---|
| | 三年 | 三年评价 | 五年 | 五年评价 | 十年 | 十年评价 |
| 平均回报（%） | - | - | - | - | - | - |
| 标准差（%） | 25.72 | - | 28.33 | - | - | - |
| 晨星风险系数 | 0.98 | 偏低 | 0.80 | 低 | - | - |
| 夏普比率 | 0.90 | - | 0.81 | - | - | - |

| 风险统计 | | | 2020—03—31 |
|---|---|---|---|
| | | +/-基准指数 | +/-同类平均 |
| 阿尔法系数（%） | | 23.77 | 14.90 |

图 3-9　晨星网基金详情

③晨星股票投资风格箱表明该基金属于大盘成长型风格，资产分布表明现金、股票、债券等占该基金的投资比例，行业分布表明该基金主要投资了哪些行业的金融资产。

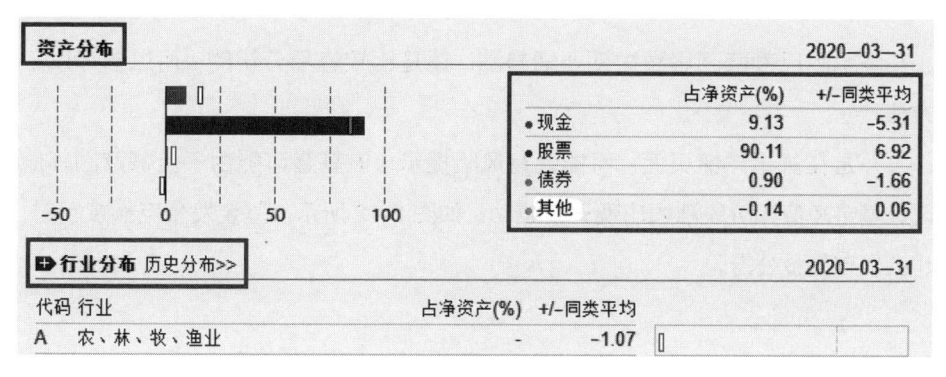

| 资产分布 | | 2020—03—31 |
|---|---|---|
| | 占净资产(%) | +/-同类平均 |
| 现金 | 9.13 | -5.31 |
| 股票 | 90.11 | 6.92 |
| 债券 | 0.90 | -1.66 |
| 其他 | -0.14 | 0.06 |

| 行业分布　历史分布>> | | | 2020—03—31 |
|---|---|---|---|
| 代码 | 行业 | 占净资产(%) | +/-同类平均 |
| A | 农、林、牧、渔业 | - | -1.07 |

图 3-10　晨星网基金详情

④持仓分析，展现了该基金的十大重仓股，这个很重要，毕竟买权益类基金就是买基金的持仓股票，重仓股的前景对基金业绩影响很大。

其实，晨星网关于基金的很多功能在其他第三方平台上都有，而且更为详细，笔者通常使用晨星网的评级功能筛选基金，缩小选择范围，结合其他平台综合分析，最终做出选择。

## （二）使用天天基金筛选

天天基金筛选工具的筛选条件也有很多，可以自由组合，筛选基金时一定不要"唯业绩论"。举个例子：交银新回报灵活配置混合C这只基金的业绩在近2年、近3年（数据截至2019年9月27日）的股票型、混合型基金中都排名第一，如图3-11所示，但是笔者却不推荐购买，为什么呢？因为该基金近三年的高业绩来自于巨额赎回，不具备可持续性，所以如果我们只看业绩买了交银新回报灵活配置混合C，后期收益可能很差。

| 基金类型： | 不限 | 股票型 | 混合型 | 债券型 | 指数型 | QDII | FOF | 保本型 | 分级A类 | 货币型 |
|---|---|---|---|---|---|---|---|---|---|---|
| 基金业绩： | 不限 | 近1周▼ | 近1月▼ | 近3月▼ | 近6月▼ | 今年以来▼ | 近1年▼ | 近2年▼ | 近3年▲ | 自定 |
| | 不限 | 前10名 | 前20名 | 前50名 | 前100名 | | | | | |

共找到 9只基金符合您的要求： ≡列表

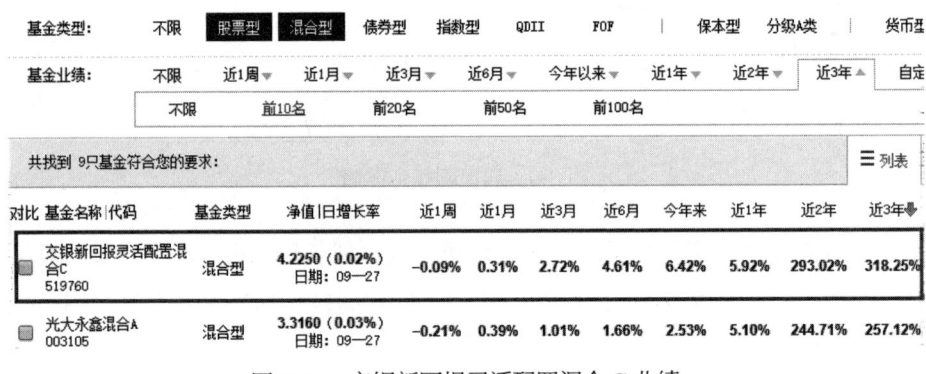

| 对比 | 基金名称\|代码 | 基金类型 | 净值\|日增长率 | 近1周 | 近1月 | 近3月 | 近6月 | 今年来 | 近1年 | 近2年 | 近3年▼ |
|---|---|---|---|---|---|---|---|---|---|---|---|
| □ | 交银新回报灵活配置混合C 519760 | 混合型 | 4.2250（0.02%）日期：09—27 | -0.09% | 0.31% | 2.72% | 4.61% | 6.42% | 5.92% | 293.02% | 318.25% |
| □ | 光大永鑫混合A 003105 | 混合型 | 3.3160（0.03%）日期：09—27 | -0.21% | 0.39% | 1.01% | 1.66% | 2.53% | 5.10% | 244.71% | 257.12% |

图3-11　交银新回报灵活配置混合C业绩

基金因巨额赎回导致短期业绩暴涨，还是比较容易分辨的，可以参考以下方法。

一是在基金详情页面，可能会有风险提示：该基金可能由于巨额赎回等原因，基金净值和阶段涨幅出现异常波动，如图3-12所示。基金发生巨额赎回时，也会发布基金公告。

> 友情提示：该基金可能由于巨额赎回等原因，基金净值和阶段涨幅出现异常波动。点此了解

**交银新回报灵活配置混合C(519760)**

| 净值估算2019-09-30 09:26 | 单位净值（2019-09-27） | 累计净值 |
|---|---|---|
| 4.2246 ↓ -0.0004 / -0.01% | 4.2250 0.02% | 4.2450 |
| 近1月：0.31% | 近3月：2.72% | 近6月：4.61% |
| 近1年：5.92% | 近3年：318.25% | 成立来：322.76% |

图 3-12　巨额赎回提示

二是该基金近期表现很差，但近 3 年业绩却排名第一，这很不正常，从其累计净值走势图中也可以看出其净值突然出现大幅增长，另外，该基金近 1 月、近 3 月、近 6 月、近 1 年业绩均落后于同类基金，由此我们也不应该盲目选择该基金，如图 3-13 所示。

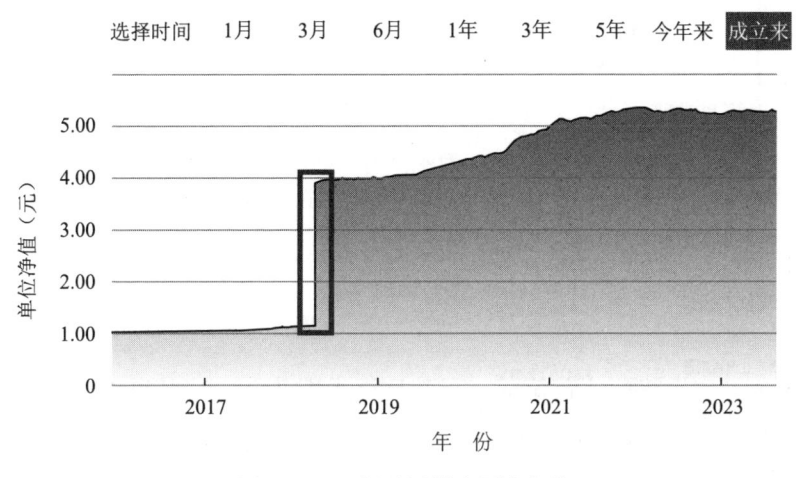

图 3-13　巨额赎回基金累计净值

三是看一下交银新回报灵活配置混合 A 这只基金，因为基金 A 类份额与 C 类份额的资产配置是相同的，正常情况下，这两只基金的业绩应该是相似的，但是 A 类基金近 3 年业绩却很一般，比 C 类差很多，这是不合理的，如图 3-14 所示。

| 阶段涨幅 | 季度涨幅 | 年度涨幅 | | | | 截至 2019—09—27 | | 更多> |
|---|---|---|---|---|---|---|---|---|
| | 近1周 | 近1月 | 近3月 | 近6月 | 今年来 | 近1年 | 近2年 | 近3年 |
| 阶段涨幅 | −0.08% | 0.33% | 2.52% | 4.45% | 6.18% | 5.63% | 11.42% | 19.01% |
| 同类平均 | −1.44% | 1.49% | 7.53% | 8.53% | 25.19% | 17.55% | 10.35% | 18.35% |
| 沪深300 | −2.11% | 0.94% | 0.47% | 2.92% | 27.97% | 13.19% | 0.82% | 18.88% |
| 同类排名 | 286\|3183 | 2124\|3145 | 2132\|3098 | 1723\|2970 | 2436\|2875 | 2256\|2802 | 860\|2280 | 621\|1695 |

图 3-14 交银新回报灵活配置混合 A 的业绩

继续回到万家行业优选混合（LOF）这只基金，通过天天基金的基金筛选功能，设置筛选条件，我们可以选出自己想要的基金。仅从业绩表现来看，万家行业优选混合（LOF）这只基金在近 3 年的股票型、混合型基金中都排名中上，如图 3-15 所示。

| | | | | | | | | | | | | |
|---|---|---|---|---|---|---|---|---|---|---|---|---|
| 所有分类 | 类型：股票型 混合型 × | | 近1年：前50名× | | 近2年：前50名× | | 近3年：前50名× | | | | | |
| 基金类型： | 不限 | 股票型 | 混合型 | 债券型 | 指数型 | QDII | FOF | 保本型 | 分级A类 | 货币型 | | |
| 基金业绩： | 不限 | 近1周▼ | 近1月▼ | 近3月▼ | 近6月▼ | 今年以来▼ | 近1年▼ | 近2年▼ | 近3年▲ | | | |
| | 不限 | 前10名 | 前20名 | 前50名 | 前100名 | | | | | | | |

共找到 12只基金符合您的要求： ≡ 列表

| 对比 | 基金名称\|代码 | 基金类型 | 净值\|日增长率 | 近1周 | 近1月 | 近3月 | 近6月 | 今年来 | 近1年 | 近2年 | 近3年▼ |
|---|---|---|---|---|---|---|---|---|---|---|---|
| ☐ | 交银医药创新股票 004075 | 股票型 | 2.7429 (2.98%) 日期：06—19 | 6.10% | 15.32% | 52.05% | 57.71% | 55.72% | 107.67% | 117.93% | 169.04% |
| ☐ | 宝盈鸿利收益灵活配置混合A 213001 | 混合型 | 1.9660 (1.39%) 日期：06—19 | 3.75% | 6.04% | 26.68% | 45.64% | 44.03% | 115.13% | 121.12% | 167.58% |
| ☐ | 信达澳银新能源产业股票 001410 | 股票型 | 3.0430 (1.50%) 日期：06—19 | 4.28% | 4.14% | 9.70% | 29.16% | 31.85% | 107.71% | 140.62% | 160.49% |
| ☐ | 融通健康产业灵活配置混合A/B 000727 | 混合型 | 2.6170 (3.07%) 日期：06—19 | 7.30% | 12.80% | 48.44% | 63.77% | 61.15% | 112.42% | 142.54% | 157.07% |
| ☐ | 万家行业优选混合(LOF) 161903 | 混合型 | 1.6937 (1.67%) 日期：06—19 | 4.29% | 4.60% | 23.95% | 48.84% | 50.91% | 112.57% | 150.05% | 145.55% |

图 3-15 基金筛选

进入基金详情页面可以查看基金详情：比如基金的规模、成立日期、基金经理、累计净值、基金成立以来的收益情况等基本信息。在基金档案栏目中可以查看基金的相关信息，基金档案的内容基本上涵盖了关于基金的大部分信息，这是需要我们仔细研究的。如果你在决定买入一只基金前并不了解它，这估计是一次失败的投资。

基金概况介绍了基金的基本情况，比如基金的投资目标、投资理念、投资范围、投资策略、业绩比较基准等。

基金经理介绍了基金的历任基金经理及现任基金经理管理的所有基金情况。要关注基金经理的信息，包括该经理管理的其他基金的表现，基金经理有无频繁变动的情况。天天基金也会对基金经理、基金进行评分管理，我们也可以参考。

对于行业类基金经理，如果基金经理管理多只不同行业的基金，比如既管理新能源行业基金又管理医疗行业基金，超出了基金经理的能力圈，这是不合理的表现（指数基金可以放宽限制）。另外，如果基金经理管理多只持仓风格差异比较大的基金，或者管理基金的规模比较大，比如单只基金规模较大，又或者是管理的所有基金规模较大，我们要对这样的基金经理谨慎选择。

基金公司则介绍了基金的管理人情况。我们在选择基金时要选择口碑好、业绩优的基金公司，基金公司的投研实力对基金业绩影响也很大。

阶段涨幅展示了基金的累计收益率走势、在同类基金中的排名走势、阶段涨幅明细。该基金近几年的业绩与定投收益表现很好，远超同类型基金与沪深300指数，如图3-16所示。实际上，对权益类基金来说，收益超过沪深300指数并不难，应与同类型基金的收益率进行比较。

|  | 今年来 | 近1周 | 近1月 | 近3月 | 近6月 | 近1年 | 近2年 | 近3年 | 近5年 | 成立来 |
|---|---|---|---|---|---|---|---|---|---|---|
| 涨幅 | 58.31% | 7.40% | 16.19% | 37.49% | 59.99% | 114.48% | 158.19% | 156.76% | 158.69% | 779.80% |
| 同类平均 | 14.60% | 2.61% | 8.45% | 18.15% | 17.33% | 32.40% | 37.52% | 41.17% | 22.40% | — |
| 沪深300 | 0.62% | 2.67% | 7.79% | 16.75% | 3.90% | 7.51% | 14.21% | 13.77% | -13.88% | — |
| 同类排名 | 15\|3197 | 71\|3445 | 362\|3445 | 212\|3345 | 26\|3168 | 7\|2979 | 3\|2613 | 13\|2127 | 2\|1037 | — |

图3-16 截至2020年6月23日万家行业优选混合（LOF）的业绩表现

图3-17展示了该基金截至2022年12月30日的业绩，可以看出，该时段的业绩明显低于2020年6月23日的业绩，所以不要总是想着长期持有，要及时止盈。好基金很重要，但交易时机同样重要。

|  | 今年来 | 近1周 | 近1月 | 近3月 | 近6月 | 近1年 | 近2年 | 近3年 | 近5年 | 成立来 |
|---|---|---|---|---|---|---|---|---|---|---|
| 涨幅 | -29.94% | 2.40% | -1.56% | 14.46% | -8.81% | -30.17% | -25.37% | 43.99% | 138.07% | 698.26% |
| 同类平均 | -20.68% | 2.67% | -1.09% | -0.35% | -12.23% | -20.20% | 13.27% | 33.65% | 51.39% | — |
| 沪深300 | -21.63% | 1.13% | 0.48% | 1.75% | -13.68% | -21.33% | 24.29% | -5.15% | -3.95% | — |
| 同类排名 | 2314\|2664 | 1644\|3540 | 1757\|3497 | 75\|3398 | 894\|3166 | 2360\|2663 | 1155\|1527 | 315\|874 | 19\|507 | — |

图3-17 截至2022年12月30日万家行业优选混合（LOF）的业绩表现

基金持仓则展示了基金在不同年度、不同季度的持仓情况，我们可以分析基金每次调仓是否为基金带来了超额收益，是否与基金经理的投资策略自洽；规模变动展示了不同阶段基金的份额或净资产规模变动详情；持有人结构展示了不同阶段基金的机构持有者、个人持有者、内部持有者的持有比例；基金公告介绍了与基金相关的公告，可以在定期报告栏目中查看基金的年报、季报；财务报表展示了基金在不同年度的主要财务指标；购买信息展示了基金的运作费用、交易费用、交易状态等信息。还可以在基金详情页查看基金的规模变动、持有人结构、资产配置、投资风格、基金换手率、业绩评价等信息。基金换手率可以用于衡量基金投资组合变化的频率，基金换手率越高，操作越频繁，越倾向于择时波段操作；基金换手率越低，操作越谨慎，越倾向于买入并持有策略。

### （三）使用支付宝筛选

和其他平台的筛选功能相似，对于每种功能多点击查看就可以熟练使用了。

可以查看基金不同时期的业绩排行，比如近3月、近6月、近1年、近3年、近5年的业绩等，我们可以看到万家行业优选混合（LOF）在近五年的业绩中排名第三，如图3-18所示。然后进入基金详情页面，查看该基金不同时期的业绩走势。

图3-18 支付宝基金业绩排行

支付宝引用了晨星评级，本基金评级为五星，属于中高风险的混合型基金，可以在历史业绩中查看该基金在不同时期的收益情况及在同类型基金中的排名情况，如图 3-19 所示。

图 3-19　支付宝基金历史业绩

基金档案，全面介绍了基金的情况，有助于我们详细了解基金，如图 3-20 所示。

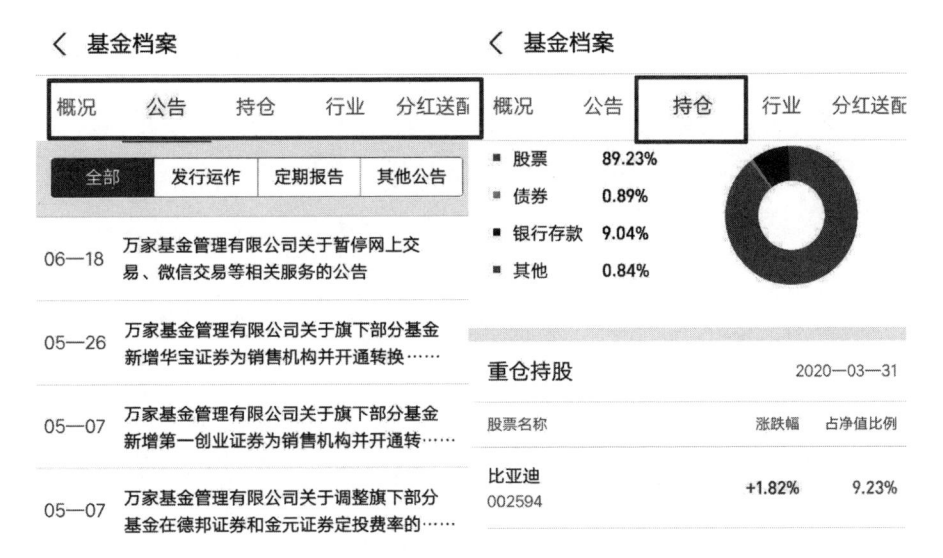

图 3-20　支付宝基金档案

概况：介绍了基金的规模、基金经理、投资理念等信息。

公告：基金信息的发布，定期报告中可以查看基金的季度、年度报告，我们可以根据季报、年报中的基金持仓、投资风格等内容确定某只基金是否还适合我们的基金组合。

持仓：查看基金的投资分布状况，重仓的股票，这是我们需要关注的，基金的投资风格要与投资者相适应。

基金经理：介绍该基金的经理，可以查看该经理管理的其他基金情况，这个需要投资者好好研究一下。如果该基金经管理几只风格差异很大的基金，就挺不靠谱的，尤其是在管理的几只基金业绩相差悬殊的时候，这可能是为了抓住市场行情而采用"广撒网"的极端做法。

交易规则展示了基金的运作费率、申购赎回费率等情况，对于投资者来说，两只表现相似的同类型基金，自然是费率越低越好，投资者可根据自己的持有周期决定选择基金的 A 类份额还是 C 类份额。

实际上，使用以上三种工具进行基金筛选的方式是很相似的，也并不难，熟能生巧。通过这些工具，我们可以了解基金的业绩表现、持仓信息、分红信息、基金经理信息、费率信息、评级信息等，已经对基金的基本信息有了一个详细的了解，然后还可以查看基金季报、年报中关于基金经理的投资策略等信息，相互结合，这样就比较完善了。

# 第四章

## 基金筛选

在进行基金理财时，很重要的一件事就是选择好的基金标的，只有基金选对了，我们才能更好地进行基金组合配置、基金定投等操作。设想一下，如果我们选择的基金不合适，在我们进行基金定投时，只会在错误的道路上越走越远。同时，我们也要知道，选到业绩最好的基金是很难的，因此，所选基金在同类型基金中表现中上即可，然后通过合理的交易方式，尽可能地提升收益。

## 一 基金筛选

基金选择需要与投资者自身的风险承受能力、收益目标等具体因素相适配。如果仅仅因为追求高业绩而选择了与自身风险承受能力不匹配的基金，很可能因无法承受基金波动在不合适的时机选择卖出基金，导致基金的持有体验很差，图 4-1 展示了投资者认为自己盈利体验不佳的原因。

投资者认为自己盈利体验不佳的原因

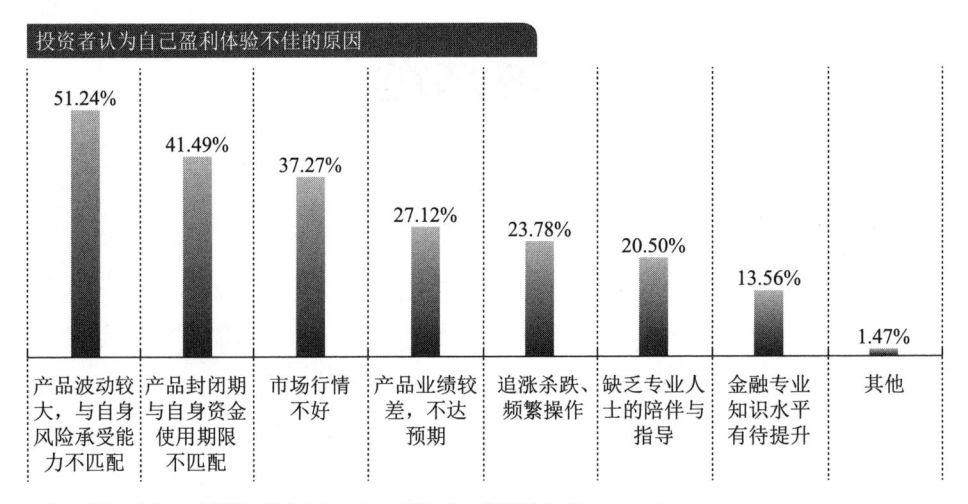

- 产品波动较大，与自身风险承受能力不匹配：51.24%
- 产品封闭期与自身资金使用期限不匹配：41.49%
- 市场行情不好：37.27%
- 产品业绩较差，不达预期：27.12%
- 追涨杀跌、频繁操作：23.78%
- 缺乏专业人士的陪伴与指导：20.50%
- 金融专业知识水平有待提升：13.56%
- 其他：1.47%

图片来源：中国基金投资者调查白皮书—投资者盈利体验调查（2022）。

图 4-1 投资者认为自己盈利体验不佳的原因

在考虑自身因素的同时，还需要考虑当时的市场环境、行业所处的周期位置等因素，市场行情对基金收益起着决定性作用，在普跌行情下，持有权益类基金基本上都会亏损，有了一定的经验后，我们要根据市场行情来主动调整投资组合中的金融产品及其配置比例。

在基金筛选时可以综合考虑以下内容，通过分析不同的参考因素，选出适合自己的基金。

## （一）基金业绩

在天天基金网等基金平台可以查看基金的阶段涨幅、年度涨幅，选择基金时可以参考该基金最近一段时期的业绩。

### 1. 基金自身的业绩表现

在天天基金网等基金平台上可以查看基金的阶段涨幅、年度涨幅，选择基金时可以参考该基金最近一段时期的业绩，但不要"唯业绩论"，参考并不等于盲从，可能当你发现某只基金业绩很好而想买入时，基金的业绩即将到达某周期内的顶点。我们无法脱离时间周期来评价一只基金的业绩，这很正常，毕竟在波动的市场环境中，基金业绩有一定的周期性，再好的基金也有可能在某段时期内表现很差。不要盲目地去追逐炒作热点概念基金，因为容易买在高点，并且追热点带来的收益可能不会持久。

多数投资者在选择基金时，都很看重基金业绩，这是没问题的，毕竟我们买基金就是为了赚钱，但是在选择基金时，还要考虑自己的风险承受能力是否适合这些基金，因为很多绩优基金都是波动比较大的行业类基金，不要忽略了高收益后隐藏的高风险。不要高估自己的风险承受能力，有可能你认为自己能承受20%的亏损，但当持有的基金真实亏损了10%时，你就可能如坐针毡了。同类型基金间在比较时，除了基金业绩，也要注意基金的夏普比率、最大回撤、波动率等指标，毕竟脱离风险去看业绩意义不大。

另外，对于同一只基金来说，不同的交易时机获取的收益往往差异很大，在行业趋势到来之前就买入并持有这些基金能够取得很好的收益，但比较难做到，更多的是部分投资者错过了初期的买入机会而眼红于基金的业绩追高买入，这样容易买在高点，等到行业调整时，会产生较大损失，所以，好基金也需要合适的买入时机。

对于行业类基金来说，我们既要与同类型基金比较，要求所选基金业绩在同类型基金中表现中上，也要参考基金自身不同阶段的业绩，因为有可能整个行业表现都不好，这个时候就算业绩在同行业中排名第一，收益也很差。当然，如果你看好目前趋势不存在的行业，可以逢低分批买入，逆势布局。当你发现一只业绩亮眼的基金时，你需要考虑这只基金所属行业会不会因前期涨幅过大而产生回撤，对于大势加持（政策、市场趋势、投资者情绪等）的行业基金，通常短期内

（比如一个月）上涨超过20%并不算高，还是可以继续逢低分批买入的，但如果一只行业基金已经连续两年都大幅上涨，此时就不要追了。这里需要注意：基金理财不宜追涨杀跌，不要遇到短期内基金业绩下滑就卖出，我们经常听说"基金止盈不止损"，但也不能一概而论，这也得看你持有的是什么基金，有些基金真的不能"死拿不放"，即使亏损了，比如同期业绩远差于同类型基金业绩的基金，就应该及时更换。如果对业绩远逊同类型基金或者前景不好的基金放任不管，今天亏一点儿，明天再亏一点儿，最终很有可能逐渐会对每次的亏损麻木，到最后越亏越多，而其他基金收益可能很好。这正如"贝勃定律"描述的那样：人在经历强烈刺激后，以后再遭受类似的刺激，该刺激对他的影响会变得越来越弱，即影响的边际效用递减。

在投资中要控制好自己的情绪：不要对自己持有的基金产生感情，不适合要及时调整。同样地，人们通常会厌恶使自己产生亏损的基金，但因为市场的周期性，以前让自己产生亏损的基金可能在某一时期内变得重新适合自己，这个时候，我们是可以重新持有的。还有很重要的一点是，不要被巨额赎回导致业绩暴涨的基金迷惑。

根据业绩选择基金的常用方法是"4433"选基法，在进行业绩比较时，要在同类型基金之间进行比较。

### 2. "4433"选基法

今年来、近1年收益率在同类基金中排名前1/4；

近2年、3年、5年收益率在同类基金中排名前1/4；

目前来看，国内行业类基金的上涨趋势能持续两年就已经不错了，超过三年的也有，但是很少，都会面临行业轮动导致业绩下滑的风险，一旦行业轮动，前期大涨的行业基金可能会持续调整较长时间。所以，对于行业类基金来说，买入时要注意行业所处的位置、估值，并且要记得及时止盈，若不及时止盈，已取得的收益可能会产生大幅回撤，不要盲目相信所谓的"长期持有"，5年可能有些长，这可能是与混合类基金不同的方面之一。

近6个月收益率在同类基金中排名前1/3；

近3个月收益率在同类基金中排名前1/3。

"4433"选基法可以帮助投资者在众多基金中快速缩小筛选范围，但是，所选基金仍然是基于过往业绩，并不代表将来业绩也会优异。一定时期内业绩领先的基金规模普遍较小，重仓单一行业，迎合了当前市场趋势，这是它们取得良好业绩的一个关键点。

因为基金业绩的周期性，可能会选出部分短期业绩涨幅迅猛的基金，比如某只行业类基金近一年涨幅翻倍，这会大幅提升该基金近2年、3年、5年的业绩排名，而我们也知道，A股行业轮动比较明显，这些行业类基金的业绩通常是不可持续的，如果我们基于"4433"选基法买入这样的基金，有可能买在了高点，买入后的几年内收益可能很差，也可能会错过某些短期业绩差但长期业绩稳定的优秀基金。

另外，该方法没有考虑基金经理变动情况、基金最大回撤、波动率、基金规模、基金持仓行业前景等，选基金时还需要考虑基金投资风格是否与自身相适应，所以，我们还是需要对选出的基金进行下一步的筛选，比如增加以下筛选条件。

第一，基金规模超过1亿元，不要过于死板，0.9亿元也可以，通常小规模基金业绩暴涨后，其规模也会迅速扩大。

第二，对于相对稳健的权益类、债券基金，要考虑现任基金经理任职期间的表现，基金经理任职时长应超过1年。

第三，自己能否适应基金的波动幅度，近3年最大回撤低于30%，如果最大回撤很大或者波动率过高，基金持有体验会很差，可能很多投资者因无法忍受而卖出了。

第四，可以参考晨星评级，在进行同类型基金比较时，选择夏普比率高的基金。

我们都知道基金过往业绩并不能代表未来业绩，但是过往长期业绩表现在一定程度上能表明基金的品质与基金经理的管理能力。

### 3. 与同类型基金的比较

在选择基金时，应与同类型基金比较，看所选基金是否有优势，比如业绩、波动性、最大回撤等，是否抗跌跟涨。选择业绩至少要在同类型基金中排名中上的基金，同类型基金比较时，要注意以下几点。

同类型基金比较不能简单地认为是股票型基金与股票型基金的比较、混合型基金与混合型基金的比较，需考虑基金的投资行业，对于持仓以同一行业为主的基金，即使基金类型不同，也是可以作为同类型基金比较的，比如医疗类股票基金、医疗类混合基金、医疗类指数基金，有些混合类基金的持仓几乎是清一色的行业股票。目前，基金平台提供的基金同类排名是根据基金的大类进行排序的，比如股票型基金与股票型基金比较。

在进行基金比较时，需要考虑基金的持股仓位，比如同为医疗类基金，A基金持股仓位占70%，B基金持股仓位占90%，则B基金的波动性高于A基金是正常的。

**4. 基金分红**

如果你没有周期性的基金分红资金需求，基金分红不应该作为开放式基金筛选要考虑的重要条件。当基金经理用本应分红的资金继续投资能取得更好的收益时，不分红是正常的，所以分红频率对于基金筛选的参考意义不是很大。如果投资者喜欢分红频率高的基金，可以在筛选基金时参考基金过往的分红频率。

## （二）基金经理

在选择基金时，基金经理可以作为一个参考因素（参考不等于盲从），要分清主次，是由基金到基金经理，而不是先确定基金经理，再去选择基金经理的基金，基金经理名气再大，若不适合我们的需求，我们也不应选择，不要因为基金是某个知名经理管理的，就去盲目选择。

分析基金经理时，可以参考以下几点因素。

首先，查看基金经理的业绩，比如同一基金经理管理的其他基金的表现。

对于主动型基金，要分析基金经理的选股、择时能力，根据基金持仓变动，判断基金经理是否能很好地贯彻自己的投资策略，能否主动抓住市场趋势，获取超额收益，避免基金业绩大幅回撤。如果同一基金经理管理多只基金，而大多数基金业绩很差，我们就需要特别注意了，虽说不能盲从过往管理基金的表现，但是参考还是可以的，尤其是非行业类基金，当基金经理管理规模过大时，我们也需要仔细甄别。

其次，基金有无频繁更换经理（有些基金公司会拿一些比较差的基金给新人练手），一些第三方基金网站也会给经理评分，可以将其作为参考。

再次，对于同一基金经理管理几只不同类型行业类基金的情况（指数基金可适当放宽限制），这超出了基金经理的核心专业范畴，比如既管理医疗类行业基金，又管理新能源类行业基金，这可能是为了借助基金经理的名气而吸引更多的投资者，赚取更多管理费；又或者是广撒网，多赛道押注，为了抓住市场趋势，当基金业绩有了，就可以包装宣传了。

最后，选择口碑好、业绩优的基金公司，公司的投研能力对基金的影响也很大。

需要注意的是：选择适合我们投资风格的基金经理是我们基金理财过程中很重要的一环，一位优秀的基金经理也是我们选择基金的重要参考条件，但这并不代表只要选择了优秀的基金经理就能取得良好的基金收益，基金的交易时机同样重要。

对于那些在市场行情严重高估时，不通过分红、限购等方式控制基金规模，减少投资者损失，反而靠着虚假的名气不断发行新基金来赚取管理费的基金经理，迟早会被投资者抛弃。

## （三）基金持仓

买基金就是间接持有基金持仓的股票、债券等资产，所以，基金持仓是我们选择基金很重要的一个参考指标，对于组合中的基金，其持仓相关性要低，这样才能有效分散风险。

查看基金持仓，分析基金持仓中各项资产的比例、持仓公司或行业的发展趋势，好的行业更容易取得好的收益，再根据个人风险承受能力、投资风格选择适合自己的基金。

很多工具都提供了基金选择功能，比如你想选择医疗类相关基金，就可以根据基金主题进行选择，然后使用基金对比功能，对比基金业绩、持仓等，选出的合适基金可以加入自己的基金池，持续观察，或者少量买入试水。

若基金的前十大重仓股占比较大，我们也需要对持仓股的大致表现有一定的了解，它们的表现对基金业绩影响重大。因为你看好它，看好基金持仓股所属行业的未来发展前景，才会买入。也可以比较不同季度中基金持仓股票的变化、基金年报中披露的隐形重仓股、累计交易金额超出期初基金资产净值2%或前20名的股票等内容来验证基金经理的投资策略，看其有没有抓住市场趋势。

## （四）基金规模

基金规模小于1亿元的尽量不选，流动性差，会面临大额赎回或清盘风险，若基金份额分为A类、C类、D类等，则规模为各类份额之和。当然，基金规模也不宜过大，否则会增加管理难度，影响基金业绩，基金规模超过百亿元就要慎重考虑了。对于股票型、混合型基金，规模在1亿元~50亿元还是可以的，量化型基金规模不宜过大。有些基金因为在前期取得了良好业绩而导致基金规模大涨，此后业绩可能变得很普通。

对于有些规模低于但接近1亿元的基金，如果持仓公司顺应市场趋势，在短期内（比如某季度）业绩较好，很可能会吸引投资者大量买入，规模会超过1亿元，但此时未到季报发布时间，即使规模超过了1亿元，我们也不会立刻得知，所以对于规模我们需要灵活一点儿，不能仅仅因为基金规模为9 999万元，就不选择了，但是，对于几百万元这样的规模，我们还是放弃为好。表4-1展示了2021年混合型基金收益冠军前海开源新经济混合A的规模变动：受业绩影响很大，我们要买在无人问津时，卖在人声鼎沸处。

表4-1 前海开源新经济混合A规模变动

| 日期 | 期间申购（亿份） | 期间赎回（亿份） | 期末总份额（亿份） | 期末净资产（亿元） | 净资产变动率 |
| --- | --- | --- | --- | --- | --- |
| 2023-6-30 | 1.79 | 4.67 | 29.52 | 77.41 | −15.77% |
| 2023-3-31 | 2.94 | 4.7 | 32.4 | 91.9 | −1.93% |
| 2022-12-31 | 4.68 | 5.51 | 34.15 | 93.71 | −5.06% |
| 2022-9-30 | 11.09 | 12.66 | 34.98 | 98.7 | −19.97% |
| 2022-6-30 | 12.59 | 12.74 | 36.55 | 123.33 | 12.31% |
| 2022-3-31 | 15.06 | 13.75 | 36.71 | 109.81 | −12.21% |
| 2021-12-31 | 28.75 | 14.01 | 35.4 | 125.09 | 98.32% |
| 2021-9-30 | 43.36 | 28.44 | 20.65 | 63.08 | 350.00% |
| 2021-6-30 | 6.23 | 1.1 | 5.73 | 14.02 | 1 407.82% |
| 2021-3-31 | 0.7 | 0.86 | 0.6 | 0.93 | −27.44% |
| 2020-12-31 | 0.82 | 0.45 | 0.76 | 1.28 | 151.80% |

## （五）基金成本

分析基金成本，就是基金的申购费、赎回费、管理费、托管费、销售服务费等，基金的业绩总要对得起我们付出的成本，在进行基金申购、赎回、转换交易时，部分平台也会提示手续费。以上费用都是基金的显性成本，在基金理财过程中投资者也会付出一些隐性成本，比如资金的时间成本。

对于两只同类型基金，如果 A 基金的业绩比 B 基金好很多，但是 A 基金的费用成本也高于 B 基金，还是应该选择 A 基金，它的业绩足以覆盖相对更高的持有成本，不要舍本逐末，而且通常同类型基金间的成本差距也不会太大。

## （六）基金评级

可以借助晨星（或其他机构）对基金的评级来选择，选出来的基金自己再进行筛选；也可以去晨星查看其他平台筛选出的基金评级，各个基金工具要相互借鉴，综合使用。这里需要注意，晨星只针对成立三年以上的基金进行评级，如果只信奉评级的话，可能会忽略成立一两年的业绩比较好的基金。

另外，对于各种机构评出的获奖基金并非都是各类中表现最好的，也并非都适合你，要注意自我甄别，不要盲目买入，毕竟基金评级很重要的一个参考因素是基金过去的业绩，而基金过去的优秀业绩往往难以长期延续。市场大势不再时，即使晨星奖、金牛奖获奖基金也照跌不误，不要夸大它们。

## （七）第三方推荐的基金

对于基金销售平台或他人推荐的基金尽量不要买，若要买，则要仔细筛选，评估这些基金是否适合自己。基金销售平台推荐基金可能有以下几个原因。

一是平台推荐基金有利可图，比如收取推广费用、佣金等。

基金的销售服务费是用于支付销售机构佣金、基金的营销费用及基金份额持有人的服务费等，当然，除了销售服务费外，基金管理人可能也有其他资金用于基金的推广。图 4-2 为某基金 2022 年年报中列出的基金客户维护费。

单位：元

| 项　目 | 本　期<br>2022年1月1日至2022年12月31日 | 上年度可比期间<br>2021年1月1日至2021年12月31日 |
|---|---|---|
| 当期发生的基金应支付的管理费 | 36 251 584.99 | 33 734 763.84 |
| 其中：支付销售机构的客户维护费 | 6 969 170.79 | 4 780 250.44 |

图 4-2　基金客户维护费

部分基金平台在推广基金时，可能会有目的地展现基金业绩好的时间段，比如 A 基金 2022 年涨幅 20%，2021 年涨幅 50%，2020 年跌幅 80%，我想基金的宣传页面应该会展示基金的近两年业绩而不是近三年业绩。

二是推荐的基金是短期内热点概念基金，短期业绩亮眼，吸引一些买基金只看业绩的小白，这样追高容易被套。

三是推荐的基金可能是一些低估行业的基金，吸引一些买基金只看估值的小白，而这些低估行业的基金长期表现并不好，比如传统的银行类基金，估值经常处于低估状态。再比如对于一些基金销售平台的业绩榜、销量榜等榜单，我们要辩证地看待，合理使用，而不是盲目买入排名靠前的基金。基金的业绩榜、销量榜等只是一个榜单，对不同基民来说其作用不同：有的基民用作选择基金的一个参考维度，但总有基民直接不假思索购买榜单上排名靠前的基金，虽然基金理财并不复杂，但也不能如此偷懒，对自己的资金不负责任，他们从来如此，多经历几次市场的鞭笞就好了。

对于榜单排名，我们可以把它当作选择基金的一个参考因素，但是，绝不能"唯业绩论""唯销量论"，不能盲目买入榜单上业绩靠前的基金。好基金只有在交易时机合适时才能取得好的收益，这就是为什么持有同一只基金不同的基民收益却不同。

### （八）形成自己的"基金池"

要形成自己的"基金池"，将自己日常得到的、适合自己的基金加入自选基金，持续观察它们，熟悉它们，了解它们在不同时期的表现，好的可以买入，不好的则舍弃。也可以将自己持有的基金与基金池中的其他同类型基金进行比较，如果其他基金表现强于自己持有的基金，则可以将持有的基金转换为其他同类型基金。

### （九）累计净值

当成立时间相近的同类型基金进行比较时，选择基金累计净值高的基金，有很多表现不好的基金累计净值甚至低于1。另外，选择基金时不要有贪便宜的心理，认为基金净值越低，用同样的资金能获得更多的基金份额，这种想法是错误的，我们要了解基金净值为什么低，是因为业绩差，还是分红或者份额拆分等原因。

### （十）不推荐基金打新

我一般不建议认购新基金，原因如下。

一是只有部分基金打新是有折扣的，没有折扣的话，认购费率相对于申购费率来说是较高的，现在第三方基金销售平台申购费一般有一折优惠。

二是新基金持仓不明，无法判断基金情况，有封闭期，封闭期内每周更新一次基金净值。基金持仓是我们选择基金、构建基金组合很重要的参考因素。对于新发基金来说，唯一的参考指标或许就是基金经理的过往业绩了，但过往业绩也只是一个参考因素而已。

开放式基金的封闭期是指基金募集足够资金宣告基金合同生效后，不接受投资人赎回基金份额申请的不超过3个月的时间段。

三是新基金建仓时可能建仓成本比较高。

市场越繁荣，新发基金越多，而此时股票价格已经不便宜了，特别是在牛市，而基金仓位是有要求的，需要在建仓期结束后完成基金合同中规定的投资组合比例。还有一点就是，在繁荣市场行情下，新基金建仓可能尚未完成，与老基金相比，无法充分享受市场繁荣带来的收益，尤其是行业类基金，市场趋势可能不会持续那么久，有可能新基金尚未布局完成，市场风格已经转变了。当然，如果在低迷市场行情中，新基金由于仓位较低，波动较老基金会小一些，并且有充分的资金逢低布局。

建仓期是指基金合同生效后，基金管理人使基金的投资组合比例符合基金合同有关约定所需要的时间段，建仓期一般自基金成立后最长不超过 6 个月。

四是有时价格低并非真正的便宜，不要陷入"低价陷阱"。

不要认为新发基金净值为 1 元，低于一些净值相当高的老基金就认为新发基金便宜，这完全是一个错误的想法，这些老基金能够有这么高的净值正说明了它们的业绩优异。基金单位净值并非越低越值得购买，单位净值的大小也不是我们选择基金的依据，选择成立时间相近的基金时可以参考基金的累计净值。

### （十一）不建议购买封闭基金

这一点因人而异，封闭基金可以让基民获得基金持有期间的收益，适合那些管不住自己总想频繁操作的基民，避免基金赚钱，投资者不赚钱。缺点就是基金业绩再差，封闭期内你也不能赎回；再急用钱，封闭期内你也无法赎回。这个需要自己权衡，就笔者个人而言，我不会持有封闭基金。

### （十二）学以致用，实践中积累经验

初入者可以学习基金相关知识，同时先挑选几只基金，每只少量买入，持续关注（通常买入才会认真关注），然后选择表现好的基金买入，做到理论结合实际，只看不买是没有用的，舞台再大，你不上台，永远只是观众。

理财是我们自己的事情，我们要对自己的资金负责，不断学习、积累经验，形成自己的理财观。当然在这一过程中我们会不可避免地踩坑，而且不止一次，但是，有些坑早踩比晚踩要好，因为前期的试错成本可能会低很多。

## 二 基金经理

在理财过程中，一定不要盲目崇拜基金经理，买基金，不能只听基金经理说什么，有谁会说不看好自己管理基金所布局的行业的？就算他们选择的行业表现不好，他们也会表示短期波动是正常的，长期仍然看好。然而，这短期是多久，没人知道，但在此期间，你的基金可能会经历一个过往收益大幅回撤甚至亏损的过程，所以请及时止盈。

感兴趣的朋友可以看一下各家券商或是基金经理的研报观点，几乎所有板块都有人看好，即使这些板块表现得一塌糊涂，管理医药的基金经理看好医药，管理白酒的基金经理看好白酒，管理新能源的基金经理看好新能源，他们总是这样，遗憾的是他们左右不了市场。所以，不要去问理发师，自己是否需要理发。

投资时要有自己的观点，毕竟到时候亏的不是基金经理的钱，基金经理也不是靠自己买基金赚钱的。毫无疑问，基金经理都是专业的，但专业的未必是最好的，有时只是市场选择了他们，尤其是行业基金经理，没有基金经理的时代，只有时代的基金经理。一个管理多个行业类基金的基金经理，所管基金总有一只能够遇上市场趋势而大涨，这样名气就有了，基金公司就可以对其包装宣传了；也有的基金公司比较极端，发行多只行业基金，总有一只能够遇上市场趋势而大涨。这些都是为了吸引投资者，从而更好地营销基金，赚取更多的管理费。

## （一）不要盲从基金经理

每位基金经理都有自己擅长的投资方向，市场总是变动的，当市场趋势不再时，他们的业绩自然也好不到哪里去。所以，对于基金经理，我们要客观地看待。我们或许很难做到不在他盛名时而来，也不在低谷时离去（追涨杀跌），但是也不必神化他，或是诋毁他，这还是能做到的，投资者通过基金理财，客观一些还是有必要的。

### 1. 业绩、名气都是过去式，市场趋势很重要

基金经理只是我们选择基金的一个参考条件，理财时不应盲目崇拜知名基金经理，觉得他过往业绩好、名气大、得过这样那样的奖就盲目买入，不要觉得只要选了这个基金经理就一定会赚钱，理财没那么容易。市场大势不是某个基金经理能掌控的，是市场选择了行业。很多人选择基金经理的时候，第一个看中的就是他以往管理的基金的业绩，但是，过往业绩并不能代表未来业绩。另外，对于基金经理的管理经验要辩证地看待，并非从业时间越长，业绩越好：2021年的冠军基金经理当时累计任职时间也不到两年，如果根据业绩、知名度来选择基金，或许没有人会选择他管理的基金。

选择基金时仅靠基金经理的过往业绩、名气是不行的，还得看市场，还得看他们对市场的适应能力。过往业绩并不能代表未来业绩，成也市场，败也市场。

市场走势对基金业绩影响很大，当市场环境不好的时候，"顶流"基金经理也没辙。比如一些行业类基金，因为在基金上对持仓股票最低仓位的限制，当市场趋势不在该行业时，基金业绩就只能下跌了。

### 2. 基金公司是需要"造星"的，它们盯着你的管理费呢

基金公司是需要"造星"的，通过押宝行业基金、多赛道并行，投资风格极端化，总能抓住一个热门行业，业绩起来了，就开始发力猛推，有时候"知名"基金经理是赌出来的。通过基金经理明星化，可以吸引更多的非理性投资者，扩大基金规模，从而赚取更多的管理费，所以不要以为跟着明星基金经理就能赚钱，一个医药专业并以医药基金成名的基金经理跑去发行新能源基金，很难让人不认为是为了借助基金经理的名气去吸引更多基民从而赚取更多管理费。

获得过金牛奖、晨星奖等奖项也是部分投资者选择基金经理的一个参考点，基金宣传时也把这些奖项放在显眼的位置，而且有时只会选取基金某段业绩比较好的时期展示，更容易诱导某些"唯业绩论"的投资者，其实有些奖项价值一般，可以参考但不要过分依赖。另外，这些奖项是对基金过去业绩的评价。

过去两年基金经理"饭圈化"现象明显，基金经理帮投资者赚到钱的时候是"爱豆"，亏钱的时候自然就脱粉开骂了，这也是人性使然。其实不必这样，哪有稳赚不赔的基金经理呢，短期内基金业绩下滑是可以理解的，但吃相难看，就不好了，市场估值都那么高了，还忙着发行新基金赚管理费。你的基金赚不赚钱都不妨碍他们收取管理费。

### 3. 基金经理的成功离不开公司团队、平台

基金经理的成功离不开平台的助力，离不开公司强有力的团队的助推，一些成名后奔私的基金经理，之后业绩也挺一般的。另外，有时即使基金表现很好，但投资者的交易时机不合理、频繁交易、追涨杀跌也会导致基金亏损。

## （二）如何选择基金经理

构建基金组合时，应该结合个人收益期望与风险承受能力，从而对组合需要何种类型的基金有一个清晰的认识，然后再去选择基金？是需要买几只行业基金构建组合还是买一只几个行业兼而有之的混合基金？是购买纯债基金还是要购买混合债基？总之是要先基金再基金经理。

我们可以从以下六个维度筛选基金经理。

**1. 能否适应市场很重要**

主动基金要考察基金经理的选股、择时、调仓能力，要分析主动型基金收益的主要来源：基金收益 = α 收益（来源于选股、择时）+ β 收益（来源于市场、跟踪指数、行业）。其中 α 收益与基金经理选股、择时等能力息息相关，β 收益主要取决于市场或者跟踪标的指数、行业的表现。要注意观察基金重仓股的表现，可以分析每季度基金重仓股的调整在本季度是否很好地契合了市场行情，是否为基金带来了超额收益。类似天天基金这样的平台也会把基金的超额收益（这里是相对于沪深 300 指数）来源进行细分：行业收益、选股收益、交互收益。如图 4-3 所示。

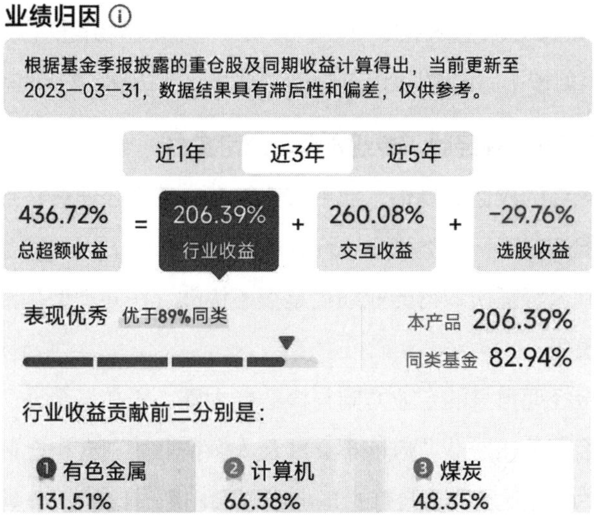

图 4-3　基金业绩归因

行业收益：在同一行业中，基金组合相较基准组合对该行业超配或者低配导致的收益差异。

选股收益：在同一行业整体配置一样时，基金组合相较基准组合对行业内的股票权重超配或者低配导致的收益差异。

交互收益：超额收益减去行业收益、选股收益的残差项，无法直观拆解到行业配置收益或个股选择收益上的部分，可以理解为基金经理的特质能力或者择时能力。

雪球也有类似的业绩分解功能：将基金收益分拆为市场收益、择时收益、选股收益。我们不能只看在牛市时基金经理管理的基金的表现，也要考虑在市场下跌环境中基金的表现，与同类型基金比较时，牛市跟涨，熊市回撤幅度低，回撤幅度过大不适合普通投资者持有，还需考虑基金用了多长时间收复基金回撤产生的损失。

有时行业类基金可能一整年都没有行情，基金经理也没有太好的办法，因为基金对股票仓位是有限制的，只能在允许的范围内降低股票仓位，增加债券仓位来降低回撤，比如医药类行业基金，总不能去持仓新能源股票吧。此时，良心的基金经理会根据市场行情进行限购或者分红，这样等于降低了基金规模，投资者的损失会降低，同样地，基金公司收取的管理费就少了。这时候的我们可以根据市场行情，一是及时切换赛道（如果有其他表现较好的赛道）；二是承受损失资金的时间价值，逢低布局，以待将来获取更好的收益（如果是市场普跌行情，并且基金持仓公司将来仍有前景）。不要把自己的不作为当作价值投资或长期持有的借口。

## 2. 基金经理的管理经验、专业方向、公司实力

对于稳健风格的权益类基金，换手率比较低，基金经理最好是经历过牛市与熊市的考验，但这对于行业类基金也许并非是必要条件。因为很多管理经验没那么久的行业类基金经理所取得的业绩也是很不错的，在同类型基金中靠前，能抓住市场趋势很重要。

另外，基金经理自身的专业方向与核心能力圈、所在基金公司的投研实力也很重要。基金经理的核心专业应该不会涉及太多行业，总有自己最熟悉的投资领域，可以理解为"能力圈"，但有的基金经理会出圈，比如一个基金经理管理了医疗基金、新能源基金、白酒类基金等不同行业的基金，我们就要谨慎选择了。

## 3. 基金经理管理基金的（长期）业绩表现

管理的基金业绩最好在同类型基金中排名靠前，不要简单地与沪深300指数的表现进行对比，跑赢沪深300并不难，对于非行业类基金，还需要考虑基金业绩的稳定性。对于主动型基金经理来说，长期业绩跑赢市场是他们应该做到的。可以比较同类型基金的最大回撤，当基金因市场趋势变动而业绩变差时，基金经理通过调仓等手段使得业绩回暖，这也是基金经理能力的一种体现。

基金业绩受市场趋势影响很大，尤其是行业基金，有的基金可能在某一时期

押对了市场趋势而业绩大涨，之后当市场趋势不在时，业绩可能一蹶不振，所以说追热点要谨慎。

### 4. 管理的基金规模与基金数量

如果基金经理管理的权益类基金整体规模过大，又或者管理数量过多的投资风格、行业差异明显的基金，这样可能超出基金经理的能力圈，我们应该谨慎考虑。对于单一规模过大（超百亿元）、过小（低于一亿元）、频繁更换基金经理的基金尽量不要选择。基金规模在几亿元到几十亿元都是可以接受的，规模过大，不易管理，且影响业绩，规模是业绩的敌人。

### 5. 自己能否适应基金经理的投资风格

我们也要了解基金经理的投资风格、投资理念，这一点可以在基金报告或者基金经理的访谈、文章中了解。比如自己适合激进还是稳健的投资风格，基金业绩波动范围是否可接受。一个风险承受水平为纯债基金的投资者买了行业类基金，这不是自讨苦吃吗。

基金的持仓是否符合自己对市场的认知，是否符合自己的投资方向，是否与自己的投资风格自洽，例如，你想投资医药类基金，找一个新能源方面的基金经理就不合适了。很多基金的业绩是有一定周期性的，比如各种行业类基金，当属于该行业的行情到来时，会获得远超市场的收益；当行情不再时，也会跌到让你难以承受。

### 6. 基金经理及其同事是否持有自管基金

这个可以在基金定期报告中查找，如图 4-4 所示，但是这并不是我们选择该基金的一个主要指标，因为如果基金经理还管理其他持仓与该基金相似的基金，有可能基金公司的员工会持有另一只基金。当然我相信，没有几个普通投资者会去看这个的。

期末基金管理人的从业人员持有本基金的情况

| 项　目 | 持有份额总数（份） | 占基金总份额比例 |
| --- | --- | --- |
| 基金管理人所有从业人员持有本基金 | 21 530 002.26 | 0.082 2% |

图 4-4　基金公司内部人员是否持有基金

期末基金管理人的从业人员持有本开放式基金份额总量区间情况

| 项　目 | 持有基金份额总量的数量区间（万份） |
| --- | --- |
| 本公司高级管理人员、基金投资和研究部门负责人持有本开放式基金 | >100 |
| 本基金基金经理持有本开放式基金 | >100 |

图 4-4　基金公司内部人员是否持有基金（续）

一些网站也会对基金经理的各种综合能力进行评分，可以参考一下，需要注意的是，一个偶尔抓住了行业基金周期的基金经理某阶段的评分结果也可能很高。

## （三）基金经理变更后，我们要如何操作

对于货币型基金、被动型指数基金来说，基金经理的更换影响不是很大，可以继续持有。对于主动型基金、债券型基金来说，因为基金经理的择时、选券等主动管理能力对基金表现很重要，若更换基金经理，我们需要慎重对待。这可以分为三种情况。

第一种情况，如果基金经理因为管理基金的业绩差而被更换，这对投资者来说是一件好事，可继续持有一段时间，观察新基金经理的表现，通常更换基金持仓是需要一定时间的，我们可以观察接下来一到两个季度基金的持仓变动及基金业绩，再决定是否更换基金。

第二种情况，如果该基金有多个基金经理管理，当某一经理离职，或者仅仅是内部岗位调整，比如某一基金经理因为管理基金规模过大需要分出一定数量的基金给其他经理而退出该基金的管理，专心管理其他基金；或者利用明星基金经理名气发行新基金，赚取更多管理费，一定时期后退出；又或者是基金经理"老带新"，这种情况可能是老经理退出，也可能是新经理退出。

以上情况短期内对基金的影响不会很大，可以继续持有一两个季度来考察。

第三种情况，如果基金经理因为管理基金的业绩优秀而跳槽离职，可以分析新任基金经理的投资风格、过往管理的基金的表现、专业能力等，如果新基金经理投资经验也很丰富，管理能力也很强，我们可以先继续持有。如果新基金经理管理经验比较少，我们也不要因为新经理过往经验少就否定他，因为也有新人经

理能取得不错的业绩，还有一点就是基金公司的投研实力也很重要，基金取得好业绩并不是基金经理一个人的功劳。

我的建议是先观察一段时间，比如一两个季度，根据基金的业绩能否维持在以前的水准、能否在同类型基金中表现中上、基金的投资风格（前十大持仓、重仓行业等）是否出现大的变化等因素做出选择。当然，如果比较适合原基金经理的投资风格，并且原基金经理离职后仍有在管基金，可以持有原经理的基金。

### （四）基金管理中的违法操作

抬轿子：A 基金买入持仓股票后，其他基金（一般是同一家基金公司）再买入 A 基金的持仓股票，提升股价，这样 A 基金的净值就会增长，业绩、排名变得更好，更能吸引投资者。基金业绩好了之后，会成为明星基金，在宣传下，基金经理声名渐起，成为明星经理，会吸引更多的非理性投资者。

抬轿子通常发生在规模较小的主动基金中，不会发生在指数基金中，因为指数基金的持仓股及权重都是确定的，基金经理的主动操作空间很小（增强型指数基金除外）。

老鼠仓：指庄家在用公有资金拉升股价前，先用自己个人（机构负责人、操盘手、亲属、关系户等）的资金在低位建仓，然后再用公有资金将股价拉升到高位后个人先卖出获利。对基金来说，基金经理或其同伙可以提前买入某只股票，然后基金经理再通过基金持有该股票，把股价拉升，最后他们再将股票卖出获利。"高位接盘"也有可能发生在公募基金与私募基金之间（公接私）。

## 三 基金定期报告

我们可以在基金公司官网、中国证监会资本市场电子化信息披露平台或者第三方基金销售平台的基金详情页查看基金定期报告。

### （一）披露日期

一只基金每年需要发布六次定期报告，分别为：四次季报、一次中期报告

（半年报）、一次年报，各定期报告披露日期如下。

季报：每个季度结束之日起十五个工作日内，算上休息日，一般在 20 日前后；

中报：上半年结束之日起两个月内；

年度报告：每年结束之日起三个月内。

由此可知，这些定期报告都是滞后的，无论是季报、中报还是年报，披露的关于基金的信息是不及时的。其实，关于基金季报、年报的大部分内容都已经在基金销售平台中被拆开细分化展现了，并且更为直观、方便，比如基金在不同时期内的业绩表现、规模份额变动、持仓变动等。图 4-5 为从多个时间维度查看的基金信息。

| 阶段涨幅 | 季度涨幅 | 年度涨幅 | 基金评级 | 阶段涨幅 | 季度涨幅 | 年度涨幅 | 基金评级 |
|---|---|---|---|---|---|---|---|
| 周期 | 涨跌幅 | 同类平均 | 同类排行 | 周期 | 涨跌幅 | 同类平均 | 同类排行 |
| 近1周 | 0.35% | 0.24% | 730/2274 良好 | 2022年度 | 9.34% | -15.39% | 18/2308 优秀 |
| 近1月 | -3.79% | -2.43% | 1597/2268 一般 | 2021年度 | 15.84% | 10.29% | 461/2125 优秀 |
| 近3月 | -1.89% | -4.30% | 796/2250 良好 | 2020年度 | 56.42% | 39.52% | 548/2031 良好 |
| 近6月 | 8.96% | -1.69% | 138/2222 优秀 | 2019年度 | 63.84% | 33.26% | 106/1886 优秀 |
| 近1年 | 22.52% | -1.82% | 62/2153 优秀 | 2018年度 | -16.99% | -12.64% | 881/1778 一般 |
| 近2年 | 31.20% | -10.70% | 36/1981 优秀 | 2017年度 | 12.25% | 9.98% | 343/1524 优秀 |
| 近3年 | 101.09% | 21.14% | 30/1838 优秀 | 2016年度 | -1.52% | -3.75% | 421/720 一般 |
| 近5年 | 190.55% | 53.91% | 21/1608 优秀 | 2015年度 | 80.64% | 42.67% | 19/245 优秀 |
| 今年来 | 10.77% | -0.38% | 146/2231 优秀 | 2014年度 | 18.39% | 21.92% | 86/148 一般 |
| 成立来 | 607.70% | — | —/— | | | | |

图 4-5 基金不同时期业绩信息

再以基金持仓变动为例：在季报中查看，需要找出多份不同时期的季报来对比前十大持仓变动情况，如果在天天基金等平台中查看，可以直接选择不同季报周期查看持仓变动。但是在定期报告中，诸如基金的财务信息、管理人报告、投资组合报告、基金份额持有人等信息更为详尽，所以说基金的定期报告还是值得一看的。

## （二）基金年报

基金年报包含十三个部分的内容，具体如下：重要提示及目录、基金简介、主要财务指标、基金净值表现及利润分配情况、管理人报告、托管人报告、审计报告、年度财务报表、投资组合报告、基金份额持有人信息、开放式基金份额变动、重大事件揭示、影响投资者决策的其他重要信息、备查文件目录。

基金年报内容繁杂，动辄上百页，所以要抓住重点，关注以下部分内容即可：基金简介、主要财务指标、基金净值表现及利润分配情况、管理人报告、年度财务报表、投资组合报告、基金份额持有人信息、开放式基金份额变动、影响投资者决策的其他重要信息。基金季报虽然在内容上不如年报丰富，但其时效性强于年报，我们可以查看基金的持仓变动情况，验证基金的投资风格是否仍适合我们，自己的基金组合持仓是否依旧分散。

基金季报包含九个部分的内容，具体如下：重要提示、基金产品概况、主要财务指标和基金净值表现、管理人报告、投资组合报告、开放式基金份额变动、基金管理人运用固有资金投资本基金情况、影响投资者决策的其他重要信息、备查文件目录。

对于基金季报，我们可以重点关注以下部分内容：基金产品概况、主要财务指标和基金净值表现、管理人报告、投资组合报告、开放式基金份额变动、基金管理人运用固有资金投资本基金情况、影响投资者决策的其他重要信息。

年报中基金的信息最丰富，中报次之，但二者的时效性都低于季报，表4-2列出了基金季报、中报、年报中的主要内容。

表4-2 基金季报、中报、年报主要内容对比

| 内容 | 季报 | 中报 | 年报 |
| --- | --- | --- | --- |
| 基金简介 | 有 | 有 | 有 |
| 主要财务指标和基金净值表现 | 仅展示报告期内信息 | 仅展示报告期内信息 | 展示最近三年内信息 |
| 过去三年基金的利润分配情况 | 无 | 无 | 有 |
| 管理人报告 | 有 | 有 | 有 |
| 报告期内基金投资策略和运作分析 | 有 | 有 | 有 |
| 管理人对宏观经济、证券市场及行业走势的简要展望 | 无 | 有 | 有 |

续上表

| 内 容 | 季 报 | 中 报 | 年 报 |
|---|---|---|---|
| 管理人对报告期内基金利润分配情况的说明 | 无 | 有 | 有 |
| 托管人报告 | 无 | 有 | 有 |
| 审计报告 | 无 | 无 | 有 |
| 年度财务报表 | 无 | 中期财务会计报告 | 有 |
| 投资组合报告 | 有 | 有 | 有 |
| 持仓股票明细 | 仅前十大重仓股投资明细 | 所有股票投资明细 | 所有股票投资明细 |
| 累计交易金额超出期初基金资产净值2%或前20名的股票明细 | 无 | 有 | 有 |
| 报告期末债券投资组合与前五名债券投资明细 | 有 | 有 | 有 |
| 基金份额持有人信息与基金份额变动信息 | 无 | 有 | 有 |
| 重大事件揭示 | 无 | 有 | 有 |
| 基金管理人运用固有资金投资本基金情况 | 有 | 有 | 有 |
| 影响投资者决策的其他重要信息 | 有 | 有 | 有 |

其实，对于普通投资者来说，我们只要在天天基金或者支付宝等平台上把基金详情页信息弄明白就可以了，然后再去定期报告中看一下基金经理的投资策略即可。下面以华商优势行业混合基金2022年的基金年报为例来讲解一下如何从定期报告中获取重要信息。

**1. 基金简介**

本部分内容介绍了关于基金的基础信息，我们可以了解年报中基金产品说明部分的内容，查看基金的投资目标、投资策略、业绩比较基准。其实，基金的业绩比较基准设置得都很低，可以理解为基金的"及格线"，参考意义不大，应该参照同类型基金业绩比较结果。比如华商优势行业混合的业绩比较基准为：沪深300指数收益率×55%+上证国债指数收益率×45%。

**2. 主要财务指标、基金净值表现及利润分配情况**

本部分内容展示了基金在报告期内的财务指标，比如利润、已实现收益、份额净值增长率等，也展示了基金的净值涨跌、分红等情况，可以比较直观地呈现出基金的业绩表现，通过这些指标我们能够了解基金在报告期内的盈利能力。

注：【 】内容对应年报中目录索引。

（1）主要会计数据和财务指标【3.1】，主要会计数据和财务指标见表4-3。

表4-3 主要会计数据和财务指标　　　　　　　　　　金额单位：元

| 3.1.1 期间数据和指标 | 2022年 | 2021年 | 2020年 |
| --- | --- | --- | --- |
| 本期已实现收益 | 189 633 912.33 | 554 808 989.10 | 894 226 010.67 |
| 本期利润 | 217 360 610.97 | 328 749 355.80 | 1 119 360 067.61 |
| 加权平均基金份额本期利润 | 0.0995 | 0.1984 | 0.5076 |
| 本期加权平均净值利润率 | 8.89% | 14.64% | 40.97% |
| 本期基金份额净值增长率 | 8.97% | 15.57% | 56.88% |
| 3.1.2 期末数据和指标 | 2022年末 | 2021年末 | 2020年末 |
| 期末可供分配利润 | 70 493 797.99 | 193 194 855.46 | 262 257 676.92 |
| 期末可供分配基金份额利润 | 0.0203 | 0.1219 | 0.1546 |
| 期末基金资产净值 | 3 574 345 720.71 | 1 792 365 476.74 | 2 226 248 417.50 |
| 期末基金份额净值 | 1.031 | 1.131 | 1.312 |
| 3.1.3 累计期末指标 | 2022年末 | 2021年末 | 2020年末 |
| 基金份额累计净值增长率 | 533.31% | 481.17% | 402.87% |

本期已实现收益：报告期内基金赚的钱，即基金本期利息收入、投资收益、其他收入（不含公允价值变动收益）扣除相关费用和信用减值损失后的余额，是基金利润中"落袋为安"的那一部分。

本期利润：本期已实现收益加上本期公允价值变动收益（没有变现的资产价值变动值）。公允价值变动收益可以简单理解为某项没有卖出的资产在不同时期内的市场价格变动产生的损益。比如持有股票A，虽然没有卖出，但是总资产会随着不同时期内A的股价的变动而变动，也会有盈亏。假设年初股票A的股价为B，年末股价为C，则A产生的公允价值变动损益为C-B。

期末可供分配利润：报告期末基金可以用来进行利润分配的金额。

期末基金资产净值：基金总资产扣除负债后的余额，可以理解为报告期内基金的规模。

本期加权平均净值利润率：报告期内投资者的整体收益情况，该指标考虑了投资者的申赎行为对收益产生的影响。

本期基金份额净值增长率：基金单位净值从年初到年末的增长率，是报告期内基金业绩的直接体现。

通常本期加权平均净值利润率低于本期基金份额净值增长率，这是由于投资者的操作产生了损失，比如报告期内基金的本期基金份额净值增长率为正值，而本期加权平均净值利润率为负值，这就是"基金赚钱而部分投资者因买入时机不合适未赚钱"的数据体现。

基金份额累计净值增长率：截至报告期基金累计净值的增长率，也就是基金净值成立以来的增长率。可以作为基金筛选的参考条件之一，两只成立时间相近的同类型基金，累计净值高的相对较好一些。

上述业绩指标不含投资者交易基金的各项费用，计入后实际收益水平要低于所列数字。

（2）基金净值表现【3.2】。

一是基金份额净值增长率及其与同期业绩比较基准收益率的比较【3.2.1】

该部分内容介绍了不同阶段基金的份额净值增长率，见表4-4。基金净值的表现直观地体现了报告期内基金绝对业绩的好坏、基金的赚钱能力是否强劲，当然，如果投资者的交易时机不正确，追涨杀跌，频繁操作，有可能基金业绩挺好，投资者的收益却很一般。参考业绩指标时，既要看绝对业绩，也要看相对业绩。基金净值变动可以在一些基金销售平台的基金详情页中查看，比如近一周、近一个月的涨跌情况，这样更加方便。

表4-4 基金净值表现

| 阶段 | 份额净值增长率① | 份额净值增长率标准差② | 业绩比较基准收益率③ | 业绩比较基准收益率标准差④ | ①－③ | ②－④ |
| --- | --- | --- | --- | --- | --- | --- |
| 过去三个月 | 6.97% | 0.99% | 1.24% | 0.71% | 5.7% | 0.28% |
| 过去六个月 | 4.11% | 1.15% | −6.95% | 0.61% | 11.06% | 0.54% |
| 过去一年 | 8.97% | 1.57% | −10.69% | 0.71% | 19.66% | 0.86% |
| 过去三年 | 97.57% | 1.65% | 3.60% | 0.71% | 93.97% | 0.94% |
| 过去五年 | 169.14% | 1.54% | 10.33% | 0.71% | 158.81% | 0.83% |
| 自基金合同生效起至今 | 533.31% | 1.37% | 59.56% | 0.79% | 473.75% | 0.58% |

份额净值增长率：就是过去某时间段内基金单位净值的增长率，也就是我们选择基金时常参考的业绩指标。

份额净值增长率标准差：可以理解为基金的波动程度，数值越大，波动越大。

①-③：报告期内基金业绩相对业绩比较基准业绩的超额收益，这个指标参考意义不如同类型基金比较的意义大。

②-④：基金取得收益的波动程度与业绩比较基准取得收益的波动程度的差值。

自基金合同生效起至今的净值增长率：也就是基金的累计净值增长率。

二是自基金合同生效以来基金份额累计净值增长率变动及其与同期业绩比较基准收益率变动的比较【3.2.2】。

通过基金份额累计净值增长率与同期业绩比较基准收益率的历史走势对比图可以直观地看出基金自成立以来的累计净值及业绩比较基准变动情况。本部分内容也揭示了基金投资的各项资产及其比例。

根据《华商优势行业灵活配置混合型证券投资基金基金合同》的规定，本基金主要投资于国内依法发行上市的股票（含中小板、创业板、存托凭证及其他经中国证监会核准上市的股票）、债券、货币市场工具、权证、资产支持证券、股指期货、中小企业私募债及法律法规或中国证监会允许基金投资的其他金融工具（但须符合中国证监会相关规定）。本基金的投资组合比例为：股票（包含中小板、创业板、存托凭证及其他经中国证监会核准上市的股票）投资比例为基金资产的0~95%，其中，本基金投资所定义的优势行业主题类股票占比不低于非现金基金资产的80%；债券、权证、货币市场工具和资产支持证券及法律法规或中国证监会允许基金投资的其他金融工具占基金资产的5%~100%，其中，权证占基金资产净值的0~3%，每个交易日日终在扣除股指期货合约需缴纳的交易保证金后，保持现金或者到期日在一年以内的政府债券的比例合计不低于基金资产净值的5%，其中，现金不包括结算备付金、存出保证金、应收申购款等，股指期货的投资比例依照法律法规或监管机构的规定执行。

基金合同规定，自基金合同生效之日起六个月内基金各项资产配置比例须符合基金合同要求。本基金在建仓期结束时，各项资产配置比例符合基金合同有关投资比例的约定。

（3）过去三年基金的利润分配情况【3.3】。过去三年基金的整体分红情况统计，仅限于年报中，不应简单地认为基金分红越多越值得选择，当基金经理用可供分红的资金再投资能获取更好的收益时，不分红是正常的。

### 3. 管理人报告

这一部分我们需要关注管理人对报告期内基金的投资策略和业绩表现的说明，以及管理人对宏观经济、证券市场及行业走势的简要展望这两部分内容。

（1）基金经理（或基金经理小组）及基金经理助理简介【4.1.2】。该部分介绍了基金经理的基本情况，如学历、工作经验等，如果报告期内基金经理有变动，则会展示变动信息。

（2）管理人对报告期内基金的投资策略和业绩表现的说明【4.4】。本部分内容描述了报告期内基金投资策略和运作分析，并且概括了报告期内基金的业绩表现，很值得一读。我们可以学习基金经理的投资思路、对市场的观点，更系统地去丰富自己的理财知识，判断基金风格是否仍适合自己。多比较几位基金经理的观点，然后与自己的投资观点相比较，取其精华部分。

一是报告期内基金投资策略和运作分析【4.4.1】。

2022年，受客观环境的影响，整体经济运行较为低迷，市场风险偏好下行，同时，在流动性方面受到美元加息的影响，整体市场全年走势低迷。在节奏上，二季度和四季度由于阶段性的风险释放，以及下跌幅度较大，市场有阶段性的反弹。在结构上，由于地缘冲突导致传统能源的供需紧张局面被放大，传统能源全球短缺，因而，传统能源和新能源产业链需求景气度高企，整个能源板块成为资本市场少数回报较好的领域。对于本基金而言，持有的传统能源贡献了部分收益，同时，阶段性地参与了新能源的机会，也获取了部分收益贡献，因而在2022年取得了相对市场的部分超额收益。

二是报告期内基金的业绩表现【4.4.2】。

截至2022年12月31日，本基金份额净值为1.031元，份额累计净值为3.301元。本年度基金份额净值增长率为8.97%，同期基金业绩比较基准的收益率为-10.69%，本基金份额净值增长率高于业绩比较基准收益率19.66个百分点。

（3）管理人对宏观经济、证券市场及行业走势的简要展望【4.5】。本部分内容可以理解为基金经理对未来市场的看法及投资思路，但需要注意的是，基金经理未来会根据市场行情调整自己的投资方向，这个时候季报的及时性相对强一些。本部分内容仅限于年报，在中报、季报中没有。

展望 2023 年，国内经济周期、货币与财政政策环境对增长较为有利，总体呈现复苏趋势，当然分歧仍存，主要是节奏和结构的问题，在方向上，目前来看并没有太大的异议。国际环境也呈现较大的不确定性，在海外经济衰退幅度和流动性节奏上仍存在分歧，但总体流动性边际变化是往有利方向发展，这一点疑问也不大。因此，从总体来看，2023 年市场相对去年应该有较好的表现基础。由于结构上并没有显著优势的方向，本基金仍将保持较为均衡的配置，主要持仓行业包括有色、计算机、医药、电力设备、电子、建材、机械、化工、能源、交运、电力等。

（4）管理人对报告期内基金利润分配情况的说明【4.8】。本部分内容介绍了基金的分红条件及过去一年的分红情况，分红情况也会在利润分配情况部分展示。

根据《华商优势行业灵活配置混合型证券投资基金基金合同》约定，在符合有关基金分红条件的前提下，本基金每年收益分配次数最多为 12 次，自本基金合同生效之日起每半年后的对日（若该日为非工作日则顺延至下一工作日）收盘后，若每份基金份额可供分配利润金额高于 0.04 元（含），则本基金以该日作为收益分配基准日，并在十五个工作日之内进行收益分配，每份基金份额每次分配比例不得低于收益分配基准日每份基金份额可供分配利润的 60%。本报告期内收益分配情况如下：

本基金以截至 2022 年 6 月 13 日基金可分配收益 250 186 497.72 元为基准，以 2022 年 6 月 20 日为权益登记日、除息日，于 2022 年 6 月 22 日向本基金的基金持有人派发第一次分红，每 10 份基金份额派发红利 1.00 元；

本基金以截至 2022 年 12 月 12 日基金可分配收益 437 267 767.94 元为基准，以 2022 年 12 月 19 日为权益登记日、除息日，于 2022 年 12 月 21 日向本基金的基金持有人派发第二次分红，每 10 份基金份额派发红利 1.00 元。

（5）报告期内管理人对本基金持有人数或基金资产净值预警情形的说明【4.9】。说明基金是否会出现清盘的情况，通常不要选择基金规模低于 1 亿元的基金。

本报告期内，本基金未出现连续二十个工作日基金份额持有人数量不满二百人或者基金资产净值低于五千万元的情形。

### 4. 年度财务报表

（1）资产负债表【7.1】。资产负债表揭示了基金持仓的各种资产及每种资产的配置额度，同时也展示了基金的负债与净资产情况，关于资产负债表、利润表等信息我们可以直接在天天基金的基金档案里按报告期或者按年度查看即可，这样对比鲜明，更加直观，如图4-6所示。

| 资产 | 2023-06-30 | 2022-12-31 | 2022-06-30 |
|---|---|---|---|
| 资产： | | | |
| 银行存款 | 1 427 761 381.48 | 279 296 584.27 | 139 037 357.42 |
| 结算备付金 | 16 216 017.94 | 14 360 107.11 | 10 830 783.07 |
| 存出保证金 | 778 586.52 | 500 328.65 | 460 996.53 |
| 交易性金融资产 | 6 418 290 865.66 | 3 241 524 442.96 | 1 776 909 926.42 |
| 其中：股票投资 | 6 416 357 335.45 | 3 239 550 434.54 | 1 776 909 926.42 |
| 基金投资 | — | — | — |
| 债券投资 | 1 933 530.21 | 1 974 008.42 | — |
| 资产支持证券投资 | — | — | — |
| 衍生金融资产 | — | — | — |
| 买入返售金融资产 | — | — | — |
| 应收证券清算款 | — | 42 960 000.00 | 8 159 580.26 |

图4-6 资产负债表

（2）利润表【7.2】。在利润表中，我们可以详细了解基金的收益来源渠道、各种费用支出项以及利润情况，如图4-7所示。

单位：元

| 项 目 | 附注号 | 本 期<br>2022年1月1日至<br>2022年12月31日 | 上年度可比期间<br>2021年1月1日至<br>2021年12月31日 |
|---|---|---|---|
| 一、营业总收入 | | 259 903 797.12 | 379 084 710.80 |
| 1.利息收入 | | 1 203 325.21 | 1 041 498.72 |
| 其中：存款利息收入 | 7.4.7.10 | 1 203 325.21 | 976 954.12 |
| 债券利息收入 | | — | 38 097.27 |
| 资产支持证券利息收入 | | — | — |
| 买入返售金融资产收入 | | — | 26 447.33 |
| 证券出借利息收入 | | — | — |
| 其他利息收入 | | — | — |
| 2.投资收益（损失以"-"填列） | | 226 221 052.79 | 600 634 142.66 |
| 其中：股票投资收益 | 7.4.7.11 | 189 247 636.72 | 579 332 945.76 |

图4-7 利润表

| 项　目 | 附注号 | 本　期 2022年1月1日至 2022年12月31日 | 上年度可比期间 2021年1月1日至 2021年12月31日 |
|---|---|---|---|
| 基金投资收益 | | — | — |
| 债券投资收益 | 7.4.7.12 | 2 617 306.05 | 1 320 482.58 |
| 资产支持证券投资收益 | 7.4.7.13 | — | — |
| 贵金属投资收益 | 7.4.7.14 | — | — |
| 衍生工具收益 | 7.4.7.15 | — | — |
| 股利收益 | 7.4.7.16 | 34 356 109.42 | 19 980 714.32 |
| 3.公允价值变动收益（损失以"-"号填列） | 7.4.7.17 | 27 726 698.64 | -226 059 633.30 |
| 4.汇兑收益（损失以"-"号填列） | | — | — |
| 5.其他收入（损失以"-"号填列） | 7.4.7.18 | 4 752 721.08 | 3 468 702.72 |
| 减：二、营业总支出 | — | 42 543 186.15 | 50 335 355.00 |
| 1.管理人报酬 | 7.4.10.2.1 | 36 251 584.99 | 33 734 763.84 |
| 2.托管费 | 7.4.10.2.0 | 6 041 930.89 | 5 622 460.69 |
| 3.销售服务费 | | — | — |
| 4.投资顾问费 | | — | — |
| 5.利息支出 | | — | — |
| 其中：卖出回购金融资产支出 | | — | — |
| 6.信用减值损失 | 7.4.7.19 | — | — |
| 7.税金及附加 | | 19.08 | 75.19 |
| 8.其他费用 | 7.4.7.19 | 249 651.19 | 10 978 055.37 |
| 三、利润总额（亏损总额以"-"号填列） | | 217 360 610.97 | 328 749 355.80 |
| 减：所得税费用 | | — | — |
| 四、净利润（净亏损以"-"号填列） | | 217 360 610.97 | 328 749 355.80 |
| 五、其他综合收益的税后净额 | | — | — |
| 六、综合收益总额 | | 217 360 610.97 | 328 749 355.80 |

图 4-7 利润表（续）

"附注号"这一栏目里的内容相当于一个索引，也就是说利润表相当于一个总表，对于每一项可以根据附注号里的索引去找到细分表来查看更详细的内容。比如，我们可以根据管理人报酬这里行中的附注号"7.4.10.2.1"，找到基金管理费的细分表，如图 4-8 所示。

单位：元

| 项　目 | 本　期 2022年1月1日至2022年12月31日 | 上年度可比期间 2021年1月1日至2021年12月31日 |
|---|---|---|
| 当期发生的基金应支付的管理费 | 36 251 584.99 | 33 734 763.84 |
| 其中：支付销售机构的客户维护费 | 6 969 170.79 | 4 780 250.44 |

图 4-8 基金管理费表

### 5. 投资组合报告

投资组合报告展示了报告期内基金配置了哪些行业的何种金融资产及各种资产的占比情况，我们可以据此判断基金的投资风格是否与自己的投资理念仍相适应，建议每次季报发布后，重新分析、整理自己的基金组合，降低组合的相关性。

我们可以比较相关期间前后的几份季报，查看基金仓位变化，如果仓位上升，说明基金经理对行情比较乐观。可以比较不同季度前十大重仓股的变动情况，这些变动是否为基金贡献了超额收益，观察基金经理的选股能力，判断基金经理的调仓频率。我们可以在一些基金销售平台的基金详情页面对基金每一期的持仓股票、仓位等进行对比，这样更加方便。

这部分内容是需要我们重点关注的，基金经理在管理人报告中阐述了自己的投资策略，可以根据投资组合报告中的股票持仓及持仓股票的变动来验证其投资策略。

（1）期末基金资产组合情况【8.1】。这部分内容展示了基金投资的金融产品及其占基金总资产的比例，如图4-9所示。

金额单位：元

| 序号 | 项目 | 金额 | 占基金总资产的比例（%） |
|---|---|---|---|
| 1 | 权益投资 | 3 239 550 434.54 | 90.37 |
|  | 其中：股票 | 3 239 550 434.54 | 90.37 |
| 2 | 基金投资 | — | — |
| 3 | 固定收益投资 | 1 974 008.42 | 0.06 |
|  | 其中：债券 | 1 974 008.42 | 0.06 |
|  | 资产支持证券 | — | — |
| 4 | 贵金属投资 | — | — |
| 5 | 金融衍生品投资 | — | — |
| 6 | 买入返售金融资产 | — | — |
|  | 其中：买断式回购的买入返售金融资产 | — | — |
| 7 | 银行存款和结算备付金合计 | 293 656 691.38 | 8.19 |
| 8 | 其他各项资产 | 49 625 801.30 | 1.38 |
| 9 | 合计 | 3 584 806 935.64 | 100.00 |

图4-9 基金配置资产组合表

（2）报告期末按行业分类的股票投资组合【8.2】。其中，报告期末按行业分类的境内股票投资组合【8.2.1】，该部分内容展示了持仓股票所属行业占基金资产净值比例。

（3）期末按公允价值占基金资产净值比例大小排序的所有股票投资明细【8.3】。

年报或中报中会列出基金持有的所有股票、股票的公允价值及其占基金资产净值的比例，季报中只会披露前十大重仓股信息，可以据此验证基金经理的调仓情况、投资风格、选股能力，也可以通过基金持仓来验证基金经理的专业能力与资产配置方向是否相匹配。

近年来，有些基金风格漂移，追逐热点行业，比如一些名为文体休闲的基金前十大持仓几乎是清一色的新能源行业股票。如果是FOF基金，年报中会披露全部持仓基金。

基金的隐形重仓股是指不在基金前十大持仓股中，但基金持股市值却在上市公司的前十大流通股股东中的个股，可简单理解为持仓占比排在11~20位的股票，其占基金资产比重并不算低，在一定程度上反映了基金经理的投资倾向、投资风格。

（4）报告期内股票投资组合的重大变动【8.4】。本部分内容主要介绍了报告期内基金经理对股票的调仓情况。累计买入、卖出金额超出期初基金资产净值2%或前20名的股票明细内容仅在中报与年报中，季报中没有。其中，累计买入金额超出期初基金资产净值2%或前20名的股票明细介绍了报告期内基金经理的主要买入股票情况；累计卖出金额超出期初基金资产净值2%或前20名的股票明细介绍了报告期内基金经理的主要卖出股票情况。我们可以通过该部分内容了解基金经理的调仓情况，再结合基金持仓验证基金的投资方向。

（5）期末按债券品种分类的债券投资组合【8.5】。

债券基金重点关注这部分内容，当债券基金中可转债占比很高时，其波动性也很大。

（6）投资组合报告附注【8.12】。

一是本基金投资的前十名证券的发行主体本期受到调查及处罚的情况的说明【8.12.1】。如果前十大重仓股占基金资产权重较大，则当某一权重股受到不利因素影响时，会对基金业绩产生一定影响。

## 6. 基金份额持有人信息

本部分内容主要介绍了截至报告期末基金份额持有人户数及持有人结构情况，包括基金公司人员及基金经理持有该基金的情况。

（1）期末基金份额持有人户数及持有人结构【9.1】。该部分内容展示了基金持有人数量及持有人结构信息，如图4-10所示，仅限于中报与年报中。机构持有基金比例越高，表明机构看好该基金，但如果单一机构持有基金份额过多，可能是机构定制基金，会面临巨额赎回风险，不建议买机构占比过大的基金。

份额单位：份

| 持有人户数（户） | 户均持有的基金份额 | 持有人结构 | | | |
|---|---|---|---|---|---|
| | | 机构投资者 | | 个人投资者 | |
| | | 持有份额 | 占总份额比例 | 持有份额 | 占总份额比例 |
| 66.617 | 52 041.60 | 2 358 148 727.56 | 68.02% | 1 108 706 701.79 | 31.98% |

图4-10 基金份额持有人信息

（2）期末基金管理人的从业人员持有本基金的情况【9.2】。基金公司的人员包括基金经理持有一定比例的该基金，从一定程度上说明了他们对于这只基金的看好，如图4-11所示。

| 项 目 | 持有份额总数（份） | 占基金总份额比例 |
|---|---|---|
| 基金管理人所有从业人员持有本基金 | 1 359 971.55 | 0.039 2% |

图4-11 期末基金管理人持有本基金的情况

（3）期末基金管理人的从业人员持有本开放式基金份额总量区间的情况【9.3】。基金管理人的从业人员持有基金份额总量区间，如图4-12所示。

| 项 目 | 持有基金份额总量的数量区间（万份） |
|---|---|
| 本公司高级管理人员、基金投资和研究部门负责人持有本开放式基金 | 50～100 |
| 本基金基金经理持有本开放式基金 | 10～50 |

图4-12 基金管理人的从业人员持有基金份额总量区间

### 7. 开放式基金份额变动

本报告期期末基金份额总额与本报告期期初基金份额总额之差就是报告期内基金份额的变动情况，其一定程度上反映了报告期内投资者对基金的认可程度，如果为正值，并且较大，说明该基金在报告期内比较受投资者欢迎而大量买入，这可能是因为业绩优异或者基金投资风格获得认可的原因，也可能是宣传的原因。

### 8. 影响投资者决策的其他重要信息

报告期内单一投资者持有基金份额比例达到或超过 20% 的情况【12.1】。若报告期内，基金存在单一投资者持有份额占比达到或超过 20% 的情形，由此可能导致产品流动性风险、巨额赎回风险及净值波动风险等。

我们以国金量化多因子 2022 年年度报告为例说明，如图 4-13 所示。

| 投资者类别 | 序号 | 报告期内持有基金份额变化情况 ||||| 报告期末持有基金情况 ||
|---|---|---|---|---|---|---|---|---|
| | | 持有基金份额比例达到或超过20%的时间区间 | 期初份额 | 申购份额 | 赎回份额 | | 持有份额 | 份额占比（%） |
| 机构 | 1 | 2022年7月22日—2022年7月24日 | — | 21 610 212.73 | 21 610 212.73 | | — | — |
| 产品特有风险 |||||||||
| 报告期内，本基金存在单一投资者持有份额占比达到或超过20%的情形，由此可能导致的特有风险包括：产品流动性风险、巨额赎回风险以及净值波动风险等。 |||||||||

图 4-13 单一投资者持有基金份额比例达到或超过 20%

## 四 基金规模

基金规模也是我们选择基金时要考虑的一个重要因素，规模过大、过小都不适合。若基金份额分为 A 类、C 类等，则基金规模为各类份额之和。

### （一）规模过小

规模过小的基金清盘概率更高，2021 年清盘基金数量为 254 只，2022 年为

235 只，2023 年为 260 只，是近五年清盘数量最多的一年，仅次于 2018 年的 430 只。

### 1. 基金规模过小的缺点

虽然基金规模小比较易于管理，方便调仓，打新收益明显，但是，对于规模小于 1 亿元的基金，投资者尽量不要选，因为其流动性比较差，会面临大额赎回或清盘风险。

另外，基金规模太小，基金公司通过运作该基金获取的收益就很低，有可能停止运作该基金或者减少投向该基金的投研资源。

还有一点就是，对于基金的申购费、赎回费、管理费、托管费、销售服务费等常见费用之外的诸如信息披露费、审计费、律师费等，会被分摊到每份基金份额上，当基金规模较小时，每份基金所要承担的投资成本就变得相对较高了，这些费用信息会在基金年报中披露，如图 4-14 所示。

单位：元

| 项目 | 本期<br>2022年1月1日至2022年12月31日 | 上年度可比期间<br>2021年1月1日至2021年12月31日 |
| --- | --- | --- |
| 审计费用 | 110 000.00 | 110 000.00 |
| 信息披露费 | 120 000.00 | 120 000.00 |
| 证券出借违约金 | — | — |
| 账户维护费 | 18 000.00 | 18 000.00 |
| 银行费用 | 1 651.19 | 27 561.32 |
| 交易费用 | — | 10 702 494.05 |
| 合　计 | 249 651.19 | 10 978 055.37 |

图 4-14　某基金年报中的其他费用

### 2. 基金清盘

基金清盘是指基金管理人将基金资产清算后变现，扣除基金财产清算费用、交纳所欠税款并清偿基金债务后，按基金份额持有人持有的基金份额比例分配剩余资产。在基金清盘前，基金管理人会通过官网、短信等渠道提前通知持有人，也会发布清盘公告，持有人可以将持有的基金赎回或者转换成其他基金。基金清盘原因如下。

开放式基金连续 60 日基金资产净值低于 5 000 万元，或者连续 60 日基金份额持有人数量达不到 200 人的，将面临清盘风险；

封闭式基金到期不延续存续期；

新基金募集规模不达标。

## （二）规模过大

有些基金可能在其规模较小的时候业绩比较优异，这时自然会吸引很多投资者买入，当规模变得越来越大时，基金业绩也开始变得平庸起来。当涌入资金规模过大时，因为市场环境、投资标的等因素，这些资金有可能不会及时地配置成股票、债券等资产，这样就有可能损害老客户的利益。基金规模过大会增加管理难度，影响基金的业绩，原因主要有以下几个方面。

首先，规模过大，交易不如以前灵活，调仓不方便，不能以理想的价格交易股票，增加交易成本。比如要卖出某只股票，可能会导致股价下跌甚至跌停，不能以更高的价格卖出；买入某只股票，可能会使股价大幅上涨，不能以更低的成本买入，从而影响基金的收益。当市场处于长期下跌行情时，基金经理可能会选择降低股票仓位来减少损失，规模过大的话，实现起来很麻烦。

其次，基金持有单一公司股票比例是有限制的，一是一只基金持有一家上市公司市值不得超过基金资产净值的10%；二是同一基金管理人旗下基金合计持有一家上市公司股份不得超过该公司股份的10%。因此，基金经理需要花费更多精力研究、持有更多的股票，投资必须更为分散，这增加了管理难度。

最后，会影响基金规模较小时的投资策略，无法找到合适的投资品种，可能不再适合持有原先的小盘股票，而且即使持有，其业绩对基金收益影响也会减弱，股票可选范围缩小，从而转投大盘股，另外，打新收益对业绩影响也会减弱。

举一个极端的例子：比如一只10亿元规模以投资小盘成长股为主的基金，持有一家10亿元规模的小盘股1/10的股份，在业绩贡献方面，当该公司股价上涨时，对该基金的业绩贡献很明显；当该基金规模增长为100亿元时，该公司股价增长对基金业绩的贡献影响会变小。在选股数量、投资策略方面，当基金规模为10亿元时，基金经理主要配置十多只小盘股就可以，当基金规模增长为100亿元时，基金经理如果要保持以小盘股为主的投资策略，就必须花费更多精力研究、持有更多的小盘股，否则就只能转换投资策略，将资金投向大中盘股票。基金规模超过百亿元就要慎重考虑了，对于股票型或混合型基金，规模在1亿元~50亿元还是可以的，宽基指数基金或纯债基金规模可以大一些。

我们以两只比较有代表性的基金为例：中欧医疗健康混合和易方达蓝筹精选混合。从基金规模上看，截至2023年3月1日：中欧医疗健康混合规模达594.87亿元，易方达蓝筹精选混合规模达562.09亿元，单从规模上来看，我个人不会选择。

一些过往业绩优异的基金，往往随着规模的扩大，表现不再如从前般亮眼。基金规模在一亿元到几十亿元都是可以接受的，规模过大，即使市场风向转变，也不易调仓，操作、选股难度增加，影响业绩。

## 五 基金赚钱，投资者不赚钱

理财中交易时机很重要：同样的基金，不同的交易时机所取得的收益是不同的。

### （一）基金赚钱，投资者不赚钱分析

基金赚钱，投资者不赚钱，可以分为两种情况：

一是基金真的赚到了钱，但是因为部分投资者交易时机不合理而产生亏损。

比如，基金A年初单位净值为1元，基金份额为100份，投资者甲与投资者乙各持有50份，年中基金净值跌到了0.5元，年末基金净值涨到了2元。投资者甲一直持有基金到年末，则其持有基金A的收益（忽略各种费用）为：50×（2-1）= 50（元）。

投资者乙在基金净值跌到0.5元时卖出，其持有基金A的收益为：50×（0.5-1）= -25（元）。

而基金A当年收益为：50×（2-1）+ 50×（0.5-1）= 25（元），也就是说，基金确实赚到了钱，但是对于投资者乙来说，在年中基金净值跌到0.5元的时候，恐惧于市场可能会继续下跌而卖出持有的基金，最终在基金赚钱的时候自身却亏损了。

二是基金并没有赚到钱,但是基金净值增长了,这就导致只看基金净值变动的投资者认为"净值都增长了,基金肯定赚钱了",在这种情况下,投资者也会亏损。

比如,基金 A 年初单位净值为 1 元,基金份额为 100 份,年中基金净值涨到了 3 元,年末基金净值跌到了 1.5 元,则基金净值变化:(1.5－1)÷1×100%＝50%,基金净值增长幅度较大。到了年中,随着基金业绩的大幅增长,吸引了更多的投资者,可能有投资者在基金净值 3 元的时候追高买入,假如 M 在净值 3 元的时候买入了 200 份,成本为 600 元,其他时间基金份额不变。

年末基金盈利:100×(1.5－1)＋200×(1.5－3)＝－250(元),也就是说,本年内基金在单位净值增长了 50% 的情况下,净利润却产生了 250 元的亏损。

对于 M 来说,年末时,其基金资产变为:200×1.5＝300(元),相较其 600 元的成本,因为眼红于基金快速增长的业绩而追高买入最终导致亏损了 300 元。所以基金单位净值的变化,不能精确地展现投资者某一阶段的利润变动。

## (二)投资者操作损益

基金盈亏的根本原因在于市场,这点我们无法左右,市场可不管你适应不适应,我们能做的就是不要人为地去增加亏损的可能。即使选择了各方面(过往业绩、回撤控制等)都很优秀的基金,市场也并非熊市,投资者交易时机不对,没有及时止盈,收益照样很差。有时候基金是赚钱的,然而基金持有者却并未赚钱,这与投资者的个人操作有很大关系。毕竟基金再好,也禁不住投资者追涨杀跌,频繁交易。

投资者总是喜欢追逐业绩好的基金,但他们没有在业绩好的基金业绩不好时买入。

可以把投资基金的收益归为两部分:基金投资收益 = 基金自身收益 + 基民操作损益。

其中,投资者操作收益要从两个方面来看。

一是投资者追涨杀跌对基金收益产生的损耗。

一些投资者错过了低点建仓时机,眼红于市场火热时基金净值的迅速增长,尤其是一些顺应市场趋势的行业基金,一个月净值增长 30% 以上者不在少数,于是他们就迫不及待地追高买入，而行业类基金涨跌极度依赖市场趋势，当市场趋势不在时，下跌幅度也很大，于是投资者买入的基金就会产生亏损。

这些投资者对自己有着相当多的自信，不知道自己的择时能力很差，就算把资金交给基金经理管理，也总想着自己能做点儿什么，这也就导致了基金的整体业绩很好，却总有些持有该基金的基民赚不到钱，甚至亏钱的情形出现，这也说明对于同一只基金，不同的人获得的收益是不同的，好基金固然很重要，但交易时机同样重要，要在性价比合适的时候买入。所以，即使在牛市，也有很多投资者亏损，格雷·厄姆早就指出过，散户在熊市底部，牛市初期的时候，往往资金量很小，尝试性地买入；当市场开始上涨，于是逐步加大仓位，等到市场涨到顶部的时候，散户的情绪最激动，仓位也最重。心态也从最初的恐惧变为贪婪。然而，一旦大的调整到来，就会造成巨大的损失。不但将前期的盈利损失殆尽，往往还会造成更大的亏损。

图 4-15 为 2016—2020 年基金投资者的投资行为对基金收益的影响：2016—2020 年，投资者由于自身行为将个人持有基金的收益拉低了 11.61%。

| 年份 | 基金平均净值增长率 | 基金投资者的平均收益率 | 投资行为影响 |
| --- | --- | --- | --- |
| 2016 | -10.80% | -7.61% | 3.19% |
| 2017 | 28.21% | 16.73% | -11.48% |
| 2018 | -19.99% | -12.82% | 7.17% |
| 2019 | 48.38% | 23.86% | -24.52% |
| 2020 | 52.07% | 19.62% | -32.45% |
| 均值 | 19.57% | 7.96% | -11.61% |

数据来源：公募权益类基金投资者盈利洞察报告。

注：投资行为影响 = 基金投资者的平均收益率 - 基金平均净值增长率。

图 4-15　基金投资者的投资行为对基金收益的影响

二是在基金净值下跌时，逢低分批买入，等到净值上涨了，会获取更好的收益。

在大跌时加大补仓力度，反弹时可以更好地弥补之前的损失，获取更好的收益，然而很多人可能会被大跌吓破了胆，割肉卖出，大涨时又迫不及待地追涨买入，追着镰刀跑，正是他们为市场的正常运转提供了源源不断的动力。

在连续下跌行情下，投资者恐慌情绪自然会蔓延，"割肉者"从不会缺席，这种事情发生过太多次了。在市场大跌时才是最好的买入时机，熊市才是你捡便宜筹码布局的最好时机。

我们来举个例子，M 在 A 基金净值为 1 元时买了 100 份，后来 A 基金净值跌到了 0.5 元，此时可以：

恐慌于净值大幅下跌，卖出基金，最终收益损失 50 元：$100\times(0.5-1)=-50$（元）；

持仓不动，若后期基金净值涨到 0.8 元，则资产减少 20 元：$100\times(0.8-1)=-20$（元）；

把波动当作买入机会，再次买入 100 元，若一段时间后 A 基金净值涨到 0.8 元，最终资产增长 40 元：共投入 $(100+100)=200$ 元，基金资产为 $(100+200)\times 0.8=240$（元）。

基金理财的小伙伴经常犯两个错误：

市场跌了一段时间之后，还想再等等，等到开始上涨了，又觉得现在买有些贵了，还想再等它跌一阵，结果后来要么没买入，要么追高；

轻易交出自己的筹码，还美其名曰"现在卖出，等跌几天后用更低的价格买回来，可以节省成本"，这种行为等同于自己跑着去找镰刀。

市场总是在波动中的，涨涨跌跌很正常，我们要知道：波动孕育着机会。市场的每一次普跌，都会让部分人亏损，对于基金理财来说，只要你做好了资产配置，不因恐惧于市场大跌或者急用钱而"割肉"，你的账户就真的是一堆数字。

## 六 基金净值越低越值得买吗

基金单位净值并非越低越值得购买，单位净值的大小并非我们选择基金的依据，我们可以参考基金的净值增长率，在选择成立时间相近的同类型基金时也可以参考能反映基金历史业绩的累计净值。

### 1. 基金净值分为单位净值、累计净值

单位净值：每个交易日收盘后根据基金所投资的金融资产计算出基金总资产，扣除基金当日的成本及费用后，可以得到当日基金的资产净值，用资产净值除以基金当日总份额，就得到了基金的单位净值。可以理解为每份基金的价格，计算公式为：（基金资产总值－基金负债）÷基金总份额。

累计净值：可以理解为基金成立以来每份基金取得的总的累计价值，计算公式为：基金单位净值＋基金成立以来每份基金累计分红的金额。

累计净值能够反映基金的历史业绩表现、总体收益情况，有很多表现不好的基金累计净值甚至低于1元。

### 2. 为什么很多人买单位净值低的基金

很多人买单位净值低的基金可能仅仅是因为以下两个原因。

一是用同样的资金可以获得更多的基金份额，误以为同样资金买的基金份额越多越好，也就是贪图便宜的心理，但是有时候便宜无好货。

基金投资收益＝本金×基金收益率，无论净值高低，我们投入的资金是一样的，收益高低取决于基金净值增长率，在同类型基金中，当然要选择能为我们带来更高收益的基金。

二是认为净值越低上涨的可能性越大，净值越高上涨的可能性越小，这些高净值基金正说明了它们的过往业绩还不错。

### 3. 单位净值的大小并非我们选择基金的依据

基金单位净值低可能是因为以下两个原因。

一是基金业绩差或者成立时间短；

二是过往分红或者拆分导致净值低，并非业绩差，这一点需要我们在选择基金时仔细辨别。

有时价格低并非真正便宜，认为单位净值低的基金比单位净值高的基金更值得买入完全是一个错误的想法，不要陷入"低价陷阱"，这些高净值基金能够有这么高的净值正说明了它们的业绩好。

股票或基金有时候会拆分，知道为什么吗？就是要让投资者觉得便宜而买入。举个例子：茅台现在的股价，很多普通投资者都买不起（一手17万元），但是如果进行1∶100的拆分，一手2 000元，估计会有很多投资者蜂拥而入。

彼得·林奇也说过:"仅仅因为股价便宜就买入一家发展前景普通的公司股票是一种肯定失败的投资之道。"

## 七 实战经历

本节用来举例的基金是招商中证白酒指数分级基金,使用的工具有晨星网、天天基金网、支付宝,基金相关数据截至 2019 年 9 月 27 日。

因为市场总是在波动中,这也导致基金的业绩有一定的周期性,所以,一段时期内某只基金的业绩可能很好,而在另一段时期内该基金的业绩会变得比较差,没有业绩长虹的权益类基金,这是很正常的,所以,及时止盈与确定买入时机很重要。

该基金属于消费基金中的食品饮料基金,2019 年的业绩与定投收益总体来说表现很好,在同类型基金中也算得上是表现优异的,三年晨星评级为五星,如图 4-16 所示。

|      | 近1周    | 近1月    | 近3月    | 近6月    | 今年来   | 近1年    | 近2年    | 近3年     |
|------|---------|---------|---------|---------|---------|---------|---------|----------|
| 阶段涨幅 | -1.23%  | 1.69%   | 6.88%   | 25.51%  | 85.03%  | 43.86%  | 62.34%  | 167.78%  |
| 同类平均 | -2.48%  | 1.37%   | 3.75%   | 3.55%   | 28.45%  | 14.85%  | -2.23%  | 9.25%    |
| 沪深300 | -2.11%  | 0.94%   | 0.47%   | 2.92%   | 27.97%  | 13.19%  | 0.82%   | 18.88%   |
| 跟踪标的 | -1.23%  | 1.93%   | 6.74%   | 25.46%  | 88.93%  | 44.66%  | 63.32%  | 166.57%  |
| 同类排名 | 174\|1292 | 353\|1261 | 302\|1214 | 16\|1140 | 1\|1074 | 18\|1006 | 1\|801 | 1\|615 |

图 4-16 截至 2019 年 9 月 27 日,招商中证白酒指数基金阶段性业绩

我们可以综合使用不同的基金工具,并结合自己的投资风格、目标行业来有目的地筛选基金,选择这只基金主要是基于当时看好消费行业,尤其基于在当时的条件下白酒类基金在国内的行业特点,另外,该基金所处的行业估值也比较合理,适合将该行业的基金加入基金组合中,这是一种先行业后基金的自上而下的选择方法。

## (一)使用晨星网筛选

可以选中三年或者五年评级达到三星级以上的基金，这样的基金有很多，也可以根据基金分类进行选择，筛选条件可以自由组合，如图4-17所示。

图4-17 晨星网基金筛选

选出满足条件的基金后，我们还需要分析该基金的详情，比如前十大重仓股、过往业绩、波动率等，这个需要进入基金详情页面进行查看。

其实，在晨星评级中已经包含了基金过往某段时期的业绩、波动率、夏普比率等因素，晨星评级是根据"基金的风险调整后收益"来进行的，是对基金过去一段时间业绩与波动的综合考量。

首先是历史业绩，它展现了基金在过往年份的业绩情况，这个是可以参考的。图4-18为2019年9月27日与2023年7月10日该基金的晨星评级。

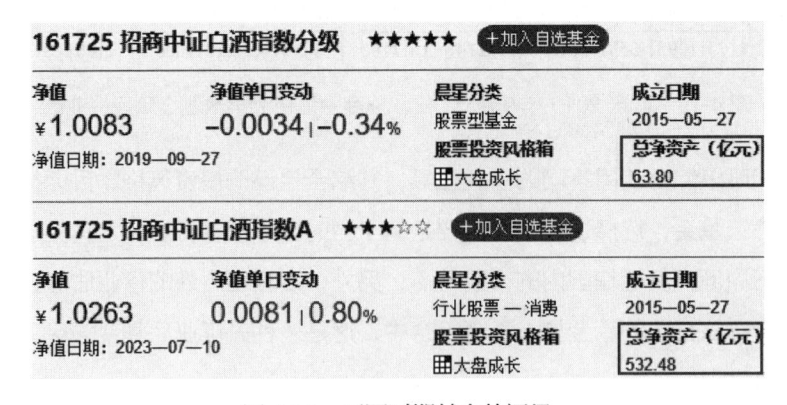

图4-18 不同时期基金的评级

对于行业类基金，我们一定要知道基金优异业绩的不可持续性，其评级由五星变为三星，说明这段时间该基金业绩表现得并不好，另外，基金规模也大幅增长了。

其次，历史回报、历史最差回报、基金经理等信息也需要分析。

历史最差回报也即某段时期内的最大回撤，风险承受能力低的投资者不适合配置波动幅度过大的基金，因为存在在基金大幅下跌时"割肉"离场的风险。对于风险评估、风险统计等指标投资者也要关注，各指标应在同类型基金之间进行比较，比如标准差、夏普比率、阿尔法系数等。要查看基金经理管理其他基金的表现，这个可以在天天基金等平台上查看，晨星在这方面的展示并不直观，也要分析基金经理管理的基金规模是否过大、不同行业基金数量是否过多。

再次，晨星股票投资风格箱表明该基金属于大盘成长型风格，有85.01%的基金投资于大盘成长型股票，5.23%的资金投资于中盘成长型股票，其实，对于前十大持仓股占比较大的基金来说，我们可以根据重仓股来判断基金的投资风格，判断是否是我们需要的基金。

资产分布表明现金、股票、债券等资产占基金的投资比例，如图4-19所示。

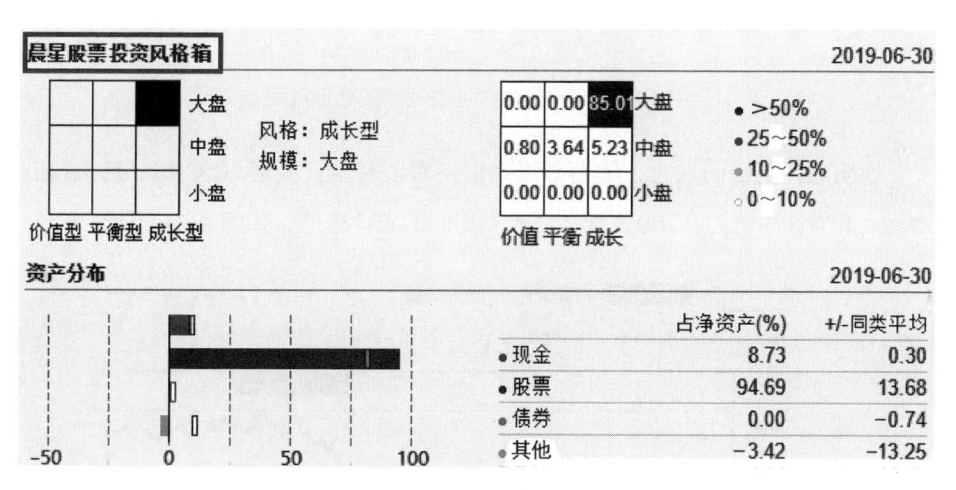

图4-19 招商中证白酒指数基金投资风格与资产分布

最后，持仓分析展现了基金的十大重仓股，若十大持仓股占比超过60%，可以用来近似判断基金的投资方向。对于纯债基金来说，持仓主要是查看债券品种及五大债券持仓部分的内容。该基金属于白酒类行业指数基金，其十大持仓股全部为白酒公司，是否持有取决于你对白酒行业的前景判断。笔者在2018年6月5日第一次买入该基金，期间多次逢低分批买入，在 2021 年 1 月 26 日（收益率为 134.87%）、2021 年 2 月 1 日（收益率为 129.32%）、2021 年 2 月 4 日（收益率为 140.03%，累计净值为 3.123 1 元）开始分批止盈卖出大部分持仓，当然没有卖在最高点（2021 年 2 月 10 日最高收益率为 160%），从开始买入到卖出止盈，持续了两年半的时间，如图 4-20 所示。

图 4-20　交易招商中证白酒指数基金过程

卖出后，到目前为止，笔者都没有再持有该基金，截至 2023 年 5 月 29 日，该基金的累计净值为 2.769 8 元，低于卖出时的累计净值，如图 4-21 所示。

图 4-21　招商中证白酒指数基金累计净值走势

由招商中证白酒指数基金累计净值走势可知：对于行业类基金，不要盲目长期持有，很难有行业基金能够连续上涨超过三年，两年就已经很优秀了，所以，该止盈时要及时止盈，该止损时要及时止损，不然可能会因板块轮动而使已取得的收益或者本金损失。

### （二）使用天天基金筛选

筛选条件有很多，比如可以根据基金类型、基金主题、基金业绩等进行筛选，可以自己自由组合，该基金在近三年的股票型、混合型基金中的排名比较靠前，如图 4-22 所示，注意排名靠前基金中的因巨额赎回而业绩大涨的基金。

| 基金类型: | 不限 | 股票型 | 混合型 | 债券型 | 指数型 | QDII | FOF | 保本型 | 分级A类 | 货币型 |
|---|---|---|---|---|---|---|---|---|---|---|
| 基金业绩: | 不限 | 近1周 | 近1月 | 近3月 | 近6月 | 今年以来 | 近1年 | 近2年 | 近3年 | 自定 |

共找到 9 只基金符合您的要求：  ≡ 列表

| 对比 | 基金名称\|代码 | 基金类型 | 净值\|日增长率 | 近1周 | 近1月 | 近3月 | 近6月 | 今年以来 | 近1年 | 近2年 | 近3年↓ |
|---|---|---|---|---|---|---|---|---|---|---|---|
| ☐ | 交银新回报灵活配置混合C 519760 | 混合型 | 4.2250 (0.02%) 日期：09—27 | −0.09% | 0.31% | 2.72% | 4.61% | 6.42% | 5.92% | 293.02% | 318.25% |
| ☐ | 光大永鑫混合A 003105 | 混合型 | 3.3160 (0.03%) 日期：09—27 | −0.21% | 0.39% | 1.01% | 1.66% | 2.53% | 5.10% | 244.71% | 257.12% |
| ☐ | 光大永鑫混合C 003106 | 混合型 | 3.3130 (0.03%) 日期：09—27 | −0.18% | 0.39% | 0.98% | 1.63% | 2.47% | 5.13% | 244.74% | 256.81% |
| ☐ | 招商中证白酒指数分级 161725 | 股票指数 | 1.0083 (−0.34%) 日期：09—27 | −1.23% | 1.69% | 6.88% | 25.51% | 85.03% | 43.86% | 62.34% | 167.78% |

图 4-22　招商中证白酒指数基金阶段业绩

基金规模：截至 2019 年 6 月 30 日，基金规模为 63.80 亿元，规模适中，而截至 2023 年 3 月 31 日，基金规模为 532.48 亿元，规模过大。

该基金最近几年的业绩排名还是比较靠前的，累计收益率也不错，大幅跑赢同类型基金及沪深 300 指数，长期业绩稳定、表现优秀。有很多基金可能在一定时期内表现得很好，但是回顾其过往业绩，表现却很差，成立以来总体收益率甚至为负值。

基金成本，就是申购、赎回、运作费率等，因为该基金为指数基金，所以费用相对其他权益类基金低一些：运作费用每年 1.22%，其他很多基金都是 1.75%。申购费率在支付宝、天天基金上一般为原费率的一折，本基金为 0.10%，一般权益类基金为 0.15%。

所以，从成本上来看，本基金还是有一定优势的，见表4-5。

表4-5 招商中证白酒指数基金费用

| 费用种类 | | 费率 |
| --- | --- | --- |
| 运作费 | 管理费 | 1.00%（每年） |
| | 托管费 | 0.20%（每年） |
| | 销售服务费 | 0（每年） |
| 申购费 | 小于50万元 | 0.10% |
| | 大于等于50万元，小于100万元 | 0.05% |
| | 大于等于100万元 | 每笔1 000元 |
| 赎回费 | 小于7天 | 1.50% |
| | 大于等于7天，小于1年 | 0.50% |
| | 大于等于1年，小于2年 | 0.25% |
| | 大于等于2年 | 0 |

分析基金的规模变动、持有人结构、资产配置、基金换手率等信息，还需要关注基金经理管理的其他基金的规模、数量、业绩等信息，基金经理有无频繁变动等情况。

本基金属于行业类指数基金，重仓白酒股，消费类基金也是笔者在基金配置中会考虑的几个行业类基金（消费、医疗、高科技）之一，发展趋势还是很好的。当然，也得看当时市场趋势所在的行业，市场趋势不会总停留在某个行业，不能不切实际地在不同阶段都盲目要求在组合中配置这些行业基金。

## （三）使用支付宝筛选

同样地，支付宝的基金筛选条件也很多，我们也可以在基金详情页面详细了解基金的基本信息。

可以通过基金近期的业绩排行、定投排行来了解基金业绩的整体表现，可以看到，招商中证白酒指数在近三年的业绩排行、定投排行中排名都比较靠前，在基金详情页面，也可以直观地查看该基金在不同时期的业绩走势，如图4-22所示。

支付宝基金引用了晨星评级，本基金评级为五星，属于中高风险的指数型基金。选择基金前，先要了解自己的风险承受能力适不适合这只基金的波动幅度。

可以根据基金在一段时期的净值走势、当前估值及当前市场环境来确定每次基金的买入份额，跌得多了，就买得多，少了可以少买或不买，当然还是建议逢低分批买入，就像图 4-23 业绩走势中那些红点（买入点）一样，做到了在估值低点分批买入。

净值估算是对该基金当日净值的近似估算，可以据此来判断当日基金的近似涨跌。

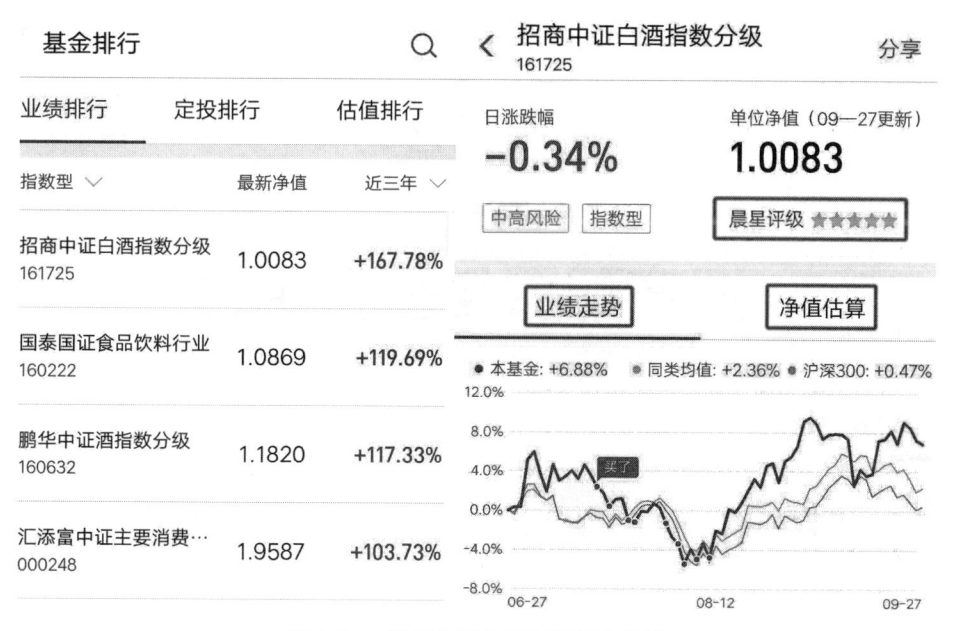

图 4-23  招商中证白酒指数基金业绩

基金档案栏目介绍了基金的基本情况，可以了解基金的详细信息。

概况介绍了基金的规模、基金经理、投资理念等信息；公告中包含了基金的相关信息，在定期报告中可以查看基金的季度、年度报告；持仓则展示了基金的投资分布状况及前十大重仓股，我们应该重视这一部分内容，分析基金持仓是否符合我们的投资风格。

在基金经理中介绍该基金经理的情况，我们可以查看该经理管理的其他基金的表现。交易规则展示了基金的运作费、申购赎回费、赎回到账时间等信息。

如果认为筛选出的基金适合我们的投资目标，就可以把这只基金加入我们的自选基金中，进行下一步的持续观察或者用少量资金尝试性买入。

# 第五章

## 资产配置与基金组合

对于投资者来说，风险就是投资收益的不确定性，可能造成本金或已取得收益损失。

## 一 投资风险

我们可以将投资风险分为系统性风险与非系统性风险。

### （一）系统性风险

系统性风险是指因政治、经济、社会等能够影响整个金融市场的风险因素变化对多数股票产生不利影响，从而给投资者造成损失的风险，是市场固有的风险。因其不能通过分散投资来消除，所以又被称为不可分散风险。系统性风险包括政策风险、经济周期性波动风险、利率风险、购买力风险、汇率风险，不可避免，无法预测，影响市场的所有参与者。

**1. 利率风险**

利率调整会影响市场上资金量的变化，导致证券价格波动，产生风险，但利率调整对股市的影响是短期性的。通常来说，利率上调，比如中国人民银行采取加息措施，居民存款意愿加强，会导致市场上资金供应量减少，另外，也会导致企业借贷成本提升。

**2. 购买力风险**

又称通货膨胀风险，指因物价上涨导致货币购买力下降的风险。

投资的实际收益率可近似计算为：实际收益率＝资产收益率（名义收益率）－通货膨胀率，所以，购买力风险会导致投资者的实际收益水平下降。

### （二）非系统性风险

非系统性风险是指因个股或行业自身因素导致的投资个股或行业所面临的投资收益的不确定性，这些因素只对个股或行业中的相关股票产生影响，不会对整个市场产生太大影响。因为可以通过分散投资来降低非系统性风险，所以，非系统性风险又被称为可分散风险。对于行业风险来说，比较典型的例子有"塑化剂"事件对白酒行业的影响、"三聚氰胺"事件对国内乳制品行业的影响等；对于个股风险来说，比较典型的例子有某药企投入大量资金研发的药物失败及某车企因产品质量问题大规模召回等对个股股价产生了不利影响。

非系统性风险包括信用风险、财务风险、运营风险、流动性风险、操作性风险。

### （三）投资中的不可能三角

在进行投资时，任何投资品种都不可能同时满足高收益、低风险、高流动性三个条件，另外，高收益和低风险也不可能同时实现，如图5-1所示。

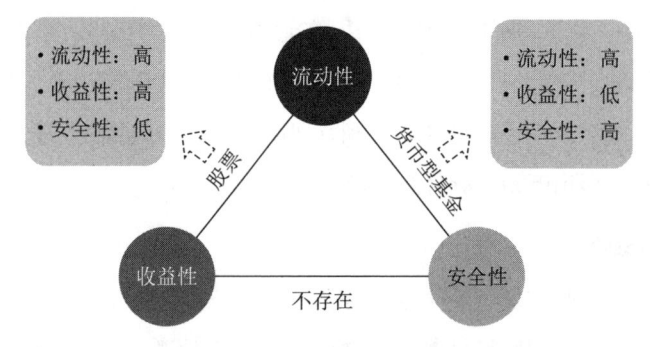

图 5-1 投资中的不可能三角

我们要根据个人情况做好取舍，选择适合自己的理财产品，不能因沉迷于追求高收益而忽略了金融产品背后隐藏的高风险，比如：类似余额宝的货币型基金，其安全性高、流动性好，但是收益很低；股票或者多数行业类基金等理财产品，其流动性好、收益高，但是安全性低，容易面临损失本金的风险。

## 二 低风险理财产品

我们接触较多的风险相对较低的理财产品有纯债基金、货币型基金、银行存款、大额存单、国债、国债逆回购等。

## （一）债券型基金

讲解债券型基金前，我们先来看一下债券的相关知识。

债券是政府、企业、金融机构等主体为筹集资金，依照法定程序发行的根据票面利率定期向投资者支付利息，并按照约定条件到期偿还本金的有价证券。

### 1. 债券的收益来源

债券收益来源可以分为三部分：利息收益、资本利得、再投资收益。

（1）利息收益：债券发行人按约定利率与付款周期支付给债券持有者的利息，相对稳定，是债券投资的主要收益来源，会面临信用风险。

（2）资本利得：债券交易产生的价差收益，债券市场价格会受利率、供求关系、发行机构信用状况等因素影响。

（3）再投资收益：将债券每期利息再投资产生的收益，受利率影响。

### 2. 债券的风险

根据发行主体信用度，债券可分为利率债与信用债。

利率债。利率债由政府发行，信用风险较低，但会面临利率波动带来的利率风险，主要包括国债、地方政府债券、央行票据、政策性金融债等。

利率风险：因利率变动导致的债券价格波动对债券投资者收益产生不确定性的风险。可以用久期来衡量利率风险，"久期"可以简单地理解为债券的平均到期时间，也即债券投资者收回其全部本金和利息的平均时间，久期越长，债券剩余期限越长，则债券价格对利率波动越敏感，要承担的利率风险就越大，相应地，预期收益一般会越高。

债券价格与利率呈反向变动关系：当市场利率升高时，债券价格一般会下跌，这是因为老债券票面利率在发行时已经确定，较新发债券利率低一些，没有吸引力，在不改变债券到期收益率的情况下，可以通过降低债券价格，减少投资者买入成本，间接提高持有收益率来吸引投资者；当市场利率下降时，比如中国人民银行降准降息以提高市场流动性，银行存款收益率太低，债券价格一般要上升，相应地，此时债券基金收益将会提高。我们通过一个例子来看一下利率上升而债券价格下降的逻辑。

如果你持有一张面值100元、票面利率4%的债券，一段时间后，利率上调，市场上新发行的同样面值的债券，票面利率为6%，此时你就很难以100元的价格将持有的债券卖出，因为资本逐利，投资者会去购买利率更高的新债，这样就能获得更高的利息收入，你必须折价出售持有的债券来补偿这2%的利率差，这样投资者才可能购买你的债券，也就是通过降价来弥补利率差。

通常，货币政策会影响市场利率，比如中国人民银行通过降准、降息实施更加宽松的货币政策，货币供应量增加，市场利率下降，导致债券价格上涨，这是利于债券市场的。

信用债。信用债是由政府以外的主体发行的、约定了本息偿付现金流的债券，包括公司债、企业债、短期融资券、资产支持证券、次级债等，其价格主要受发行主体的经营状况影响，会面临信用风险。

信用风险：又称违约风险，指债券发行人不能按时足额还本付息或者发行人信用评级下调引发债券价格下跌，导致债券投资者产生损失的不确定性风险。如2020年11月10日，永煤集团因未能按期兑付"20永煤SCP003"，引发债市动荡。因信用债有一定的违约风险，所以，必须提高其收益率来作为信用风险补偿才能吸引投资者。

我们在选择纯债基金时，应尽量避免信用债占比过大的基金，要选择长期业绩稳定、回撤幅度小、在同类型基金中表现靠前、费率低的纯债基金。除利率风险、信用风险外，债券投资还面临其他四种风险：流动性风险、购买力风险、赎回风险、再投资风险。

流动性风险：是指在债券到期前，债券投资者在不作出大的价格让步情况下，短期内难以将持有债券卖出的风险，也就是短期内难以以合理价格将债券卖出的风险。投资房产也会面临流动性风险，有时想要快速卖出变现，就必须降低出售价格。

购买力风险：又称通货膨胀风险，通胀导致货币贬值，购买力下降。对债券来说，当债券收益增长率滞后于通货膨胀率，这就使得投资者的实际收益价值低于名义收益，为了提高债券吸引力，就需要提高债券的实际收益率，也即债券价格可能下跌，所以，在高通胀环境下，不适合投资债券。

比如债券利率为3%，通胀率为4%，则实际收益率为-1%，可以简单地理解为年初购买价格为100元的一年期债券，到期后还本付息得到103元，而年初价值100元的某商品，年终价格变为104元，在年初可以用100元购买的商品年终却买不到了。

赎回风险：对于有提前赎回条款的债券，在债券到期前，发行人在市场利率大幅下降时为降低融资成本、避免继续支付高额利息而行使提前赎回权将债券提前赎回，这使得投资者的预期利息收益可能遭受一定的损失，如果此时继续投资其他债券，则因市场利率下降而导致出现再投资风险。

再投资风险：债券每期利息再投资获得的再投资收益会受利率变动影响。

### 3. 纯债基金

纯债基金专门投资债券，不包含股票等高风险资产，收益稳定，不会大起大落，走势和股票市场一般呈负相关关系，优秀的纯债基金年均收益在5%左右。纯债基金并不承诺保本，在一段时期内收益可能为负（很少超过半年），即使在债券熊市中，业绩中上的纯债基金年收益也很少出现亏损的情况。注意：自2022年1月1日起，《关于规范金融机构资产管理业务的指导意见》（银发〔2018〕106号）正式实施，刚性兑付的保本理财产品将不复存在，银行理财、普通债券、信托不再保本保息。中国十年期国债收益率可近似视为无风险收益率，其波动区间为2.5%~5%，平均收益率约为3.16%，如图5-2所示。债券价格与十年期国债收益率呈负相关关系：在十年期国债收益率高于3.5%时，利率处于相对高位，债券价格相对较低，有上升空间，适合买入债券基金。

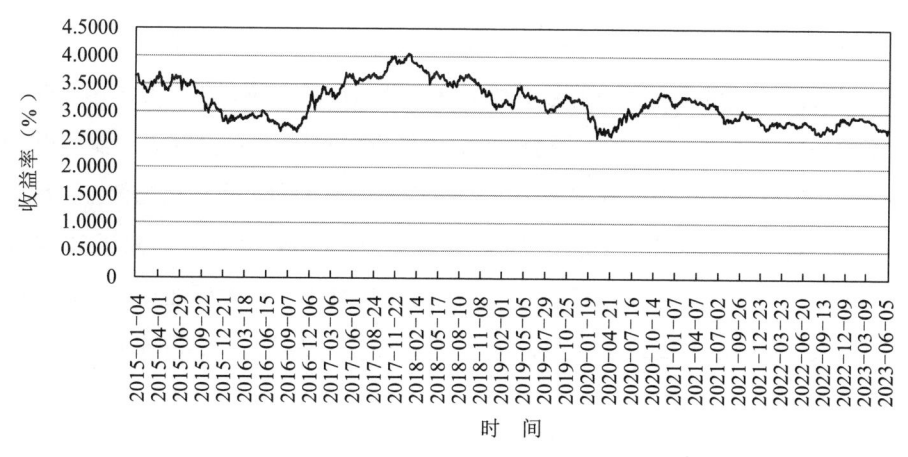

图5-2　2015年1月4日至2023年6月5日十年期国债收益率

### 4. 2022 年 11 月债券价格下跌原因

下面我们以 2022 年 11 月份债券市场大跌为例分析一下要如何应对债券基金回撤。

2022 年 11 月，中国十年期国债收益率从月初的 2.660 5% 上升到 17 日的 2.837 2%，提升了 17.67BP，特别是 2022 年 11 月 11 日后，14 日十年期国债利率上行 10 BP 至 2.84%，因为债券价格与十年期国债收益率呈负相关关系，由此可知债券价格也会产生一定幅度的下跌。来看一下本次债券价格下跌的主要原因。

一是此前由于经济下行压力较大，中国人民银行维持较为宽松的货币政策以增加市场流动性，但因 A 股表现较差，最终这些流动性资金大部分流入债市，这也导致由资金市场上供求关系决定的市场资金利率持续低于政策利率。

后期由于海外紧缩可能性提升及国内相关政策的发布等改善了市场对于经济复苏的预期，中国人民银行在 2022 年 10 月中旬开始对流动性进行收紧，这使得市场利率上升（市场利率上行，债券价格下跌），向政策利率靠拢，并且此时股票性价比较高，经济复苏预期的改善，提升了市场的风险偏好，A 股迎来了一定程度的反弹，部分资金从低风险的债券流出（股债走势上的跷跷板关系）。

二是亏损导致的情绪性恐慌引起的赎回负反馈。投资者情绪形成合力后的群体效应对市场走势影响很大，银行理财产品、债券型基金产生了亏损，引起了投资者的恐慌，开始赎回自己的投资产品，这也加剧了债券价格的下跌：经济复苏→政策弱化→利率升高→债券价格下跌→理财产品、债券型基金净值下跌→投资者恐慌性赎回→基金、理财产品卖出债券资产→债券价格进一步下跌→加速债券市场波动。银行理财产品的底层资产种类较为丰富，包括债券、现金及银行存款、同业存单、权益类资产、公募基金等产品，图 5-3 为截至 2024 年 6 月末银行理财产品的资产配置情况。因为债券类资产占银行理财产品资产的比例较大，所以说 2022 年 11 月债券价格下跌也直接导致了银行理财产品净值下跌。

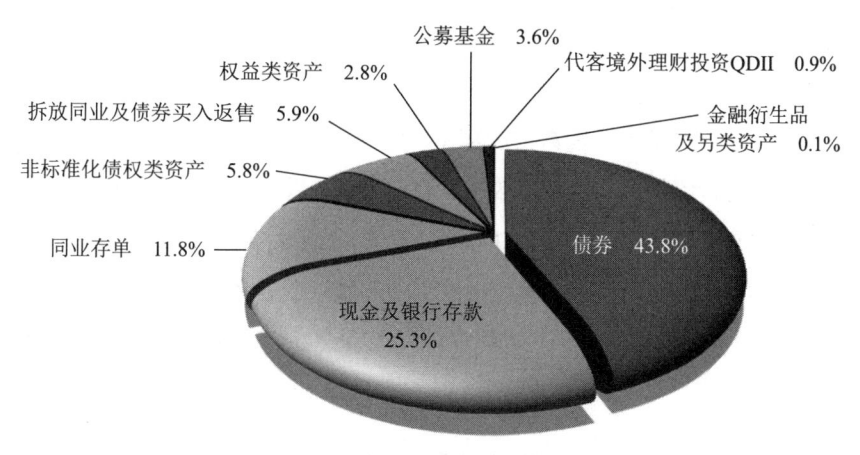

图片来源：银行业理财登记托管中心。

图 5-3　银行理财产品资产配置情况

## 5. 我们要如何应对债券型基金回撤

由图 5-4 中证全债指数回撤图可见，自 2010 年以来，债市共经历过了 4 次熊市，分别是：2010 年 10 月 8 日至 2010 年 12 月 1 日：跌幅约为 3.17%；2013 年 7 月 5 日至 2013 年 11 月 19 日：跌幅约为 4.10%。2016 年 10 月 21 日至 2017 年 5 月 19 日：跌幅约为 3.95%；2020 年 5 月 6 日至 2020 年 9 月 4 日：跌幅约为 2.84%。

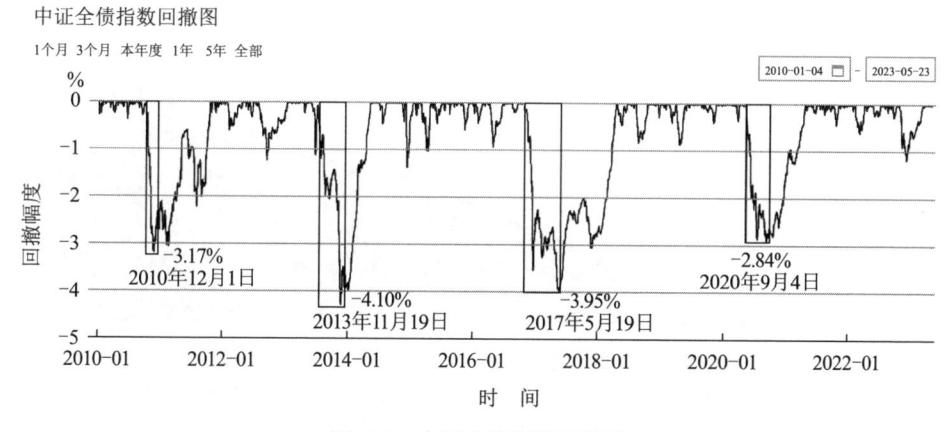

图 5-4　中证全债指数回撤图

再来看一下在进行债券走势分析时可以参考的三个指数。

中证综合债指数由在沪深证券交易所及银行间市场上市的剩余期限为 1 个月

以上的国债、金融债、企业债、央行票据及企业短期融资券构成，反映全市场债券的整体表现。

中证纯债债券型基金指数由按基金合同规定只投资债券的基金组成，且排除分级基金、可转债基金、定期开放式基金、ETF，采用净值规模加权。

中证债券型基金指数样本由中证开放式基金指数样本（由当前市场上除货币型、保本型基金外所有开放式基金组成）中的债券型基金组成。

三种债券指数的收益情况见表 5-1，可以看出，三种指数总体上还是比较稳定的。

表 5-1　截至 2023 年 5 月 31 日三种债券指数收益情况

| 指数代码 | 指数简称 | 收益情况 | | | | | | |
|---|---|---|---|---|---|---|---|---|
| | | 1年年化 | 3年年化 | 5年年化 | 2019年 | 2020年 | 2021年 | 2022年 |
| H11009 | 中证综合债指数 | 3.73% | 3.54% | 4.60% | 4.67% | 2.97% | 5.23% | 3.32% |
| H11023 | 中证债券型基金指数 | 2.24% | 2.48% | 3.49% | 4.22% | 3.27% | 3.93% | 1.06% |
| 930609 | 中证纯债债券型基金指数 | 2.31% | 2.37% | 3.34% | 3.52% | 2.54% | 3.52% | 1.81% |

由图 5-5 中证纯债债券型基金指数在 2016 年 8 月 31 日至 2023 年 6 月 30 日期间的累计收益率走势可知，即使是风险较低的纯债基金在不同时期内也会面

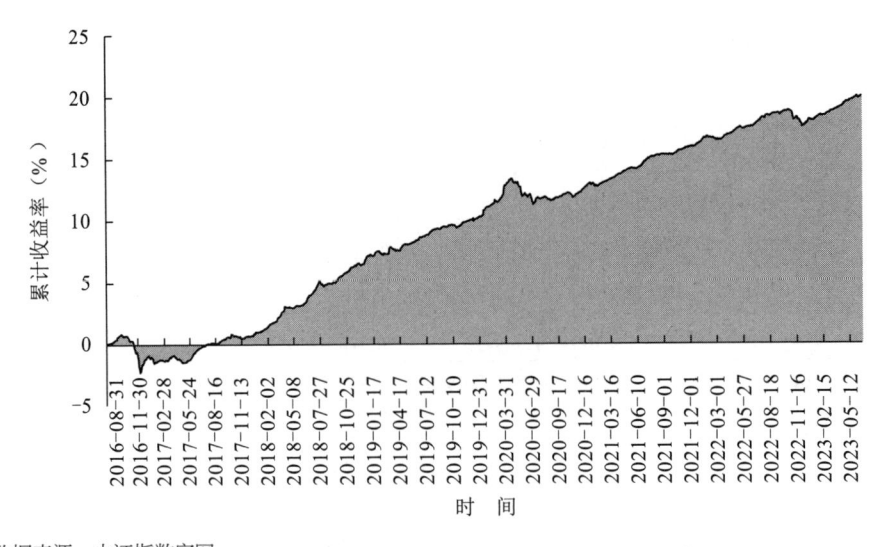

数据来源：中证指数官网。

图 5-5　中证纯债债券型基金指数累计收益率走势图

临一定程度的回撤，投资者可能面临短期亏损，但债市熊短牛长，相对稳定，长期趋势还是上涨的，并且每次回撤之后的回归收益都很可观。这就是在纯债基金连续下跌时你要继续持有还是赎回的一个参考因素：收益一定会转正，但问题是你愿不愿意承受这段时期内资金的时间成本，短期要用的钱就不要拿来投资了。

## （二）货币型基金

并不是所有货币型基金都支持随存随取，即使支持随存随取，在额度上也有一定的限制。我们最熟悉的货币型基金也许就是余额宝了，目前赎回快速到账（2小时内）单日单户限额一万元，普通到账需 T+1。

虽说货币型基金风险非常低，但偶尔也会产生亏损，比如在面临巨额赎回时，基金经理可能以低于公允市价的价格被迫出售基金资产的方式来筹集赎回资金。2005 年 4 月 27 日，鹏华货币 A 每万份收益为 -0.280 4 元，这是我国第一次出现货币型基金亏损的情况。

## （三）银行存款

当前，银行存款利率均有较大幅度下调，下调存款利率，一方面是为了鼓励消费，降低居民存款意愿，让居民手里的钱流动起来，有利于储蓄向投资转化；另一方面是为了鼓励企业以较低利率贷款进行投资发展，从而降低企业融资成本，同时在贷款（银行收取利息）利率下降的情况下通过降低存款（银行支付利息）利率来减轻银行运营负担。

从收益上看：纯债基金 > 银行定期存款（两年起）> 货币型基金。

从流动性上看：一万元额度以内的余额宝等货币型基金赎回到账很快，超过一万元的余额宝到账时间为 T+1；若提前提取定期存款，提取部分按提取时的活期储蓄存款利率计付利息，也就是说，定期存款是可以提前取出的（取款速度挺快的，在银行客户端或者银行网点即可操作），但是利息收益会减少；纯债基金到账时间为 T+1。

## （四）大额存单

大额存单是指由银行业存款类金融机构面向个人、非金融企业及机关团体等发行的、以人民币计价的记账式大额存款凭证，是银行存款类金融产品，属于一般性存款（保本保息，有存款保险保障），利率较同期普通定期存款更具竞争力，可在金融市场上流通转让，较定期存款更为灵活，也可提前支取和赎回，投资门槛高（通常 20 万元起存）。

个人大额存单全部提前支取或部分提前支取的，提前支取部分按支取日发行银行挂牌公告的活期储蓄存款利率计付利息，其余部分（如有）到期时按大额存单开户日约定的存款利率计付利息。部分提前支取的，支取后的剩余金额不得低于该产品的购买起点金额。已部分提前支取的大额存单允许转让，转让后的大额存单仍可部分提前支取。

个人大额存单只允许全额转让，不允许部分转让，配发纸质凭证的个人大额存单仅支持柜面渠道面对面转让，不支持线上转让，按月付息的个人大额存单，不允许转让。

关于大额存单转让，我们举个例子。

张先生用 30 万元本金购买了一笔三年期大额存单，年利率为 3.35%，若持有到期，利息为 3.015 万元。张先生在持有该大额存单一年半时有用款需求，此时估算利息约为 1.507 5 万元（前提是持有到期），若提前支取，只能按活期挂牌利率计息，可获利息为：30 万元 ×0.3%×1.5 = 1 350（元），利息损失：15 075－1 350 = 13 725（元）。

为避免利息损失，张先生决定将大额存单进行转让（可通过银行柜台、手机银行、网上银行等渠道），为促使挂单尽快成交，让利 1 075 元，以 31.4 万元（30 万元 + 1.507 5 万元 － 0.107 5 万元 = 31.4 万元）的价格挂单转让。M 有一笔闲置资金，购买了张先生的大额存单，一年半后到期，到期本息合计为：30 万元 + 30 万元 ×3.35%×3 = 33.015（万元），由于当初购买的价格为 31.4 万元，持有一年半的实际年化利率为（33.015-31.4）÷31.4÷1.5×100% = 3.43%。

由上可知，大额存单转让不仅解决了张先生的资金流动性问题，而且为 M 提供了利率更高、期限更灵活的存款产品，若到期前 M 有用款需求，仍可再次挂单转让，如转让成功可以提前变现，避免因提前支取造成利息损失。

当大额存单额度售罄无法购买时，可以购买转让中的大额存单，由于转让中的大额存单距离到期时间不同，客户可以根据自身资金配置需求，选择合适的期限，相对于普通定期存款，大额存单的期限更为丰富、灵活。比如，一笔存期三年的大额存单，客户在持有一年九个月的时候转让，剩余存期一年三个月，受让方相当于买入一笔 15 个月期限的理财产品。

表 5-2 为中国银行 2023 年 6 月 8 日起发售的 2023 年第二期个人大额存单信息：不同银行的定期存款利率、大额存单利率还是有差异的，特别是部分中小银行的存款利率、大额存单利率较四大行会高一些。

表 5-2  中国银行 2023 年第二期个人大额存单信息表

| 期 限 | 起点金额（万元） | 年化利率 | 发售对象 | 付息规则 |
| --- | --- | --- | --- | --- |
| 1 个月 | 20 | 1.59% | 个人客户 | 到期还本付息，允许全部提前支取和一次部分提前支取，提前支取部分按照支取日我行挂牌公告的活期存款利率计息 |
| 3 个月 | | 1.60% | | |
| 6 个月 | | 1.80% | | |
| 1 年期 | | 2.00% | | |
| 2 年期 | | 2.35% | | |
| 3 年期 | | 2.90% | 特定客户 | |
| 5 年期 | | 2.95% | | |

## （五）国债与国债逆回购

通俗点来说，国债就是借钱给国家，国债逆回购则是借钱给用国债作为质押物的借款方，两种投资风险都很低。

### 1. 国债

又称国家公债，是国家为筹集财政资金而以其信用为基础发行的政府债券，是中央政府向投资者出具的、承诺在一定时期支付利息、到期偿还本金的债权债务凭证，我国的国债专指财政部代表中央政府发行的国家公债，在我国，投资国债免缴利息税。目前，我国国债有储蓄国债与记账式国债两种，可在财政部网站查看国债发行计划。

储蓄国债。储蓄国债是财政部在中华人民共和国境内发行、以吸收个人储蓄资金为目的，满足长期储蓄性投资需求，通过储蓄国债承销团成员面向个人销售的不可流通且记名的人民币国债品种。储蓄国债的发行利率固定，且高于相同期限银行储蓄存款利率，利息收入免征个人所得税，发行期次多，储蓄国债认购金额 100 元起，并以 100 元的整数倍递增。储蓄式国债按照记录债权形式的不同又分为储蓄国债（电子式）和储蓄国债（凭证式），二者均实行实名制，仅面向个人投资者销售，不得更名，不得流通转让。

表 5-3 为 2023 年财政部发行的储蓄式国债与记账式（付息）国债：在相同利率环境下，储蓄式国债同期限品种的发行利率相近，记账式（付息）国债利率低于储蓄式国债利率。

表 5-3　2023 年储蓄式国债与记账式（付息）国债利率

| 国债品种 | | 期　　数 | 利　　率 |
| --- | --- | --- | --- |
| 储蓄式国债 | 电子式 | 第三期（3 年） | 2.95% |
| | | 第四期（5 年） | 3.07% |
| | 凭证式 | 第三期（3 年） | 2.95% |
| | | 第四期（5 年） | 3.07% |
| 记账式（付息）国债 | | 第十四期（7 年） | 2.62% |

储蓄国债（电子式）和储蓄国债（凭证式）区别如下。

认购方式不同：购买储蓄国债（电子式）需开立储蓄国债托管账户并指定对应的资金账户后，使用资金账户中的存款购买。投资者可通过网银、手机银行、储蓄国债承销团成员营业网点柜台办理个人国债账户开立及储蓄国债（电子式）认购。储蓄国债（凭证式）仅可通过储蓄国债承销团成员营业网点柜台办理认购，可挂失。

购买情况记录方式不同：储蓄国债（电子式）以电子记账方式记录投资者的购买情况；储蓄国债（凭证式）以"中华人民共和国储蓄国债（凭证式）收款凭证"方式记录投资者购买情况。

起息日不同：储蓄国债（电子式）从发行公告中规定的发行期开始日起息；储蓄国债（凭证式）从投资者购买当日开始起息。

付息方式不同：储蓄国债（电子式）按年付息，到期支付本金及最后一次利息。储蓄国债（凭证式）到期一次还本付息。

到期兑付方式不同：储蓄国债（电子式）到期时将本金和最后一次利息自动转入投资者资金账户，无须办理任何操作。储蓄国债（凭证式）到期后投资者需到柜台交还"中华人民共和国储蓄国债（凭证式）收款凭证"并办理兑付，逾期兑付不加计利息。

储蓄国债（电子式）在发行期内不可提前兑取，储蓄国债（凭证式）在发行期内可提前兑取，发行期最后一天不可提前兑取。可以通过提前兑取或向原购买储蓄国债的承销团成员以质押贷款方式将储蓄国债提前变现。持有期内持券人如有资金需求，可在规定时间内办理提前兑取，提前兑取按兑取本金数额的1‰收取手续费，表5-4为储蓄国债（电子式）提前兑取计息方式。

表5-4　2023年第三期和第四期储蓄国债（电子式）提前兑取计息方式

| 储蓄国债（电子式）持有时间 | 提前兑取计息方式 |
| --- | --- |
| 持有期<6个月 | 不计付利息 |
| 6个月≤持有期<24个月 | 按票面利率计息并扣除180天利息 |
| 24个月≤持有期<36个月 | 按票面利率计息并扣除90天利息 |
| 36个月≤持有期<60个月 | 按票面利率计息并扣除60天利息 |

注：2017年，为便于国债分类管理，凭证式国债正式更名为储蓄国债（凭证式），2000年，无记名（实物）国债退出国债发行舞台。

记账式国债是由财政部面向社会各类投资者通过无纸化方式发行的、以电脑记账方式记录债权，可以记名、挂失、上市交易和流通转让的国债品种，个人或机构都可以购买，可以在商业银行记账式国债交易柜台或证券交易所通过股票账户交易记账式国债。

记账式国债持有到期，可以获得固定年利率，与储蓄国债相比，其利率相对较低。也可在二级市场交易，仅需支付少量交易手续费，不损失利息，仍可享受按票面利率支付的持有期利息，有较强的流动性，同时，其在二级市场的交易价格受市场利率及供需关系决定，有一定的波动性，若交易产生的亏损大于国债利息收益，则持有国债会产生亏损。记账式国债面值为100元/张，在二级市场购买记账式国债最少为1 000元面值，即1手（1手为10张），按照付息方式的不同可分为记账式附息国债和记账式贴现国债。

附息国债：利息一般按年或半年支付，到期归还本金并支付最后一期利息。

贴现国债：指在票面上不规定利率，往往以低于债券面值的价格发行，到期按面值支付本息的债券，例如，以80元的发行价格认购了面值为100元的三年期的贴现债券,那么,在三年后,可兑付到 100 元的现金,其中 20 元的差价可理解为债券的利息。

储蓄国债与记账式国债对比。

储蓄国债与记账式国债的主要差异见表 5-5。

表 5-5　储蓄国债与记账式国债主要差异

| 国债品种 | | 发行对象 | 购买渠道 | 流动性 | 到期前是否可以确定收益 | 付息方式 |
|---|---|---|---|---|---|---|
| 储蓄国债 | 电子式 | 个人 | 储蓄国债承销团成员营业网点柜台、网银、手机银行 | 只能在发行期认购,不能上市流通。可以提前兑取,靠档计息 | 可以。若持有到期,则获得约定收益;若提前兑取,需支付手续费,会损失利息,按实际持有时间和相对应的分档利率计付利息 | 按年付息 |
| | 凭证式 | | 储蓄国债承销团成员营业网点柜台 | | | 到期一次性还本付息 |
| 记账式国债 | | 个人或机构 | 记账式国债承销团成员营业网点柜台、证券交易所 | 可以上市流通,可以在二级市场买卖。不可以提前兑取 | 不可以。若持有到期,则获得约定利息;若未持有到期且在二级市场变现,需支付少量交易手续费,承担价差风险,不损失利息 | 附息债券每年一次或多次付息;零息债券到期按票面金额兑付 |

## 2. 国债逆回购

先来看一下在各类金融资讯中会经常遇到的央行回购这一概念。央行回购可分为正回购与逆回购,二者都是中国人民银行调整货币政策的工具,是中国人民银行在公开市场上吞吐货币的行为。正回购为中国人民银行向一级交易商卖出有价证券,并约定在未来特定日期买回有价证券的交易行为,是中国人民银行从市场收回资金、减少市场流动性的操作,正回购到期则为中国人民银行向市场投放流动性的操作;逆回购为中国人民银行向一级交易商购买有价证券,并约定在未来特定日期将有价证券卖给一级交易商的交易行为,是中国人民银行向市场上投放流动性的操作,逆回购到期则为中国人民银行从市场收回流动性的操作。

国债逆回购其实是一种短期贷款,本质上是以国债为质押物的融资活动,也即投资者通过国债回购市场把自己的资金借出去,获得固定利息;而回购方,也就是借款方用自己的国债作为抵押获得这笔借款，到期后还本付息。国债逆回购收益率并不高，不适合中长期投资，可作为短期的现金管理工具。国债逆回购利率在特定时期内会高于国债，比如在元旦、春节、国庆等长节假日之前或者月末、季末、年末资金面紧张时，但持续时间短，整体收益不如国债。

国债逆回购票面利率会受市场利率、资金充足度影响，当市场利率上涨或市场上资金短缺时，票面利率会上涨，反之则会下跌。但当我们购买之后，持有的国债逆回购利率是固定的，成交即锁定收益率，按照购买时的利率计算收益，即使以后同期产品价格出现波动，也不会受到影响。国债逆回购品种较多，期限从1天到182天不等，交易方式与股票类似，如图5-6所示。

图 5-6 国债逆回购交易

国债逆回购对账户与资金的要求如下。

账户：沪市需开立上海股东账户或场内基金账户，深市需开立深圳股东账户。

资金：沪市、深市最低参与额均为1 000元人民币。

国债逆回购按不同产品期限对应的手续费范围在0.001%～0.03%。国债逆回购到期日，本金及利息自动到账，无须任何操作，资金到账日只能是交易日，如果到期当天为非交易日，则顺延至下一交易日入账。

### 3. 国债与国债逆回购差异

国债与国债逆回购主要差异见表 5-6。

表 5-6　国债与国债逆回购对比

| 金融工具 | 发行人 | 担保物 | 持有期 | 购买渠道 | 流动性 | 投资门槛 |
| --- | --- | --- | --- | --- | --- | --- |
| 国债 | 财政部 | 国家信用 | 储蓄国债以三年、五年期为主；2023年第三季度记账式附息国债期限：1/2/3/5/7/10/30年；2023年第三季度记账式贴现国债期限：28/63/91/182天。 | 银行、证券交易所 | 国债逆回购期限相对较短，流动性更强一些；但可上市交易的记账式国债，流动性也很好 | 起购金额最低为100元 |
| 国债逆回购 | 通常为持有国债的金融机构 | 国债 | 1天到182天 | 证券交易所 | — | 起投金额最低为1 000元 |

## 三　资产配置

资产配置是指投资者根据自身实际情况与投资目标，结合市场行情，制定投资组合，把投资资金合理分配在不同风险收益特征的资产上，在追求目标收益的同时，力求降低投资风险，实现资产的长期稳健增长。合理的资产配置可以让我们更加从容地面对市场风险，不至于因恐惧于市场波动而在不合适的时候"割肉"卖出手里的资产。

马科维茨说过："资产配置多元化是投资的唯一免费午餐。"我们投资之前，应该做好资产配置规划，然后，在接下来的投资过程中根据实际情况执行并灵活调整规划。

其实，基金只是我们投资组合中可以配置的金融资产之一，其他诸如股票、房产、黄金、债券、大宗商品、收藏品等投资品种都可以根据个人实际情况作为自己投资组合的一部分。国内常见的资产管理机构类型及其资产管理业务如图 5-7 所示。

| 机构类型 | 资产管理业务 |
|---|---|
| 基金管理公司及其子公司 | 公募基金、集合资产管理计划、单一资产管理计划、各类养老金、企业资产支持证券 |
| 私募机构 | 私募证券投资基金、私募股权投资基金、创业投资基金、私募资产配置基金及其他私募投资基金 |
| 信托公司 | 单一资金信托、集合资金信托 |
| 证券公司及其子公司 | 公募基金、集合资产管理计划、单一资产管理计划、私募子公司私募基金、各类养老金、企业资产支持证券 |
| 期货公司及其子公司 | 集合资产管理计划、单一资产管理计划 |
| 保险公司 保险资产管理公司 | 公募基金、万能险、投连险、管理企业年金、养老保障及其他委托管理资产、资产支持计划 |
| 银行 | 非保本银行理财产品、私人银行业务 |
| 消费金融公司 | 信贷资产支持证券 |

图片来源：中国证券投资基金业年报（2021）。

图 5-7　资产管理机构类型及其资产管理业务

加里·布林森对资产配置也极为推崇，他曾说过："从长远看，大约 90% 的投资收益都是来自于成功的资产配置。"表 5-7 为 2013 年至 2022 年不同资产的收益情况，如果只是购买某一类别资产，并不能分散风险。

表 5-7　2013 年至 2022 年不同资产收益情况

| 年份 | A 股 | 港股 | 美股 | 债券 | 黄金 | 商品 |
|---|---|---|---|---|---|---|
| 2013 年 | −7.60% | 2.87% | 29.60% | 0.50% | −27.90% | −12.40% |
| 2014 年 | 51.70% | 1.30% | 11.40% | 10.40% | −1.60% | −16.50% |
| 2015 年 | 5.60% | −7.20% | −0.70% | 8.20% | −10.40% | −14.50% |
| 2016 年 | −11.30% | 0.40% | 9.50% | 1.80% | 8.70% | 51.30% |
| 2017 年 | 21.80% | 36.00% | 19.40% | 0.20% | 13.30% | 7.90% |
| 2018 年 | −25.30% | −13.60% | −6.20% | 8.20% | −1.90% | −5.80% |
| 2019 年 | 36.10% | 9.10% | 28.90% | 4.60% | 18.60% | 15.60% |
| 2020 年 | 27.20% | −3.40% | 16.30% | 3.00% | 24.90% | 7.40% |
| 2021 年 | −5.20% | −14.10% | 26.90% | 5.10% | −3.40% | 20.90% |
| 2022 年 | −21.60% | −15.50% | −19.40% | 3.30% | 0.10% | 19.70% |

注：这里使用沪深 300 指数代表 A 股、中债综合指数代表债券、南华商品指数代表商品、香港恒生指数代表港股、标普 500 指数代表美股、纽商所 COMEX 黄金期货价格代表黄金。

在资产配置过程中，可以参考美林时钟，了解在不同经济周期中应该配置何种类型的资产。

## （一）美林时钟

美林时钟是由美林证券提出的基于宏观经济周期进行资产配置的理论，根据经济增长（GDP）与通胀（CPI）的变动情况把经济周期分为衰退、复苏、过热与滞胀四个时期，并进行周期轮动，将资产分为股票、大宗商品、债券与现金四类，如图5-8所示。

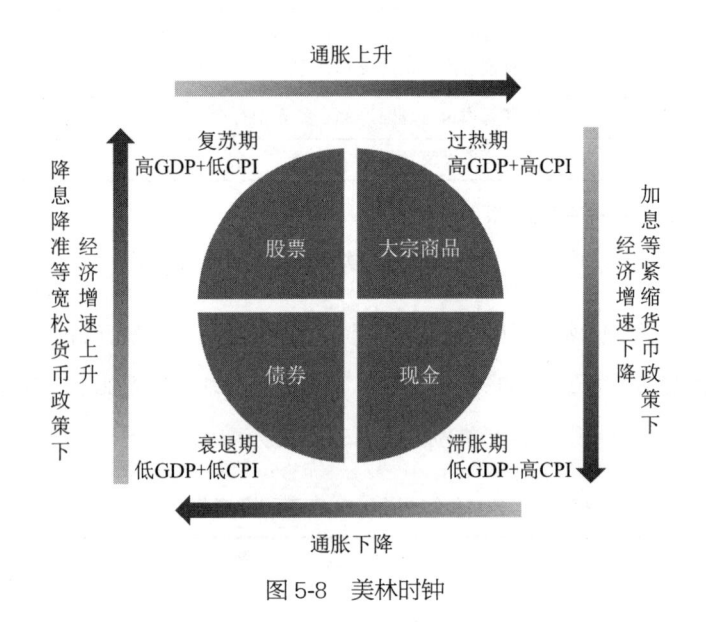

图 5-8　美林时钟

### 1. 衰退期

经济下行（低GDP），通胀下行（低CPI）。

衰退期经济低迷，需求疲软，为刺激经济增长，中国人民银行可能会采取宽松的货币政策，增加市场资金的流动性，比如降息、降准等措施。此时，市场利率降低，我们知道债券价格与利率呈反向变动关系，所以，此时债券类资产表现较好。

此阶段各类资产的表现：债券 > 现金 > 股票 > 大宗商品。

## 2. 复苏期

经济上行（高 GDP），通胀下行（低 CPI）。

货币政策效果显现，经济形势开始好转，企业盈利能力提升，受益于经济复苏预期及各种利好政策等因素，此时持有股票资产表现最佳。

此阶段各类资产的表现：股票＞债券＞现金＞大宗商品。

## 3. 过热期

经济上行（高 GDP），通胀上行（高 CPI）。

在此阶段，通胀开始上行，经济有过热风险，为遏制这种情况，中国人民银行可能采取加息、提高存款准备金等紧缩的货币政策。紧缩的货币政策也会导致利率上升，此阶段债券资产的收益也变得很差。在通胀情况下，货币贬值，此时应降低现金资产的比例，但通胀会导致大宗商品需求增加，价格上涨，此时持有大宗商品收益最好。

此阶段各类资产的表现：大宗商品＞股票＞现金/债券。

## 4. 滞胀期

经济下行（低 GDP），通胀上行（高 CPI）。

企业盈利下滑，加之前期股价过度上涨，此时回调可能性增大，不适合持有股票资产。由于通胀持续，大宗商品仍有阶段性上涨行情，该阶段持有现金类资产可以有效降低风险。

此阶段各类资产的表现：现金＞大宗商品＞债券＞股票。

美林时钟提供了在不同经济周期阶段的资产配置建议，对此，我们一定要结合市场行情来分析，可以参考，但不要盲从，毕竟周期走势难以预测，产生偏离是正常现象。

## （二）合理进行资产配置

在进行资产配置时，要确保自己的预期收益与风险承受能力相适应，确定适合自己的投资品种与投资周期，灵活执行组合构建计划，并且要对组合及时复盘、调优。

### 1. 预期收益与风险承受能力相适应

有的投资者风险承受能力很低，甚至不想承担任何风险，面对很小的回撤就坐立不安，却又想着每年获得超过 10% 的收益率，他们的风险收益预期是不合理的。如果因为想获取高收益而把自己的大部分资产配置在与自身风险承受能力不匹配的股票、行业类基金等这样的高风险资产上，很有可能被市场回撤时的大跌吓破了胆，从而将手里的资产"割肉"卖出。

不要高估自己的风险承受能力，可能我们在做风险测试的时候，感觉自己的风险承受能力很强，在基金亏损 20% 的情况下还能继续持有，但当真的遇到了上述亏损的情况，或许刚刚亏损 10% 自己就拿不住了。

确定好自己的预期收益与风险承受能力后，我们还需要了解不同金融资产的风险收益特征，选择适合我们的投资资产，例如，在构建基金组合时要知道不同类型的基金收益与风险特征，一般来说，权益类资产的收益与风险波动较大，在风险承受能力允许的情况下，可以在组合中通过配置部分权益类基金来增加长期收益。

在进行资产配置时，还要考虑自己的资产及收入情况，风险承受能力也与个人资产额度有关，资金越大，可能更关注的是本金的安全性、收益的稳定性，大资金获取的持续稳定的收益就超过了多数人，比如在 1 000 万元 5% 的年收益率下获得的收益就远超在 10 万元 100% 的年收益率下获得的收益了。

### 2. 确定投资品种与投资周期

对于配置何种金融资产及每种金融资产的配置比例与配置周期，在构建投资组合前要有一个清晰的认知。各种资产之间的相关性尽量要低，这样更有利于分散风险。可以用相关系数来衡量投资品种之间的相关性强弱，其值范围在 $-1 \sim 1$，相关系数越接近于 0，表示资产间的相关性越弱，通常相关系数的绝对值大于 0.7 时，表示相关性很强。若相关系数为 1，则投资品种完全正相关，同涨同跌，并且涨跌幅度相同；若相关系数为 0，则投资品种完全不相关，表现互不影响；若相关系数为 $-1$，则投资品种完全负相关，涨跌相反，并且涨跌幅度相反。在正常情况下，很少出现相关系数为 0、$\pm 1$ 的情况。表 5-8 为不同资产之间的相关性。

表 5-8　不同资产间相关系数（2020 年 3 月 29 日至 2023 年 3 月 29 日）

| 相关系数 | 沪深 300 指数 | 中证综合债指数 | 上期所黄金 | 纽商所原油 |
| --- | --- | --- | --- | --- |
| 沪深 300 指数 | 1.00 | −0.58 | −0.39 | −0.23 |
| 中证综合债指数 | −0.58 | 1.00 | 0.15 | 0.79 |
| 上期所黄金 | −0.39 | 0.15 | 1.00 | −0.04 |
| 纽商所原油 | −0.23 | 0.79 | −0.04 | 1.00 |

如果投资组合中只配置了股票或者持仓相似的权益类基金，即使数量再多，遇到熊市也会产生较大损失。在进行资产配置时，每种资产的投资周期也很重要。同样的投资决策，从不同的时间维度、投资周期来看，结果可能相去甚远，此时之"失"未必不是将来之"得"。如果你计划中的持有期是一年，在连续下跌期间，可能止损是很合理的操作，如果你的持有期是三年甚至更久，可能不仅不需要止损，而是要逢低分批买入了。

### 3. 灵活执行组合构建计划

投资组合规划好后，就可以根据规划的配置比例分批买入金融资产了，这个过程不是一蹴而就的，比如在规划的组合中 A 基金的比例为 20%，并不是将计划中资金的 20% 一次性全部买入 A 基金，这个操作是要根据市场行情来的，建议逢低分批买入。也有可能在买入过程中发现有比 A 基金更适合的基金，这时我们也需要调整我们的组合规划。在进行投资时，要学会空仓或者低仓，有些投资者只要手里有闲置资金就想买入，这是不合理的，没有考虑市场行情，有可能好机会到来时，已没有足够的资金了，应尽量减少交易时机不合理造成的损失，不要让我们的组合在市场风险很大时还在高位运行，可以增长得慢，但不要跌得太多。在构建组合计划时，对不合适的地方要及时调整，理财要灵活。

### 4. 组合复盘、调优

没有一劳永逸的投资组合，理财没有想象的那么简单，对组合中的产品要及时检查，对于不适合的产品要及时更换，不要对自己持有的理财产品产生感情。比如可以根据基金季报查看基金的持仓是否还符合自己的投资方向、基金经理有无变动、基金业绩在同类型基金中的表现等。另外，也需要根据市场行情、个人投资风格来调整自己的投资组合。

等到潮水退去，才知道谁在裸泳，在理财时构建一个适合自己的投资组合、做好资产配置是很有必要的。市场上从不缺"黑天鹅"事件，你永远不知道市场何时会送给你一只"黑天鹅"。

## （三）资产配置举例

以笔者的资产配置为例，抛砖引玉，每种资产配置的比例因人而异，有人1%的资产就超过了别人100%的资产。随着年龄的增长，风险偏好可以适当降低，在不同市场环境下，稳健资产与风险资产占比也需调整。

### 1. 保险：社会保险＋商业险

为自己及家人配置好保险，就是为自己的家庭增添一份保障，就是对自己的家庭负责。未来是不确定的，保险可以在一定程度上做到风险转移，降低"因病致贫、意外致贫"的风险。就算你不去做其他投资，也要为自己及家人配置合适的保险。一定要配置保险，无论是职工医疗保险还是农村合作医疗，这都是最基础的。

在这些基础保险上，还可以考虑一些商业保险，因为这些基础保险保障并不是很完善，另外，不同的企事业单位的报销比例也是不同的，大多数人的报销比例并不是很高。商业险不要乱买，不要被忽悠，适合自己的才是最好的。买保险要明确自己的首要目的，无论是消费型保险还是储蓄型保险，都是以为自己及家人提供医疗保障为主。笔者没有买储蓄型、分红型保险，于我而言，保险是用来应对未来不确定风险的，不是用来理财的。我每年的保险费用占比并不高，但够用。家人都有社会保险，也补充了商业险（意外险、医疗险、重疾险）。

### 2. 日常使用、应急资产：货币型基金和银行存款

该部分资产的配置是我们要花的钱，主要是日常生活花费和在紧急情况下的备用资金，要保证安全且随时可用，可以放在银行或者货币型基金中，资金量小的话，收益差别可以忽略，笔者目前的该类资产占比为10%。

银行：考虑到节假日、转出限额等因素，银行到账比较快。

货币型基金：目前余额宝等货币型基金快速到账（2小时内）每日限额为1万元，普通到账需T+1，这一点额度是不够的。

### 3. 稳健、避险资产：纯债基金和定期存款

主要用于未来可预见的支出，比如买车、子女教育等。该部分资产配置用来保值升值，以稳为主，同时可以带来一定的持续收益，年均收益为 3%～5%。

笔者主要配置的是纯债基金，同时也存了一部分定期存款（含大额存单），共占比 30%。纯债基金风险低，可以作为一个很好的避险资产。因为纯债基金本身收益并不高，所以购买纯债基金时一定要考虑成本（申购费、赎回费、运作费等），随着持有期增加，基金赎回费可以低至 0。表 5-9 为 2008—2022 年沪深 300 指数与中证综合债指数收益情况，由数据可知：债券基金出现亏损的概率比较低，纯债基金就更低了，"股债双杀"的情况比较少见，所以，在基金组合中配置部分纯债基金是可以避险的。

表 5-9 沪深 300 指数与中证综合债指数收益情况

| 年 份 | 沪深 300 指数 | 中证综合债指数 |
| --- | --- | --- |
| 2008 年 | −65.95% | 11.92% |
| 2009 年 | 96.71% | −0.39% |
| 2010 年 | −12.51% | 2.48% |
| 2011 年 | −25.01% | 5.55% |
| 2012 年 | 7.55% | 3.59% |
| 2013 年 | −7.65% | −0.43% |
| 2014 年 | 51.66% | 9.75% |
| 2015 年 | 5.58% | 7.95% |
| 2016 年 | −11.28% | 2.12% |
| 2017 年 | 21.78% | 0.28% |
| 2018 年 | −25.31% | 8.12% |
| 2019 年 | 36.07% | 4.67% |
| 2020 年 | 27.21% | 2.97% |
| 2021 年 | −5.20% | 5.23% |
| 2022 年 | −21.63% | 3.32% |

避险资产不要求能够取得多高的收益，而是可以在你资产组合中的其他资产大幅下跌时保持稳定，甚至有小幅上涨，降低组合的波动性；当你的其他资产因为大幅下跌而产生较大损失时，你的避险资产可以拿来使用而不用担心卖出其他波动性资产。

### 4. 风险投资资产：股票 + 股票型和混合型基金

这部分投资主要是为了获取超额收益，需要承担一定的风险，要结合自己的风险承受能力来决定是否配置，量力而行，注意配置比例，笔者的风险投资资产占比为 55%（在不同行情、不同年龄阶段，每种资产的配置比例都是会改变的），宽基类指数基金我一般不会购买（收益太差），另外，对于短期内要用的资金，比如一年以内要用的资金，不适合投资风险较高的权益类基金，也不适合买封闭期过长的基金。要记住，高风险并不等于高收益，股市或许真的不适合大多数人，不要妄图用几万元在股市实现财富自由。

笔者大部分资金配置在基金上，买股票主要是为了解市场走势，买了才在乎，有利于自己关注市场走势，关注持有基金的重仓股表现。笔者风险承受能力高一些，除纯债基金外，我一般购买股票型或混合型基金，当然，这其中包括行业类基金。笔者不会过度重仓某一行业基金，除去纯债基金，一般会将基金资产的 1/4～1/3 配置到某一只基金上。

千万不要抱有这种想法：我要是用全部资金买入某只大火的行业基金，那不是会大赚？没有基金会一直上涨的，只买一类基金虽说收益可能更高，但是当市场风格轮换时，后悔就晚了。可以考虑构建一个适合自身情况的基金组合，做好风险控制，抓住板块轮动机会，一定不要觉得今年某行业是趋势就把所有资金都投在该行业上。基金理财不能只求跑得快，还要跑得稳、跑得远。对于行业类基金，业绩很难保持稳定：当属于该行业的行情到来时，会获得远超市场的收益；当行情不再时，也会让你大幅亏损。

对于已经取得高收益的行业类基金一定要及时止盈，但人是有贪婪的一面的，总想赚更多，而想赚更多就必须以我们已取得的收益和本金来冒险。很多基金的业绩是有一定周期性的，这也是由市场的周期性决定的，就最近几年行情来看，对于行业类基金，趋势变换太快。

笔者感觉持有 3～5 年太久了，尤其是很多基金成立以来的业绩还不如近两三年的业绩，所以，如果我们的持仓周期没那么久的话，可以考虑适时止盈。

资产配置的工具、比例因人而异，要灵活，比如有人不想持有纯债基金，更倾向于定期存款，那完全可以把资金存定期，这里只是要让大家知道：要用资产配置的观念去理财。我们无法预测市场，但我们可以学着应对市场。在开始理财之前，先考虑风险，根据自身实际情况构建一个适合自己的投资组合，做好资产配置。资产合理配置好后，就算市场下跌，也无须过度担忧。我们甚至可以这样想：当市场行情不好时，投资标的变得相对便宜，可以在熊市或市场低迷时买入更多的基金份额，等到行情好转时可以获取更多的收益，反其道而行之，在别人恐惧时贪婪。

## 四 基金组合

当市场整体环境表现正常或者很好，而你的基金却亏损了时，很有可能是你的基金组合有问题。在构建基金组合时，要结合自己的实际情况（收益目标、投资期限、财务状况、风险承受能力等），对组合中的基金慎重筛选，合理搭配，适度分散风险。

市场或许会变，但人不会变，人性不会改变。市场的每一次普跌，都会使部分人清仓出局，对于基金理财来说，只要做好了资产配置，不因恐惧于市场大跌或者急用钱而割肉，你的账户就真的是一堆数字。总有人好了伤疤忘了疼，选择性遗忘市场行情连续下跌时自己的状态，理财永远要有风险意识，理财是让生活变得更好，而不是给自己添堵的。

### （一）基金组合形式

常见的基金组合形式有哑铃式、核心卫星式、金字塔式三种，可能你对其概念并不熟悉，但在构建基金组合的过程中已经使用过了。在实际投资过程中，不要囿于这些概念性的基金组合形式，理财应灵活。

#### 1. 哑铃式

哑铃式组合就是选择投资风格差异较大的两类投资产品进行组合，能够比较好地分散风险，结构简单，便于管理。对于基金来说，哑铃式基金组合就是选择两类风险收益特征不同的基金来配置基金组合。常见的哑铃式基金组合如：大盘类基金与中小盘类基金组合，价值型基金与成长型基金组合，股票型或混合型基金与债券型基金组合等。

笔者比较常用的组合是股票型或混合型基金＋债券型基金组合，这里要注意：两种基金并不是指仅选择两只基金，可以理解为每种基金是由几只基金构成的组合。

### 2. 核心＋卫星式

"核心＋卫星式"组合是指将基金组合分为"核心"与"卫星"两部分。其中，核心部分只有一个，占用了组合中的大部分资金，以追求稳健收益为主，作为组合的"压舱石"，起到稳定组合整体收益、降低波动的作用，可以选择长期业绩稳定并在同类型基金中排名中上的基金，比如一些混合类基金、债券型基金等，原则上不应频繁变动。卫星部分可以有多个，以获取超额收益为主，可以选择收益与风险波动较大的基金，比如行业类基金，需要跟踪市场走势，根据板块轮动进行持仓调整，比较依赖投资者的经验。核心部分可以是由几只不同的基金组成的组合：比如选择2～3只长期业绩稳定并在同类型基金中排名中上的基金组成核心部分，尽量降低与卫星部分的相关性。

不同风险承受能力的投资者可以根据自己的投资目标、市场环境等来调整核心与卫星部分的比重，从而控制整个组合的风险程度。

### 3. 金字塔式

金字塔式基金组合底部是低波动、低收益的资产，比如纯债基金、货币型基金等，占组合权重最大，如50%，以追求稳健收益、降低组合波动为主；腰部以中风险资产为主，比如平衡型混合基金、策略指数基金等，在组合中权重适中，比如30%；顶部资产波动较大，比如股票型基金、行业类基金、偏股混合基金等，在组合中权重较低，比如20%，用来获取超额收益，如图5-9所示。

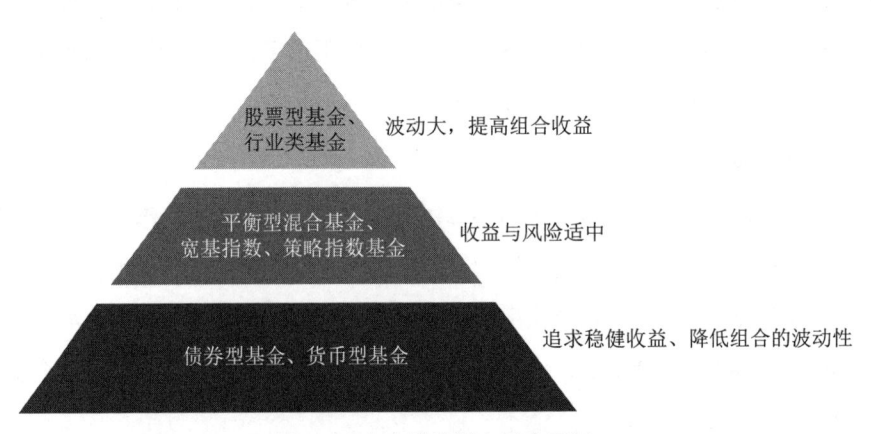

图5-9　金字塔式基金组合配置

## （二）如何构建基金组合

那么我们该如何构建自己的基金组合呢？在回答这个问题前，先看一下图 5-10 中不同类型基金的收益与风险对比，了解后才能更好地根据自身实际情况选择合适类型的基金，很明显：高收益总是伴随着高风险，反之，则未必成立。

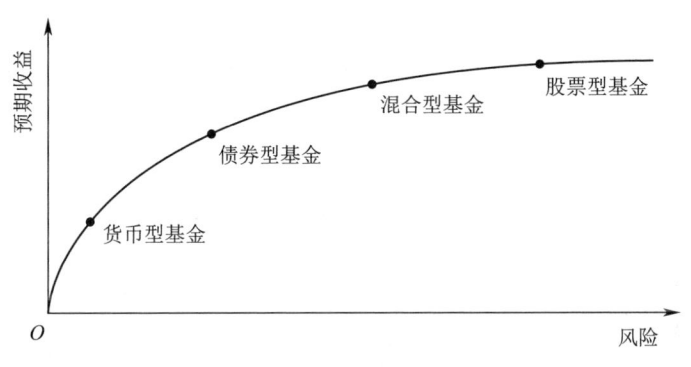

图 5-10　不同类型基金收益与风险对比

在构建基金组合时，要根据个人实际情况来确定选择何种类型的基金及每只基金的配置比例，另外，还需要根据市场行情、组合中基金的表现及时调整组合。

### 1. 在基金组合中要配置一定比例的纯债基金来避险

纯债基金有以下优点。

一是波动低，可作为避险资产。

纯债基金可以作为组合中的一部分，其随股市波动小，可作为避险资产，应急时可以卖掉，损失的可能性很小，只不过是赚得少一些，前提是要选择一只在同类型基金中排名中上的纯债基金。股票型基金、混合型基金等权益类基金波动大，有可能在你急用钱时下跌很大，这时你就只能亏损卖出了，从而失去了市场恢复后获利的机会。相对于纯债基金，货币型基金的收益太低。建议大家合理分配自己的资金进行理财，除了留出部分日常生活所需资金外，还要留出一部分应急资金，这部分资金可以放在银行中（紧急使用还是银行快，随取随用，基金的话今天交易日卖出，第二个交易日才到账，支持快速取现的货币型基金又有额度限制）。

债券型基金因为波动小，不适合做定投，其风险较低，收益自然也不高，这里不推荐可转债基金，因为风险相对较偏高。来看一下截至2023年6月30日中证可转债债券型基金指数（其样本为基金全称中含"转债"或"可转换"字样的所有债券型基金）近几年的收益情况，见表5-10，整体波动还是比较大的。

表5-10　中证可转债债券型基金指数收益情况

| 时间 | 1年 | 3年年化 | 5年年化 | 2019年 | 2020年 | 2021年 | 2022年 |
|---|---|---|---|---|---|---|---|
| 收益率 | -9.29% | 3.96% | 7.04% | 25.46% | 19.45% | 18.79% | -20.54% |

混合类债券基金由于可以持仓不超过20%的股票，所以是有一定波动性的，在熊市中起不到避险的作用，但是风险较指数类、混合类、股票类基金低，也可以考虑作为组合中的一部分。

二是表现优异的纯债基金年均收益率在5%左右，且省心省力。

对于风险承受能力低的朋友在理财时可以以纯债基金为主，获取稳健收益，然后再配置一定比例的权益类基金，获取超额收益。好的纯债基金年均收益可以达到5%左右，比货币型基金、银行存款要强不少，波动性也适合普通的投资者。在购买纯债基金时，可以参考美林时钟经济周期位置及十年期国债收益率，对普通投资者来说，几乎不用择时，分几次买入即可，省心省力，只要基金没问题，可以长期持有。

三是可作为投资资金池。

股市与债市之间通常存在着"跷跷板"现象，呈负相关性，可以相互补充。当市场大环境不好或者处于熊市，股票型、混合型基金跌到一个相对低点时，用手里的货币型基金、纯债基金转换成股票型、混合型基金，增加持仓份额，静待市场好转也是一个不错的选择。对于资产配置中用来避险的纯债基金尽量不要转换，除非时机特别好，比如2019年上证指数在2 500点左右的时候。

我们常用的组合搭配方式就是权益类基金＋债券型基金，这种配置方式相对比较简单，易于操作，只配置权益类资产收益可能更高，但其波动性也更大，在组合中加入纯债基金，可以降低组合波动性，提高组合的风险收益比。

这里介绍两个理财时的知识：股债平衡策略和股债利差。

股债平衡策略。它是格雷·厄姆提出的，是指在资产配置时保持组合中股票资产与债券资产的比例固定，一段时间后因市场变动导致组合中股债比例改变时，需要进行动态平衡来维持原先比例，动态平衡可以以半年、年为周期。

比如在组合中，最初的股票资产为 50 万元，债券资产为 50 万元，股债配比为 5∶5，经过一段时间后，由于市场行情上涨，股票资产上涨为 80 万元，债券资产上涨为 52 万元，此时组合中的股债比例发生变动，需要卖出 14 万元股票资产，然后买入 14 万元债券资产，使组合中股债比例恢复至 5∶5，相当于高抛低吸了。

因为股债表现的"跷跷板"效应，股债平衡策略可以有效降低组合波动，提升资产持有体验。就笔者而言，我认为股债比例可以根据个人实际情况、市场行情来设定，不必囿于 5∶5。我们经常听说的股债"二八配置"策略，就是组合中 20% 的资产配置波动较大的权益类资产，80% 的资产配置较为稳健的债券资产。

我们用沪深 300 指数代表股票资产、中证全债指数代表债券资产直观地看一下 50% 股票 +50% 债券的资产配置的历年收益情况，见表 5-11，采用股债平衡策略的组合收益表现最好，对于普通投资者来说，股债平衡策略还是比较适合的。

表 5-11 不同股债资产配置的历年收益情况

| 年 份 | 不同配置年度收益率 | | | |
| --- | --- | --- | --- | --- |
| | 50% 股票 +50% 债券 每年末再平衡 | 50% 股票 +50% 债券 持有不动 | 100% 股票 | 100% 债券 |
| 2005 年 | 2.09% | 2.09% | −7.65% | 11.83% |
| 2006 年 | 61.91% | 56.27% | 121.02% | 2.81% |
| 2007 年 | 79.57% | 102.47% | 161.55% | −2.41% |
| 2008 年 | −25.00% | −51.73% | −65.95% | 15.94% |
| 2009 年 | 47.66% | 55.79% | 96.71% | −1.40% |
| 2010 年 | −4.71% | −8.39% | −12.51% | 3.10% |
| 2011 年 | −9.56% | −15.83% | −25.01% | 5.88% |
| 2012 年 | 5.53% | 6.04% | 7.55% | 3.52% |
| 2013 年 | −4.36% | −5.25% | −7.65% | −1.07% |
| 2014 年 | 31.24% | 36.10% | 51.66% | 10.82% |
| 2015 年 | 7.16% | 6.56% | 5.58% | 8.74% |
| 2016 年 | −4.64% | −7.08% | −11.28% | 2.00% |
| 2017 年 | 10.72% | 14.09% | 21.78% | −0.34% |

续上表

| 年份 | 不同配置年度收益率 | | | |
|---|---|---|---|---|
| | 50%股票+50%债券<br>每年末再平衡 | 50%股票+50%债券<br>持有不动 | 100%股票 | 100%债券 |
| 2018年 | −8.23% | −14.94% | −25.31% | 8.85% |
| 2019年 | 20.51% | 23.99% | 36.07% | 4.96% |
| 2020年 | 15.13% | 19.27% | 27.21% | 3.05% |
| 2021年 | 0.22% | −2.12% | −5.20% | 5.65% |
| 2022年 | −9.07% | −13.93% | −21.63% | 3.49% |
| 总收益率 | 392.61% | 206.61% | 287.20% | 126.12% |
| 年化收益率 | 9.26% | 6.42% | 7.81% | 4.64% |
| 正收益年度比率 | 61.11% | 55.56% | 50.00% | 77.78% |

我们还可以根据"生命周期法则"来设置组合中权益类资产的比例，即股票类资产的投资比例等于100减去岁数。不同年龄段的投资者风险承受能力是有差别的，通常投资者越年轻，其风险承受能力越大，所以，其在资产配置中权益类资产的占比可以高一些，随着年龄的增长，在投资时也更加注重稳健性，应逐步加大组合中稳健资产的配置比例。

当然该方法的优点是简单易行，但缺点也很明显，没有考虑个人的投资目标、风险承受能力、投资能力、市场行情等实际情况，所以，我们可以使用该方法确定大致的投资比例，然后再根据个人情况灵活调整。

股债利差。股债平衡策略由于要维持股债配比，可能在股价跌到很低时，也不能捡更多便宜的筹码，在市场估值过高时，也不能及时降低股票仓位来降低风险，所以，对于有经验的投资者可以参考市场行情灵活确定组合中股债的比例，股债利差可以作为一个参考指标。股债利差：股票预期收益率与十年期国债收益率的差，一般来说，可以用万得全A、沪深300指数、上证50指数、中证1000指数等因子的股息率或者用这些因子的市盈率的倒数来作为股票的预期收益率。计算公式为：股债利差＝1÷市盈率−十年期国债收益率＝公司盈利÷公司市值−十年期国债收益率。

股债利差源于FED估值模型（美联储估值模型），代表股票投资收益率高于无风险利率部分，其实就是一种风险溢价。一般来说，股债利差越大，表明权益类资产收益越高，股市较债市更有投资价值，反之则债市更值得配置。

如图 5-11 所示，股债利差在 2015 年年中、2018 年 1 月、2021 年 2 月都跌到了 3% 以下，表示此段时期内不适合配置股票，同时，在这些时期，沪深 300 指数点位均相对较高。股债利差指标并非总能够正确地反映市场股债走势，在极端情况下效果较好，我们在参考时，还需要结合当时市场环境因素、经济周期等因素灵活判断。

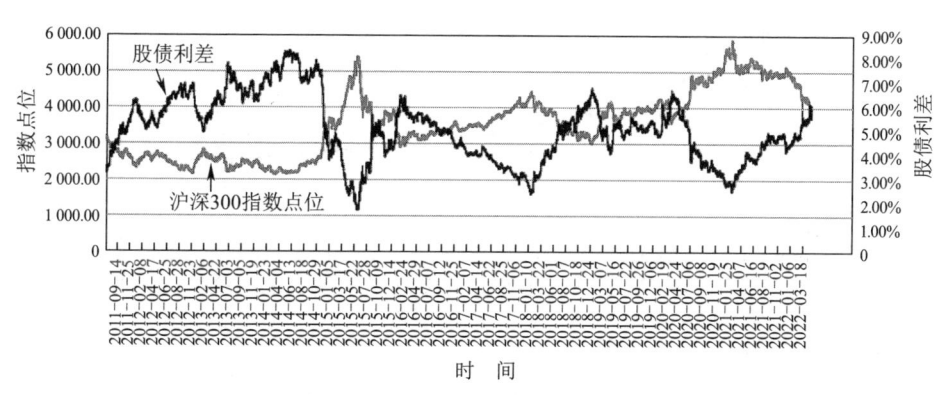

图片来源：天天基金。

图 5-11　截至 2022 年 5 月 6 日，沪深 300 股债利差走势图

## 2. 组合配置 3~5 只基金即可，不要贪多

在构建投资组合时做到合理分散化，既可以降低投资风险，又可以适当地提高投资收益。但是，过度分散化，只会使我们付出更多的成本，并且投资表现也会变得平庸。以基金理财为例，并非组合中的基金越多越好：设想一下，若基金组合中包含了银行类、化工类、能源类、科技类、消费类等不同行业的基金，试图做到覆盖整个市场，这样实际上是在模仿宽基指数基金的投资策略，这样配置的组合业绩也跟指数基金类似，但由于投资组合中基金成本高于指数基金，就使得收益低于指数基金。

资源总是有限的，无论是你的钱，还是你的时间、精力。对经验少的人来说可以适度分散，过犹不及，等到我们投资经验丰富之后，可以逐渐集中投资自己看好的基金。如果我们的投资能力如巴菲特般优秀，可以筛选出比较优异的资产，那我们完全应该进行集中投资，这样能使收益最大化。但我们多数人都是普通投资者，投资能力也一般，如果进行集中投资可能会严重亏损，这时的我们比较适合分散投资的方法，即使巴菲特也不是仅重仓一两只股票。晨星的一项研究表明：若持有超过四只随机选择的股票型基金，则不会明显地降低基金组合风险，围绕这个数字，风险保持得相当稳定，一直到超过 30 只基金。图 5-12 展示了随着基金数目的增加，不同基金组合的风险下降的程度。

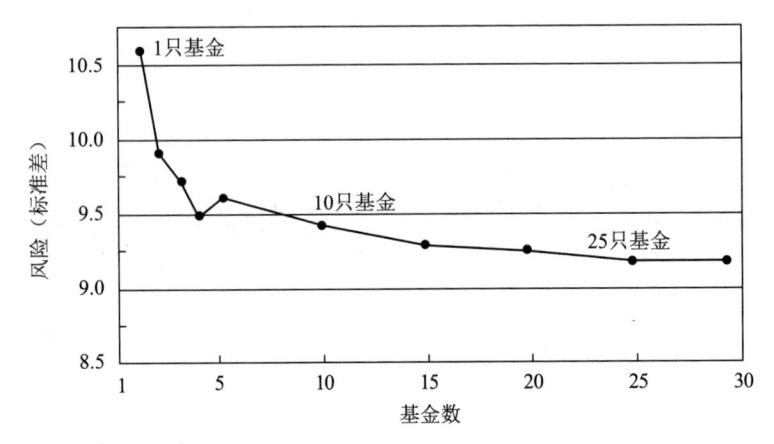

图片来源：《晨星投资者》。

图 5-12 基金组合风险与基金数量关系

约翰·博格在《共同基金常识》中也建议：超过四只或五只股票型基金一般是不必要的。一个简单的含五只股票型基金的基金组合，将适合追求主动管理型股票基金的投资者的需求。

### 3. 基金定投并非一定要选择指数基金

指数基金本身确实有很多优点，比如成本低、安全、透明等，其风险较混合型基金、股票型基金低，当然这里指的是宽基类指数基金而不是行业类指数基金，一些行业类指数基金风险还是很高的。对于宽基类指数基金，通常大盘型基金的风险与收益低于中小盘的，但是国内宽基指数基金表现好的不多，要仔细筛选，及时止盈（市场总是在周期性波动），如果配置指数基金的话，可考虑增强型指数基金或者策略指数基金。

可结合个人风险承受能力配置一定比例的综合了几个自己看好的行业的混合类基金，风险、收益介于宽基指数基金与股票型基金之间，也可以对自己看好的每个行业单独配置一定比例的行业类基金。这里不是很建议定投宽基指数基金，不赞同那些"通过定投指数基金轻松达到年化收益15%"的说法。定投并非一定要选择指数型基金，混合型基金或许是更好的选择。国内指数基金与美股指数基金还是有差别的，国内的很多大盘指数基金业绩并不怎么好：美股指数在波动中长期上涨，长期持有还是很容易获利的；国内指数波动性更大，如果不及时止盈，长期持有收益可能会回到原点。

如果你很喜欢指数基金的话，可在组合中配置一定比例的指数基金，比如策略指数基金，也可以根据市场行情配置部分国外市场的指数基金，比如纳斯达克100指数基金等。

**4. 控制行业类基金配置比例，高收益往往伴随着高风险**

行业类基金可以宽泛地分为消费基金、医药基金、科技基金、周期基金、金融基金等，每个大类又包含多个细分领域，所以说，选择好的行业更容易取得好的收益。投资者的经验很重要，在买入某一行业基金前，需要了解该行业的发展前景、投资逻辑、行业当前所处的周期位置等信息，还有一点很重要，就是国家对该行业的政策，不懂不要盲目买入。

在申万行业分类标准2021版中，将行业分为：一级行业31个、二级行业134个、三级行业346个。其中，一级行业如下：商贸零售、基础化工、非银金融、家用电器、建筑装饰、汽车、农林牧渔、传媒、公用事业、建筑材料、机械设备、纺织服装、房地产、电子、计算机、轻工制造、钢铁、交通运输、国防军工、电力设备、通信、医药生物、银行、有色金属、综合、社会服务、食品饮料、煤炭、石油石化、环保、美容护理。

可以简单地将行业的发展周期分为：初创期、成长期、成熟期、衰退期，当行业处于初创期、成长期时，发展较快，持有相关基金收益比较好。在趋势到来前，你已经"上车"了，这样你的收益比后来追高者自然好很多。

在选择相应的行业基金时，可以通过参考行业基金重仓股的PE（市盈率）估值水平或者所属行业PE历史百分位来判断当前行业是否被高估，有时市场对处于成长期的公司的估值容忍度是很高的，建议选择当前处于成长期的行业。

行业类基金可以提升组合收益水平，但占比不宜过高，市场中热点板块轮动频繁，高收益往往伴随着高风险，所以，要根据个人风险承受能力决定是否配置及配置多大比例，一定不要因盲目追求高收益而忽略了风险，不要押注单一赛道，不然当市场趋势不在时，行业类基金回撤二三十个点很正常，风险承受能力低的投资者在构建组合时可以避开或者低配行业类基金。比如依靠新能源红利而获得

2021年基金收益冠军的前海开源公用事业股票基金，其在2022年收益率为−26.02%，花无百日红，这是市场大势，不是某一个基金经理能掌控的，是市场选择了行业，所以不要盲从基金经理。图5-13列举了不同行业基金的年度收益情况。

| 时间 | 历史年度收益 | | | |
|---|---|---|---|---|
| | 信诚新兴产业 | 银河创新成长 | 农银新能源主 | 中欧医疗健康 |
| 2018年 | −30.47% | −23.64% | −34.41% | −15.93% |
| 2019年 | 42.03% | 97.12% | 34.64% | 75.23% |
| 2020年 | 102.88% | 45.42% | 163.49% | 98.85% |
| 2021年 | 76.70% | 32.36% | 56.20% | −6.55% |
| 2022年 | −31.05% | −35.25% | −28.26% | −23.29% |

图 5-13　业绩波动明显的行业类基金

市场总是处于变动之中的，没有哪种策略或是哪只基金能够永远适应市场，所以，我们要主动地去适应市场，调整策略，选择适合市场趋势的基金，当然，在普跌行情下可以逢低布局。我们以医疗类行业基金在2019—2022年的业绩变动为例，展示行业类基金的高波动与及时止盈的必要性。

图5-14为中证医疗指数走势：中证医疗指数在2019年陷入周期性低点，此后开始了为期一年半左右的波动性上涨，在2021年7月初达到高点，此后便开始进入回调期，期间虽有起伏，但整体仍为下跌趋势，现在仍未恢复往昔风光，当然短期内也很难恢复。

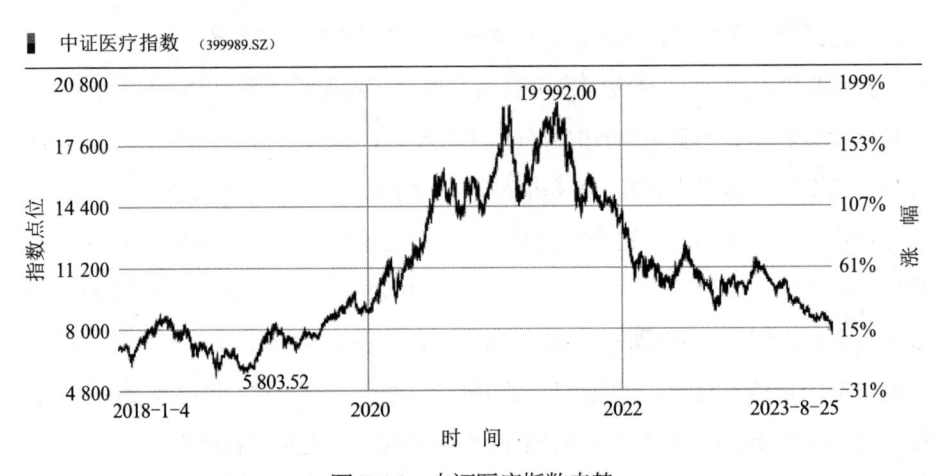

图 5-14　中证医疗指数走势

图5-15为工银前沿医疗股票A这只基金的累计净值走势：其累计净值在2021年7月1日达到5.1610元的阶段性高点，此后便陷入下跌行情中，截至2023年5月30日其累计净值为3.5710，也就是说，在达到高点之后的近两年时间，该基金一直处于波动下跌行情中，如果没有及时止盈的话，可能面临较大回撤。

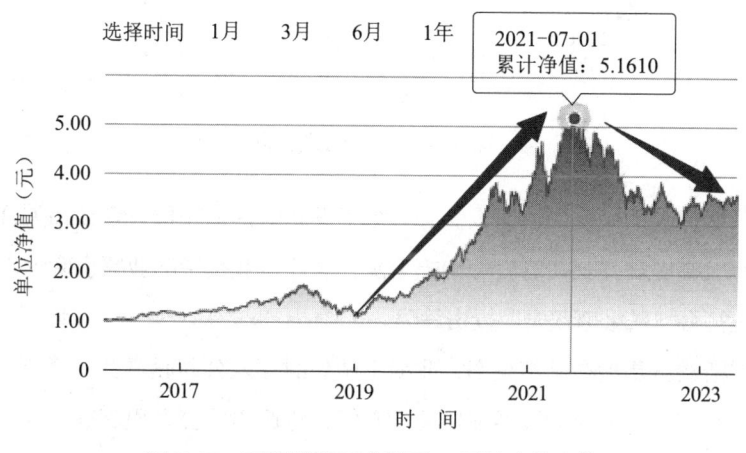

图5-15　工银前沿医疗股票A累计净值走势

这也说明基金业绩有一定的周期性，特别是行业类基金，持有时间越长，并不一定赚得更多，所以需要灵活看待长期持有里的"长期"，及时止盈很重要，不要盲目地长期持有，有些基金成立以来的业绩甚至不如近三年的业绩。

接下来分析一下医疗行业基金业绩变动的原因。

一是来分析2019—2021年医疗基金上涨的原因。

市场超跌反弹是一个原因，当时已经连续下跌一段时间，2019年1月4日，上证指数跌到了2 440.91点，估值确实很低。在随后的两年时间内上证指数在波动中持续上涨，其间最高点为2021年2月18日的3 731.69点，在此之后的两年多时间内（截至2023年5月30日）再未触摸到3 700点的门槛，如图5-16所示。

医疗行业本身就是一个比较好的投资方向，并且当时整个行业估值并不高，投资者也开始青睐医疗行业，资金的逐利效应起了助推作用，大量资金开始投入医疗行业，情绪与资金都有了，投资者与医疗行业间形成了"正反馈"循环，医疗行业从下行周期开始反弹。

图 5-16　上证指数走势

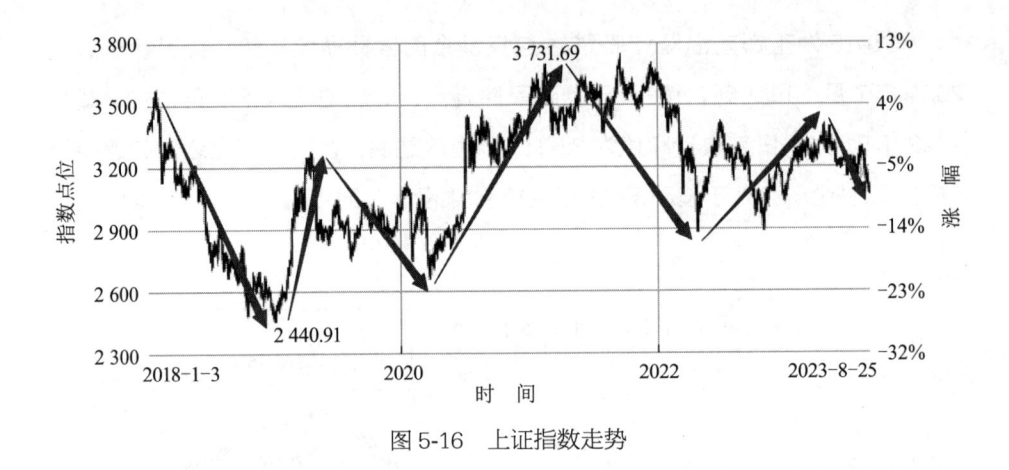

在医疗行业相关公司估值较低、业绩不理想时提前布局，等到相关公司业绩和估值都大幅提升，公司的股价大幅上涨，医疗行业基金的业绩也会随之间接提升，这也符合"戴维斯双击"投资策略。

戴维斯双击是指在低市盈率、业绩不理想时买入公司股票，随着公司业绩持续向好，投资者对公司的发展前景愈加看好，也愿意给公司更高的估值，这样可以获取公司业绩（每股收益）增长与估值（市盈率）提升带来的倍乘效益。

二是分析2021—2022年医疗基金下跌的原因。

首先，受医疗改革、集采等政策的影响。

其次，2019—2021年中期，医疗行业涨幅过大，开始回调，毕竟涨久必跌。

再次，受外部环境影响，部分医疗公司股价涨幅较大，随着外部环境的变化，这些公司业绩出现下滑，投资者对于医疗行业的兴奋点降低，这在市场情绪不高的时候就是问题了。

最后，市场投资趋势转向以新能源、半导体为主的科技行业与顺周期行业，投资者的关注重点不在医疗领域了，流入的资金不足以繁荣此行业，很多医疗类基金的重仓股相似，持仓相对集中，市场一有风吹草动，就集体下跌，往往几家公司的下跌就能带崩整个板块。

一方面，投资者在追逐新能源等热门行业，另一方面，随着医疗类基金的持续下跌，观望、恐慌情绪加深，使得资金撤离医药赛道，出现了一些抛售的情况，这又反过来影响市场，导致情况变得更糟，投资者与医疗类赛道之间形成了"负反馈"机制，越跌越不敢买，越不买越跌。

面对医疗基金这种情形，我们该如何操作呢？面对亏损，处于不同的投资周期，投资决策是不一样的。就医疗基金来说，组合中配置的医疗类基金短期内收益不会很好，甚至略差，考虑好这一点后再决定是否配置。从投资周期来看，入手医疗类基金显然不是明智之举，因为本金都亏损了，但如果把投资周期拉长，未必不是一个好的布局机会，我们可以在医疗类基金下跌幅度大的时候逢低布局，因为医疗行业本身就是一个值得投资的行业。但是，一定不要奢望买入即大涨，目前市场不具备这个条件，只能逢低分批买入，徐徐图之。逢低布局很可能要承受一个资金长期收益较低甚至为负的过程，不要奢望有人告诉你最低点在何时出现，高收益的获取是需要我们用资金的时间成本来交换的。

**5. 组合中基金持仓相关性要低**

许多基金的持仓股票是很相似的，有时为了降低组合风险买了几只基金，却发现这些基金业绩相似，同涨同跌，这时我们就要好好检查组合中基金的持仓情况了。当组合中基金持仓相似时，就算数量再多，也达不到分散风险的目的：组合分散化的核心在于基金持仓股票的低相关性，绝不能简单地理解为基金数量越多，越能分散风险。

再来看一下几种具有代表性的基金之间的相关性，如图5-17所示。

| | 基金名称 | 1 | 2 | 3 | 4 | 5 | 6 | 7 | 8 | 9 |
|---|---|---|---|---|---|---|---|---|---|---|
| 1 | 000216 华安黄金易ETF联接A | 1.00 | -0.15 | -0.02 | -0.03 | -0.00 | -0.07 | -0.02 | 0.07 | 0.02 |
| 2 | 015299 华夏纳斯达克100ETF发… | -0.15 | 1.00 | 0.42 | -0.10 | -0.13 | -0.17 | -0.14 | -0.04 | 0.34 |
| 3 | 162411 华宝标普石油指数A | -0.02 | 0.42 | 1.00 | 0.15 | 0.14 | 0.03 | 0.13 | -0.04 | 0.30 |
| 4 | 502040 长盛上E50指数（LOF） | -0.03 | -0.10 | 0.15 | 1.00 | 0.68 | 0.64 | **0.90** | 0.01 | 0.17 |
| 5 | 003016 中金中证500指数增强A | -0.00 | -0.13 | 0.14 | 0.68 | 1.00 | 0.75 | 0.85 | 0.01 | 0.10 |
| 6 | 010785 博时创业板指数A | -0.07 | -0.17 | 0.03 | 0.64 | 0.75 | 1.00 | 0.80 | 0.06 | 0.10 |
| 7 | 519300 大成户深300指数A | -0.02 | -0.14 | 0.13 | **0.90** | 0.85 | 0.80 | 1.00 | 0.01 | 0.17 |
| 8 | 003102 长盛盛裕纯债A | 0.07 | -0.04 | -0.04 | 0.01 | 0.01 | 0.06 | 0.01 | 1.00 | 0.01 |
| 9 | 513080 法国CAC40ETF | 0.02 | 0.34 | 0.30 | 0.17 | 0.10 | 0.10 | 0.17 | 0.01 | 1.00 |

正相关　　　　　　　　　　　　　　　　负相关

图片来源：且慢平台。

图5-17　截至2023年6月25日几种常见的具有代表性的基金之间的相关性

由图 5-17 可知：国内的权益类指数基金之间的相关性较强；

纯债基金与其他权益类基金之间的相关性较弱；国内权益类指数基金与国外指数基金之间的相关性较弱；

黄金、原油类商品基金与其他基金之间的相关性较弱。

所以，如果在组合中只配置国内指数基金，分散风险的效果并不好，可以在组合中加入纯债基金、黄金及原油类基金或者是国外市场上的基金的一种或几种，另外，也可以配置不同行业的基金。当然，我们也不能盲目地去配置这些基金，还要根据不同市场行情下各类基金的表现来决定是否配置及配置多少比例，因为有些基金可能上涨周期已过，正在回调，这时候其性价比较低，不能盲目买入。

### 6. 组合中并非一定要包含投资国外资产的基金

虽然 QDII 基金在一定程度上可以降低组合的波动性，但其面临的经济风险、货币风险等因素，可能会在很大程度上抵消投资的回报率。约翰·博格建议："国际投资最多占 20% 的股票成分；而且，即使国际投资权重为 0，对大多数组合而言，也是完全可接受的。"

QDII 基金交易体验比较差，赎回到账较慢（超过一周也很正常），申购时一般 T+2 确认份额，与国内市场不同步，无法查看估值，这样有时候可能会追涨买入，操作也不方便。部分 QDII 基金风险较高，波动较大，会面临汇率风险，不适合普通投资者，若要持有，要控制其比例。QDII 的优点就是可以分散投资风险，并且像是跟踪美股的如纳斯达克 100 指数、标普 500 指数等的基金的长期业绩确实强于国内的宽基指数基金的业绩，投资者需要在业绩与持有体验上进行取舍。

在基金组合构建好之后，并不代表可以高枕无忧了，投资可不是一件一劳永逸的事，我们要及时对组合进行复盘，当组合中基金不再适应自己的投资目标时，要及时进行调整。至于每种类型基金占投资组合的比例，可以依据个人的财务状况、投资期限、收益目标及风险承受度进行调整。鉴于基金每个季度都会出季报，我们可以在每个季度末对组合进行一次全面分析，根据基金在同类基金中的表现、基金经理是否变动、基金的持仓及组合中基金持仓的相关性等判断基金是否还适合我们。也可以借助晨星的组合透视工具来分析组合情况，该工具可以展示基金组合中持有的股票、债券和现金等资产情况,还可以通过其了解基金在晨星投资风格箱中所处的位置和行业权重等信息。

在理财过程中会发生很多不可知的事情,我们要记得根据市场环境随时调整自己的组合,理财思路要灵活,不要对自己持有的基金产生感情,该换则换。

## 五 基金组合分析实例

我们通过分析两位投资者的基金组合,总结一下在进行基金理财时如何构建一个适合自己的基金组合(回答与基金信息均基于投资者提问的时间)。

### (一)组合一

投资者一的问题:请帮我看一下我的基金配置怎么样?我买的基金是不是重复太多了?现在不清楚每只基金属于哪个板块,是不是每个板块选择一只就好了?请教我一下怎样在买基金的时候,避免买到重复的基金。(提问时间为2020年2月21日,基金配置如图5-18所示)

| 基金名称 | 净值 02-20 | 估值 02-21 | 基金名称 | 净值 02-20 | 估值 02-21 |
|---|---|---|---|---|---|
| 国泰国证新能源汽车(LOF) 160225 持有 | 1.0795 +1.55% | 1.0908 +1.05% | 诺安成长混合 320007 持有 近1年同类前10 | 1.6580 +2.54% ↑1年新高 | 1.6990 +2.47% |
| 金鹰信息产业股票C 005885 持有 | 2.1629 +2.05% | 2.1964 +1.55% | 天弘中证计算机主题指数C 001630 持有 | 0.9230 +1.82% ↑1年新高 | 0.9538 +3.34% |
| 东方新能源汽车主题混合 400015 持有 | 1.6005 +1.61% | 1.6091 +0.54% | 南方500信息联接A 002900 持有 近1年同类前10 | 1.3278 +1.46% | 1.3650 +2.80% |
| 富国中证新能源汽车 161028 持有 | 1.0150 +1.50% | 1.0240 +0.89% | 中欧时代先锋股票A 001938 持有 核心优选 | 1.7829 +2.05% ↑1年新高 | 1.8001 +0.97% |
| 万家行业优选混合(LOF) 161903 持有 近1年同类前10 | 1.7746 +1.85% | 1.8106 +2.03% ↑1年新高 | 国联安中证全指半导体产品与设备ETF联接A 007300 持有 | 2.1197 +2.26% ↑1年新高 | 2.1838 +3.02% |

图 5-18 组合一的持仓基金(部分)

对投资者一的问题的分析如下。

这位投资者持有的基金应该没有经过用心筛选,买入的大都是短期业绩好或者平台推荐的基金，紧跟热点，这样很容易追高被套；

虽然买了十只基金，但是，这些基金持仓股票基本上都属于科技、新能源汽车等行业，经常是同涨同跌，没有达到分散风险的目的；

没有构建一个合理的基金组合，组合中基金都属于高风险的行业类基金，没有纯债基金这样的避险基金，不能很好地分散风险；

组合中基金过多，基金组合一般以3~5只为宜，要选择适合自己投资风格的基金，并不是每个板块都配置一只基金；

对于基金所属板块，可以结合基金的重仓股来看，不能只看名字，有些基金经理会追逐热点行业股票，从而导致基金产生"风格漂移"。

基金组合分散风险的关键在于持仓的低相关性，而不是越多越好，切莫贪多，并非每个板块都配置，我们可以利用第三方平台提供的工具来分析组合中基金间的相关性。下面我们来分析相关基金的持仓。

组合一中的基金持仓以新能源、半导体、信息行业为主，基金持仓股重合度高，无法降低风险；每只基金的前十大持仓见表5-12。很多持仓股重合，持仓相似的基金可以精简，每个行业只留一只即可。

表5-12 组合一基金前十大持仓

| 前十大持仓 | 国泰国证新能源汽车（LDF） | 金鹰信息产业股票C | 东方新能源汽车混合 | 富国中证新能源汽车 | 万家行业优选混合 | 诺安成长混合 | 天弘中证计算机主题指数C | 南方中证500信息技术ETF | 中欧时代先锋股票A | 国联安中证半导体ETF |
|---|---|---|---|---|---|---|---|---|---|---|
| 1 | 宁德时代 4.75% | 科达利 9.45% | 宁德时代 5.43% | 天齐锂业 5.60% | 兆易创新 5.99% | 兆易创新 9.82% | 海康威视 9.82% | 中国长城 3.34% | 国电南瑞 7.42% | 兆易创新 12.48% |
| 2 | 汇川技术 4.59% | 新宙邦 7.03% | 天齐锂业 5.20% | 华友钴业 5.11% | 用友网络 5.99% | 韦尔股份 9.81% | 科大讯飞 4.90% | 沪电股份 3.27% | 平安银行 6.73% | 汇顶科技 8.74% |
| 3 | 比亚迪 4.56% | 三花智控 6.88% | 赣锋锂业 4.90% | 赣锋锂业 5.03% | 华测检测 5.98% | 圣邦股份 9.63% | 恒生电子 4.62% | 东山精密 3.18% | 万科A 6.57% | 长电科技 7.75% |
| 4 | 上汽集团 4.36% | 汇川技术 6.74% | 华友钴业 4.87% | 恩捷股份 4.86% | 比亚迪 5.96% | 北京君正 9.50% | 用友网络 3.29% | 长电科技 3.01% | 汇顶科技 4.77% | 紫光国微 6.74% |
| 5 | 天齐锂业 4.34% | 赣锋锂业 6.15% | 璞泰来 4.15% | 宏发股份 4.81% | 北京君正 4.23% | 卓胜微 8.44% | 中国长城 2.53% | 紫光国微 2.65% | 格力电器 4.61% | 北方华创 6.74% |
| 6 | 赣锋锂业 3.81% | 宏发股份 6.06% | 恩捷股份 4.01% | 三花智控 4.78% | 金域医学 4.16% | 中国软件 6.49% | 浪潮信息 2.51% | 光环新网 2.64% | 芒果超媒 3.63% | 纳思达 5.48% |

续上表

| 前十大持仓 | 国泰国证新能源汽车（LDF） | 金鹰信息产业股票C | 东方新能源汽车混合 | 富国中证新能源汽车 | 万家行业优选混合 | 诺安成长混合 | 天弘中证计算机主题指数C | 南方中证500信息技术ETF | 中欧时代先锋股票A | 国联安中证半导体ETF |
|---|---|---|---|---|---|---|---|---|---|---|
| 7 | 华友钴业 3.80% | 璞泰来 6.00% | 汇川技术 3.82% | 格林美 4.76% | 深信服 4.06% | 中国长城 4.92% | 紫光股份 2.39% | 北方华创 2.62% | 华域汽车 3.07% | 华天科技 5.15% |
| 8 | 亿纬锂能 3.72% | 华友钴业 5.20% | 宏发股份 3.75% | 宁德时代 4.73% | 启明星辰 4.05% | 闻泰科技 4.47% | 四维图新 2.34% | 中国软件 2.60% | 信维通信 2.89% | 圣邦股份 4.80% |
| 9 | 亨通光电 3.32% | 宁德时代 5.06% | 星源材质 3.73% | 先导智能 4.59% | 宁德时代 4.02% | 东山精密 3.742% | 同花顺 2.17% | 启明星辰 2.59% | 天齐锂业 2.75% | 士兰微 3.84% |
| 10 | 先导智能 3.07% | 中兴通讯 4.61% | 当升科技 3.56% | 汇川技术 4.57% | 华大基因 3.98% | 北方华创 3.30% | 广联达 2.12% | 东华软件 2.36% | 立讯精密 2.57% | 卓胜微 3.67% |

也有的混合基金的持仓包含了几个热门行业的股票，选择单独持有几只行业类基金还是持有包含几个行业的混合类基金，这个需要根据个人投资风格决定。笔者一般倾向于持有几只单独的行业基金，因为有可能持有几个热门行业的混合基金中某个行业会迎来下行周期，而其他行业表现不错，这个时候到底要不要继续持有还是让人比较纠结的，而单独持有的行业类基金如果迎来下行周期，可以直接卖出。

只注重基金短期业绩，很多基金近几年甚至自成立以来业绩并不怎么好，如果信奉长期投资，还是远离这样的基金为好。

有的投资者购买了某只比较有名气的半导体基金，其实这只基金业绩一般，只是从2019年开始搭上了科技类基金暴涨的浪潮，然后基金经理也开始出圈，如果你长期关注这只基金，你会发现这只基金的波动很大，前几年都是负增长。这只基金成立13年了，只是增长了102.14%，业绩确实一般，很关键的一点是，在同类型类（半导体）基金中，它的表现也不算好。很多投资者在半导体基金上是没怎么赚钱的，主要是波动太大，上涨周期太短，还没止盈就跌下来了，凑了个热闹，不适合风险承受能力低的投资者。

很多基金的业绩是有一定周期性的，一些基金自成立以来的业绩还不如近两、三年的业绩，所以，如果我们的持仓周期没那么久的话，可以考虑适时止盈。

既然买了,就先别急于清仓,毕竟卖出也需要合适的交易时机。可以利用基金转换功能,看你买的基金能不能转换成其他合适的基金,构建一个适合个人风险承受度的组合。

对于平台推荐的基金要擦亮眼睛,有可能只是根据短期业绩推荐的,也有可能是因为收费推广了,毕竟无利不起早,这都需要投资者在买入时好好分析,避免追高被套。

## (二)组 合 二

投资者二的问题:以下是我挑选的基金组合,麻烦看看这样的组合是否合理?我的想法是,对于组合中的基金,我都买入了一定的份额,然后有部分是周定投,其余的我会根据行情的涨跌来选择加仓或者是减仓,并且是想持有五年以上。在这想请教一下,这样的投资是否合理?(提问时间为2021年5月20日,基金配置见表5-13)

表5-13 组合二的持仓基金

| 行业 | 名称 |
| --- | --- |
| 消费(35%) | 鹏华酒A |
|  | 易方达蓝筹 |
|  | 易方达消费 |
| 互联网(5%) | 易方达中证海外50ETF联接人民币A |
| 科技+新能源(30%) | 华夏能源革新 |
|  | 嘉实新能源新材料A |
|  | 万家行业优选 |
|  | 诺安成长 |
| 混合类型(10%) | 兴全和润混合 |
|  | 工银文体产业 |
|  | 华夏复兴 |
| 医疗(20%) | 中欧医疗健康 |
|  | 嘉实医药健康 |

对投资者二的问题的分析如下。

从组合持仓的行业上来看,组合二比较偏重消费、医疗、科技行业,这三个行业也是笔者的主要投资行业，好的行业更容易取得好的收益（但也要看市场趋势，没必要非得同时配置与三个行业相关的基金，尤其是在结构性行情中，不可能每个行业都有机会），组合二中的那几只混合类基金也是主要围绕这几个行业配置的。

组合中包含13只基金，基金数量还是可以再精简一些，个人基金组合中持有3~5只基金即可，如为混合类基金，还可以更少。可以借助工具分析组合中基金持仓的相关性，同一行业的基金保留一只即可，如果前期无法确定哪只更适合自己，可以少量买入，持续关注，最后选择适合自己的一只。在刚开始理财时，可以采用定投的方式，等经验丰富后可以采取定投+择时交易的方式提高收益，笔者目前采用的是逢低分批买入的方式。下面来详细分析一下。

消费类基金有三只，除鹏华酒A这只基金外，其余两只易方达的基金也都重仓了酒类股票，两只基金前十大重仓股分别持有四只、六只酒类股票，业绩与酒类股票息息相关，可以说是同涨同跌，如果酒类行业不景气，这几只基金会同时下跌，不能很好地分散风险，如图5-19、图5-20所示。另外，工银文体产业前十大重仓股中也持有三只酒类基金，而且前十大重仓股中海康威视、福耀玻璃与

| 前10大持仓 | 鹏华酒A | 易方达蓝筹 | 易方达消费 | 工银文体产业 |
|---|---|---|---|---|
| 1 | 贵州茅台 15.08% | 五粮液 10.05% | 山西汾酒 9.60% | 海康威视 7.26% |
| 2 | 五粮液 13.49% | 香港交易所 10.04% | 五粮液 9.45% | 青岛啤酒 5.23% |
| 3 | 泸州老窖 12.86% | 贵州茅台 9.86% | 泸州老窖 9.41% | 宁德时代 5.12% |
| 4 | 山西汾酒 9.05% | 美团-W 9.65% | 贵州茅台 8.93% | 五粮液 4.36% |
| 5 | 洋河股份 7.75% | 腾讯控股 9.43% | 牧原股份 8.57% | 药明康德 4.14% |
| 6 | 酒鬼酒 4.11% | 泸州老窖 7.62% | 美的集团 7.72% | 安琪酵母 3.77% |
| 7 | 今世缘 3.65% | 招商银行 6.56% | 古井贡酒 6.28% | 古井贡酒 3.66% |
| 8 | 青岛啤酒 3.56% | 海康威视 5.72% | 顺鑫农业 5.16% | 福耀玻璃 3.60% |
| 9 | 百润股份 3.47% | 洋河股份 4.68% | 中国中免 4.88% | 伊利股份 3.59% |
| 10 | 重庆啤酒 3.20% | 平安银行 3.25% | 福耀玻璃 4.81% | 中国联通 2.97% |

图5-19 组合二消费类基金的持仓情况

其他两只易方达的基金也有重合，这几只基金可以考虑精简一下。对于易方达蓝筹，笔者感觉不足的一点是其规模过大：截至2021年3月31日，其规模达到880亿元，会对业绩造成一定的影响。

| 阶段收益 | 160632 鹏华酒A | 005827 易方达蓝筹 | 110022 易方达消费 | 001714 工银文体产业 |
|---|---|---|---|---|
| 成立日期 | 2015—04—29 | 2018—09—05 | 2010—08—20 | 2015—12—30 |
| 今年来 | 3.85% | 0.93% | −5.67% | 10.58% |
| 近1周 | −3.15% | −5.53% | −4.09% | −1.37% |
| 近1月 | −8.44% | −7.90% | −9.13% | 1.19% |
| 近3月 | 8.86% | −3.11% | −4.33% | 10.01% |
| 近6月 | −4.16% | −4.03% | −10.70% | 5.69% |
| 近1年 | 70.95% | 38.31% | 38.97% | 47.07% |
| 近2年 | 141.38% | 112.39% | 71.85% | 145.41% |

图5-20　组合二消费类基金的业绩

两只医疗基金同样如此，前十大重仓股中有四只股票重合，如果医疗行业不景气，就算持有十只医疗类基金，也会同涨同跌，同一行业的基金持有一只表现较好的即可。

易方达中证海外50ETF联接人民币A这只基金是易方达中概互联50ETF的联接基金，业绩低于同类型基金，实际上没必要持有，如图5-21所示。当极度低估时，或许有"超跌反弹"的机会，但也要有市场行情，市场总是在变化中的，理财要灵活，要结合市场行情，同时，注意买入的点位，随势而动，顺"市"而为。

| 阶段涨幅 | 季度涨幅 | 年度涨幅 | | | | | 截止至2021—07—02 | 更多> |
|---|---|---|---|---|---|---|---|---|
| | 近1周 | 近1月 | 近3月 | 近6月 | 今年来 | 近1年 | 近2年 | 近3年 |
| 阶段涨幅 | −5.01% | −4.51% | −12.05% | −9.73% | −9.73% | 0.41% | 50.15% | 24.89% |
| 同类平均 | −0.76% | 1.12% | 3.14% | 8.18% | 8.18% | 19.42% | 28.51% | 31.04% |
| 沪深300 | −2.07% | −3.77% | −1.11% | −6.18% | −2.46% | 8.84% | 30.56% | 51.05% |
| 跟踪标的 | −6.43% | −4.64% | −13.76% | −13.37% | −11.30% | −2.46% | 49.82% | 25.33% |
| 同类排名 | 324\|327 | 312\|324 | 310\|312 | 298\|301 | 298\|301 | 232\|285 | 60\|240 | 90\|199 |

图5-21　易方达中概互联50ETF业绩

在易方达中证海外50ETF联接人民币A的持仓中，腾讯与阿里巴巴的股票占比过高，超过54%，并且在易方达蓝筹的前十大持仓中，也持有一定比例的腾讯和美团的股票，如图5-22所示。

| 股票名称 | 持仓占比 | 涨跌幅 | 相关资讯 |
|---|---|---|---|
| 腾讯控股 | 29.87% | 0.90% | 股吧 |
| 阿里巴巴 | 24.29% | -1.86% | 股吧 |
| 美团-W | 8.93% | 0.98% | 股吧 |
| 拼多多 | 4.64% | -2.17% | 股吧 |
| 京东 | 4.48% | -1.56% | 股吧 |
| 百度 | 4.20% | -2.36% | 股吧 |
| 快手-W | 3.22% | -0.87% | 股吧 |
| 小米集团-W | 2.83% | -0.19% | 股吧 |
| 网易 | 2.42% | -0.35% | 股吧 |
| 贝壳 | 1.93% | -0.21% | 股吧 |

前十持仓占比合计：86.81%
持仓截止日期：2021—03—31　更多持仓信息>

图5-22　易方达中概互联50ETF持仓

笔者在以往的文章中也分享过，在2021年，笔者不配置中概互联基金，主要基于以下四点原因：

中概互联行业比较容易受到政策（比如反垄断）及国与国之间的关系影响，波动较大，这是影响相关公司业绩的主要原因；

操作不方便，无法实时查看基金估值，资金赎回到账时间慢；

基金数量少，可比性、可选性较低，前三大持仓过于集中；

2021年中概互联基金大跌并非整个市场普跌，所以我们有其他基金可选。在2021年，当时市场主线尚不明显，趋势不在中概互联，投资者的关注点不在中概互联，两者之间形成了"负反馈"机制—越跌就越不敢买，越不买就越跌。现在敢于抄底的都是在赌趋势会来，在赌物极必反，或者说认为跌多了一定会涨。

对于半导体、新能源等这类高风险行业的基金，收益确实很好，但是一定不要盲目追求高收益而忽略了风险，记得适时的止盈，以诺安成长为例，一段时间它的业绩确实挺好，但是，很多投资者却赚不到钱：没有及时止盈或者是追高被套,所以,基金交易时机是很重要的,同一只基金,不同的人来交易,收益相差可能很大。每个行业留一只基金即可,另外,万家行业优选的持仓也是偏半导体的,前十大持仓股有三只与诺安成长重合。

对于混合类基金,分析持仓可见:这几只基金的持仓几乎也没离开消费、医疗、科技这三个行业,所以,组合二就是以这三个行业为主的,可以适当精简。

在组合中或许可以配置部分债券类基金以避险。

我们要用资产配置的观念来理财,在进行风险投资之前,根据自己的实际情况选择适合自己的金融产品,做好资产配置,不要一味地追求高收益而忽略了风险,在收益与风险之间做好平衡。对于大多数普通投资者来说,就算错过机会,也不要追高被套。

# 第六章

# 基金交易

选择一只长期业绩在同类型基金中排名中上的混合基金或者选择几只基金构建一个适合自己的基金组合，不追涨杀跌，不频繁交易，定投也好，逢低分批买入也好，这样相信你的投资成绩是能超越很多投资者的。

## 一 基金申购

其实，基金理财技巧没有想象中那么多，看几本关于基金的书，在基本知识方面的准备应该是充足的了，不需要去报那些动辄几千元的理财课，基金理财更多地在于实践，在实践中慢慢积累经验，慢慢地形成自己的理财观，只看不练是没用的。在进行投资时，如果你没有犯错，那么除了市场基本形势外，那些犯错的交易者也会帮助你。在基金申购时，建议考虑以下内容。

第一，选中好的基金标的，对于经验不足的投资者，可以根据前述章节中的基金选择方法挑选适合自己的基金，每只均用少量资金买入，持续关注，然后选择表现好的基金继续买入（其间若基金标的不适合，要及时更换），不断累积经验。

第二，不要轻易止损，尤其是在普跌行情下，贵在坚持。当遇到熊市时，可以加大购买力度，换取更多的基金份额，降低持仓成本，只要持有的基金标的没问题，可以止盈不止损。"止盈不止损"的前提是：你的基金在同类型基金中表现中上，即使目前表现不好，但在未来市场行情好转时仍有前景。

第三，不要满仓，保持合理仓位，记得要用闲置资金逢低分批买入，不要做杠杆。无论是买入还是卖出，对于普通投资者来说，我都建议分批操作。要用"闲钱理财"，做好资产配置，这样才能走得更稳、更远，不至于因急用钱而亏损卖出，有时正是市场低点需要逢低布局的时候，但是，此时你急用钱，你手里的基金卖还是不卖？在理财时，我们尽量不要用杠杆，不是说绝对不能用杠杆，只是说杠杆理财不适合普通投资者。当行情不合适时，要学会低仓位运行，等待合适时机，不要一有闲置资金就迫不及待地买入。

第四，关注基金每日估值。在买入基金的时候，可参考基金的每日估值及最近一段时期净值走势（比如昨天涨了10%，今天跌了1%，你今天买的话，还是有些高）、市场基本面等来确定是否可以买入，当然还是建议逢低分批买入，如果你做基金定投的话，就不用为择时劳心费力了。

第五，不要追涨杀跌。很多基金业绩良好，为什么持有的基民却没有赚钱呢？原因是交易时机不对，追涨杀跌。再优秀的基金也经不住追涨杀跌，沉下心来，不要因为一时的下跌而清仓，在做好资产配置后，反而可以逢低分批买入。就算是牛市，也有人赔钱。连涨几天时你追高，刚下跌一次你又杀跌，这样的你即使在牛市也难以盈利。市场总是在波动中，涨涨跌跌很正常，身处其中，自然无法避免，除非你远离它。这种情况发生过太多次了，就在这涨跌之间孕育着一次又一次的机会，就看你能不能抓住了。一个没有波动的市场如何能赚钱呢？永远不要浪费一场危机背后所蕴含的机会。然而，更常见的是，每次波动，都会出清一批投资者，在连续下跌行情中，害怕了，亏损卖出，在上涨行情中，心动了，盲目追高，如此往复循环。这正如历史不会重演过去的细节，但却会重复相似的过程。《股票大作手回忆录》中有这样一段话："华尔街没有新鲜事，历史频繁、一致地进行重复，今天发生的事情，过去曾经发生，以后还会再发生。游戏没有改变，人性也没有改变，今天的股票投机或者股票投机者和昨天几乎没有区别。"

在理财中，交易时机很重要：同样的基金，所遇交易时机不同，所取得的收益也不同，所以，不要因为你买的基金下跌就否定它，你没有取得理想的收益或许是因为你的交易时机不对，你亏钱的基金别人可能赚了钱。

关于基金追涨，我一直不建议追涨，但是也有例外：行情比较好，几乎每天都涨，这样的话，可以试着分批买入，但一定不要一次性投入过多，这个比较考验个人能力，需要慎重。如图 6-1 所示的基金的走势，表现很好，在涨得不高的情况下，可以适当买入一些。

| 净值 | 分红 | 评级 | 更多> |
|---|---|---|---|
| 日期 | 单位净值 | 累计净值 | 日增长率 |
| 06—23 | 1.7767 | 4.6662 | 3.18% |
| 06—22 | 1.7219 | 4.5690 | 1.67% |
| 06—19 | 1.6937 | 4.5190 | 1.67% |
| 06—18 | 1.6659 | 4.4696 | 0.26% |
| 06—17 | 1.6615 | 4.4618 | 0.44% |
| 06—16 | 1.6543 | 4.4491 | 1.78% |
| 06—15 | 1.6253 | 4.3976 | 0.07% |
| 06—12 | 1.6241 | 4.3955 | 0.02% |
| 06—11 | 1.6238 | 4.3949 | 0.22% |
| 06—10 | 1.6202 | 4.3886 | 0.82% |
| 06—09 | 1.6071 | 4.3653 | 0.78% |

图 6-1 涨势良好的基金示例

在投资时追涨，就是在赌其他人会以更高的价格买入你追涨而持有的金融资产。正如博傻理论描述的那样：资本市场中人们之所以完全不管某个东西的真实价值而愿意花高价购买，是因为他们预期会有一个更大的笨蛋会花更高的价格从他们那儿把它买走。所以，不要做最后一个傻子。

第六，市场上会出现各种各样的热点概念，我们对此要慎之再慎，不要盲目追热点。市场从不缺热点，总有人会因错过前期低点布局无法享受相关基金上涨带来的收益而痛心，那颗躁动的心总是忍不住想要追高买入。

## 二 基金赎回

在进行基金理财时，一定不要频繁交易，基金的短期赎回成本是很高的，应尽量避免，要做好长期投资打算，看长远，在基金没问题的前提下要忽视短期波动，尤其是在普跌行情下，这样可以使得基金收益得到有效累积并且在卖出时有更多的可选时机，不至于在亏损或收益很低时卖出。在进行基金理财时，不要用股市那一套，如果基金表现较好，建议长期持有，当市场行情变化时，记得止盈。我们来看一下基金赎回的常见情况：①基金止盈；②基金标的不适合，及时更换；③急用钱卖出基金；④"割肉"或止损。

### （一）基金止盈

在 A 股这种牛短熊长的市场，周期性比较明显，这也导致了基金业绩的周期性：很多基金自成立以来的业绩还不如近几年的业绩，无论是股票型基金还是混合型基金，如果不及时止盈，长期持有收益可能会回到原点，所以，如果我们的持仓周期没那么久，一定要记得适时止盈。另外，行业类基金业绩受板块轮动影响明显，而在 A 股中，能持续上涨两年的行业已经很难得了，没有哪个行业的表现能一直战胜市场，不要盲从所谓的长期持有，当持仓行业趋势不在时，若不及时止盈，基金收益会产生较大回撤。

你可能也会说，收益回撤不用怕，我只要一直拿着等下一个周期到来就行了。确实，下一个周期到来后，你的基金可能又会重新上涨，此时你还是需要面临止盈的问题，而且期间你还需要额外付出资金的时间成本。当然，有很多成立十多年的基金，业绩相当亮眼，但是我们很难保证自己会持有一只基金十多年，大概率会在熊市大跌的时候没有调整好自己的心态而卖出，而且这些基金同样会产生回撤。

图 6-2、图 6-3 为三只自成立以来的高收益基金分别截至 2020 年 9 月 8 日、

| 阶段收益 | 161005 富国天惠成长 | 162605 景顺长城鼎益 | 100020 富国天益价值 |
| --- | --- | --- | --- |
| 成立日期 | 2005—11—16 | 2005—03—16 | 2004—06—15 |
| 今年来 | -2.08% | -12.67% | -3.08% |
| 近1周 | 0.38% | 0.81% | 1.45% |
| 近1月 | 0.03% | -5.31% | -1.24% |
| 近3月 | -3.23% | -1.78% | -5.90% |
| 近6月 | -2.80% | -9.83% | -4.26% |
| 近1年 | 2.95% | 0.67% | 12.15% |
| 近2年 | 62.27% | 68.59% | 91.93% |
| 近3年 | 135.07% | 187.64% | 178.59% |
| 近5年 | 128.97% | 255.99% | 199.58% |
| 成立来 | 2009.30% | 2051.08% | 2472.98% |

图 6-2　三只自成立以来高收益的基金的业绩，截至 2020 年 9 月 8 日

| 阶段收益 | 161005 富国天惠成长 | 162605 景顺长城鼎益 | 100020 富国天益价值 |
| --- | --- | --- | --- |
| 成立日期 | 2005—11—16 | 2005—03—16 | 2004—06—15 |
| 今年来 | -10.57% | -19.42% | -26.35% |
| 近1周 | -2.99% | -4.09% | -3.76% |
| 近1月 | -5.52% | -8.27% | -9.45% |
| 近3月 | -9.55% | -9.76% | -13.04% |
| 近6月 | -9.39% | -6.06% | -12.99% |
| 近1年 | -11.86% | -17.29% | -26.39% |
| 近2年 | -31.50% | -29.34% | -46.04% |
| 近3年 | -28.15% | -27.46% | -39.29% |
| 近5年 | 64.32% | 98.82% | 47.56% |
| 成立来 | 1373.65% | 1444.40% | 1284.27% |

图 6-3　三只自成立以来高收益的基金的业绩，截至 2023 年 12 月 6 日

2023年12月6日的收益情况，通过对比我们发现，基金业绩产生了大幅回撤，主要原因可能是基金在前期规模小的时候业绩表现好，后来通过宣传，基金经理名气越来越大，吸引了很多投资者买入，随着基金规模的扩大，当后期业绩变差时，亏损的钱也变得多了起来，逐渐蚕食了前期积累的收益。这就比如基金规模在1 000元时赚了10%，等到后来规模扩大到10 000元时，亏损1%就会把前期的收益抹平。对于已经取得高收益的基金可以适时止盈，但人是有贪婪的一面的，总想赚更多。赚了30%还想赚40%，而想赚更多就必须以我们已取得的收益或本金来做赌注，看你能承受多大风险了。

投资本身就需要不断战胜自己，那么如何止盈呢？止盈时一定要结合自己的风险承受能力来操作，不要幻想着在最高点卖出，这不现实。

### 1. 目标止盈法：达成收益率目标，止盈

这种止盈方法是最简单的，比较适合经验不多的投资者。我们可以设置一个目标收益率，比如盈利30%就可以卖出了，建议分批卖出。这种方法的关键点就是收益率目标设置多少合适。设置过低，止盈后就可能错失后续基金继续上涨的收益；设置过高，就可能错过止盈机会，已取得的收益也会损失掉。

当我们有一定经验后，就可以结合市场行情、基金类型、个人风险承受能力、持有期、基金买入时的位置高低等因素来分批止盈，毕竟收益率目标没有一个适合所有人的标准值，比如2020年大火的医疗基金，设置30%的止盈目标也会导致少赚，错失后期持续上涨行情。如果你的风险承受能力相对较高，持有期较长，持有的是行业类等这种波动较大的权益基金，那么止盈目标就可设置得高一点。另外，低点买入基金与高估值时买入基金的收益率目标设置也应有所不同，比如基金A今年收益率为100%，在年初其收益率为10%时买入与在年中其收益率为50%时买入的止盈目标也应不同。

在止盈过程中，要注意控制贪婪情绪，升值了，总想等等再卖，在等待过程中市场可能已进入下一个周期。此外，基金止盈目标的设定与基金类型、持有时长也有关。

### 2. 根据市场情形来决定

比如已经投资了三年（当然A股的牛市很难持续这么久），市场或行业估值变得非常高（估值），投资者也变得狂热，周围的人都开始讨论买入股票或基金，

都认为市场会继续上涨（情绪），分析之后市场行情可能将进入下跌期，对于行业类基金来说，可能会发生周期转换，持仓行业会进入下行周期，其他行业开始上涨，那么最好先行获利了结。比如在2022年，新能源行业基金持续下跌，而传统能源行业基金则迎来上涨行情。

回撤止盈法。止盈时可采用回撤止盈法，比如你的基金收益率为100%，此时还在上涨，上涨时先不用管，你可以规划一下，当基金收益率回撤几个点位（回撤值）后，分批卖出一部分，这样可以降低错失卖出后基金继续上涨收益的概率，增加"持盈"的可能性。当然，也可能会损失自己设定的回撤值的收益，但是，总体性价比还是不错的。回撤值的设置也要灵活一点儿，需要结合基金的收益率，比如基金收益率为30%，可以设置回撤5%后止盈，基金收益率为90%，可以设置回撤10%后止盈。

其实，目标止盈法也可以与回撤止盈法结合使用，比如自己设置的回撤值为10%，当基金收益率到达自己设置的止盈目标时，比如50%，可以先不卖出，继续持有，此时基金收益率可能继续上涨到70%，当基金收益率回撤幅度达到自己设置的回撤值时，也就是从70%的收益率回撤到60%，可以分批卖出止盈。

情绪止盈法。通过投资者在市场的不同时期的情绪表现来判断市场是否过热，作为基金止盈的一个辅助参考指标。在利用情绪止盈时，可以参考以下指标。

一是参考投资者表现，投资者变得狂热，股市新增开户数量增多，周围的人都开始讨论，并买入股票、基金，都认为市场会继续上涨，这个时候市场可能过热了。

二是偏股型基金的发行数量与募集资金规模，通常当市场行情火热时，偏股型基金发行数量增多，许多基金的募集资金大大超过了发行时规定的募集额度，"日光基"频现。图6-4为2010年1月1日至2023年4月11日偏股型基金发行情况与万得全A走势对比：偏股型基金的发行规模与市场行情呈一定的正相关性。

数据来源：Wind。

图 6-4　偏股型基金发行情况与万得全 A 走势对比

三是沪市、深市的成交量、换手率，当市场行情火热时，股市成交量大幅增长并有一定的持续性，股票换手率也大幅提升。

估值止盈法。就是根据市场或者某行业的估值高低来判断是应该买入还是卖出，比较适合指数基金、行业类基金，估值低时买入，估值高时卖出，比如某行业类基金已经连续上涨了两年，行业估值已经非常高了，行业也已过了快速发展阶段，或许我们就可以考虑止盈了。

可以根据指数市盈率（PE）所处历史百分位来判断指数是否被高估或低估，百分位用来表明当前值在历史区间所处的位置。一般来说，数值越低越好，但是市盈率估值通常仅适用于盈利稳定的行业，对于周期性行业就不合适。市净率（PB）衡量了指数价格与净资产的关系，一般市净率越低，投资价值越高，适用于周期性行业或者盈利不稳定的行业，比如煤炭、石油、钢铁、有色金属、农牧、化工、金融、房地产等。

当 PE 百分位在 30% 以内时，说明指数当前估值较低，超过 70%，说明估值较高，需要考虑止盈或控制仓位。比如全指医药 PE 百分位为 66.07%，代表这时的 PE 值比历史上 66.07% 的时候都高，如图 6-5 所示。

| 指数名称 | PE或PB | 百分位 | 最高 | 最低 | 净资产收益率 |
|---|---|---|---|---|---|
| 中证红利 000922.CSI | 9.76 | 19.84% | 22.97 | 8.11 | 12.17% |
| 全指医药 000991.SH | 41.40 | 66.07% | 73.26 | 24.04 | 13.00% |
| 中证消费 000932.SH | 40.65 | 91.49% | 51.05 | 17.79 | 14.86% |

绿色：估值较低，有投资价值
黄色：估值适中，可以观望
红色：估值较高，谨慎投资

图片来源：且慢平台。

图 6-5　指数估值

对于一些网站上对某些行业的估值，我们可以参考但是不能盲从，还要结合当时的市场环境来判断基金的投资价值，仍以 2021 年的医疗类基金为例，在 4、5 月份时估值已经很高了，如果只依赖估值，我们可能就会过早地卖出而错失后期的收益。指数估值的高低是相对的，要结合相关行业的发展趋势、大环境等来判断该行业是否值得投资，不可只依赖估值，有些行业估值一直不是很高，但其持有收益却很差，比如传统的银行类基金。其实，我们可以综合使用"目标止盈""情绪止盈""回撤止盈""估值止盈"等方法，结合分批操作方式，做出系统性的止盈判断。笔者认为并没有一种完全可靠的止盈方法，毕竟投资就是一件有风险的事，很多操作都是以个人经验为基础的，当然会有一定的局限性。

止盈不止损，不要持有的基金短期内表现不好就急于赎回，基金理财是一个长期的过程。这里有一个前提，就是你选的基金是一只好的基金标的，至少在同类型基金中表现中上，并且持仓行业有发展前景。当市场大环境整体下跌时，你的基金下跌是正常的，不要急于赎回，可以逢大跌分批买入，抓住波动中蕴含的机会，但是，当其他同类型基金表现良好，而你的基金表现却很差时，这时候或许可以考虑止损了，建议做好资产配置来适当分散风险。就最近几年的行情来看，对于基金理财，我感觉持有 3～5 年时间太长了，尤其是行业类基金，趋势变化太快。

## （二）基金标的不再适合，及时更换

当我们的基金组合构建好之后，并不代表可以高枕无忧了，我们要记得查看基金的基本情况，比如可以在季报中查看基金的业绩、持仓、规模、基金经理有无变动等，如果持有基金业绩持续低于同类型基金、基金的投资风格已不再适合自己的投资目标，又或者基金规模变得过大，或许我们可以考虑更换基金了。对于行业类基金而言，受市场周期性变动影响很大，当市场趋势不在或者行业估值明显过高时，可以考虑卖出基金。另外，随着自己资产的变化、年龄的增长，可能某些波动过大的基金不再适合自己的风险承受能力了，此时也可以考虑更换基金。在理财时，不要对自己的基金产生感情，该换就换。

## （三）急用钱卖出基金

在进行基金理财时，我们要尽量避免因急用钱而卖出基金的情况，在理财前，做好资产配置，用闲置资金理财。推荐基金组合中配置一定比例的纯债基金以备不时之需，或者存一部分钱在银行或货币型基金中备用。

## （四）割肉或者止损

在普跌行情下，你的基金下跌是正常的，只要在同类型基金中表现中上或者重仓股将来仍有前景，是可以继续持有的，甚至可以逢低分批买入，此时买入可能会面临一定时期的亏损，但并不是糟糕的交易，我们要学会接受亏损，有时正确的投资决策在短期内就是有可能产生亏损，这是正常的，对应的正确结果可能会延时出现。

如果你恐惧于市场的连续下跌而"割肉"卖出，这是不合适的，这才是糟糕的交易。基金与股票的交易方法还是有所不同的，不要把股票的交易方法用在基金上。有些投资者在股票交易时总是牢牢持有亏损的股票，并且"勇敢"地越跌越买，对于盈利的股票却迫不及待地卖出，没有做到"持盈止损"，这就是股票投资中的"处置效应"。

正如《彼得·林奇的成功投资》中告诉我们的那样："卖出盈利股票却死抱着亏损股票不放，如同拔掉鲜花却浇灌野草，根本不可能因此改善投资业绩。"

处置效应：也就是"出赢保亏"，是指投资者倾向于卖出赚钱的股票而继续持有赔钱的股票，当投资者股票盈利时是风险回避者，总是想尽快兑现锁住利润，亏损时是风险偏好者，反而可以忍住波动，拿住不放。

在进行基金理财时，当持有的基金因市场普跌行情而不是因基金自身问题亏损时，投资者却做不到牢牢持有，总是忍不住亏损卖出，这是不合理的。但是，如果市场行情不算差，你的基金或者说同一行业的基金表现都很差，尤其是该行业的基金已经经历过一次持续上涨行情，此时发生板块轮动，而其他行业的基金表现很好，这个时候是可以止损的，并不适合死拿不放等待回本，在这种情况下的止损是很明智的，并不等同于普跌行情下的"割肉"。因为市场上确实存在部分十分差的基金，就算你没有追涨杀跌，收益也不是很理想，这就要求我们持有的基金至少在同类基金中排名中上游，当选择的基金不合适的时候，要及时进行调整，截断亏损并避免继续增加沉没成本。

沉没成本是指已经付出且不可收回的成本，比如时间、金钱、精力等，当你发现一部电影很糟糕时，你是会走出影院去做其他事情还是担心浪费电影票而忍着看完呢？电影票的钱就是你的沉没成本，既然你已经浪费了电影票钱，难道还要继续浪费自己的时间吗？以基金理财为例，比如持有一只表现很差且前景暗淡的基金，已经产生了亏损，你为这只基金付出的金钱、精力就是沉没成本，此时应该做的就是接受沉没成本，及时止损，避免越亏越多。因为自己对劣质基金的不作为而让亏损持续扩大是很多基民常犯的严重错误，不要让亏损超出自己的承受范围。

投资者都是厌恶损失的，认为对于亏损的基金只要不卖出就不算实质性亏损，正因为如此，部分投资者对于一些自身表现不好的基金不能够及时止损，导致亏损越来越大，错过了其他表现较好的基金，时间成本、机会成本都大大增加。对于自身表现没问题、未来仍有上涨前景但短期内有亏损的基金来说，我们是可以继续持有并且可以逢低分批买入的。但对图 6-6 中这样的基金死拿不放，只能说明你真的不适合通过权益类基金来理财。

| 成立日期 | 2015-05-12 | 2011-05-05 | 2015-04-10 | 2017-11-16 |
|---|---|---|---|---|
| 今年来 | -7.45% | -15.88% | -6.08% | -7.64% |
| 近1周 | -3.60% | -0.81% | -0.40% | -3.79% |
| 近1月 | -5.21% | -7.04% | -3.48% | -8.93% |
| 近3月 | -12.54% | -19.44% | -11.05% | -14.19% |
| 近6月 | -3.23% | -19.06% | -9.48% | -10.72% |
| 近1年 | -11.32% | -38.10% | -19.82% | -26.02% |
| 近2年 | -37.00% | -58.45% | -45.49% | -48.25% |
| 近3年 | -23.23% | -47.26% | -45.06% | -39.59% |
| 近5年 | -10.86% | -47.71% | -27.36% | -26.19% |
| 成立来 | -49.10% | -14.20% | -23.36% | -34.49% |

图 6-6 对劣质基金要及时止损

基金理财的进入门槛较低，同样地，亏损门槛也不高，不要上赶着去亏损，投资者总会因为自己的无知而付出代价。

投资时要注意区分价值投资与死拿不放：很多时候，我们都是站在自己的角度上看价值投资的，但是A股遍地散户，真正赚钱的人却是少之又少，而且很多人的资金体量，价值投资做不做影响不大。在资金量足够大的情况下，价值投资是没问题的，问题是你做的不是价值投资，有时候死拿不放，或者说用少量资金做价值投资，意义不大。本金10万元与1 000万元的投资方法是不同的，对于价值投资来说，资金的可持续性很重要，它能让投资者在市场低谷期逢低布局，并且支撑投资者平稳地度过低谷期活下来，享受市场行情好转时带来的收益，这个时候，时间是投资者的朋友。

诚然，我们有时很确定某些大跌的价值股或者基金终会价值回归，但是，投资时我们要考虑资金的时间成本：同样的资金投资于用时一年收益翻倍的基金、股票与投资于用时五年收益翻倍的基金、股票，在时间成本方面是不一样的（注意，这里不是让你追涨杀跌）。以价值投资为目标的基金经理，如果价值的实现期限超越了投资者的承受期限，那么对这些投资者来说就没什么意义了，因为价值实现前他们已经离开了。

## 三 基金亏损后是"割肉"还是硬扛

不结合市场趋势、基金详情的"割肉"或者死扛是没有意义的，有些基金是不值得坚守的。我们经常听说"基金止盈不止损"，这也得看你持有的是什么基金，有些基金真的不能"死拿不放"，即使亏损了，比如你的基金在同类型基金中表现几乎垫底，该换就换。在进行基金理财时，不同基金在不同市场行情下的操作方式是不同的：有时需要顺应市场趋势，比如在结构性行情中，而有时需要逆势而上，比如在普跌行情中。

### （一）顺势而为

顺势而为要求我们顺应市场大势，比如 2019 年、2020 年的医疗行业，又比如 2020 年、2021 年在碳达峰、碳中和"双碳"政策推动下，锂电池、新能源车等细分新能源行业迎来业绩暴发，步入快速发展通道，相关行业的基金为投资者带来了丰厚回报。所以，当市场趋势比较明显，尤其是有政策面加持时，我们不应错过机会。在进行基金理财时，选对行业很重要，好的行业更容易取得高收益。

投资要学会应对市场，顺"市"而为，并不是年初做了投资规划，就不顾市场行情一味地执行下去。顺"市"而为，绝不等同于盲目追热点，你要知道市场的趋势在哪里，是否是昙花一现。尤其是政策方面，它对市场的影响力度很大，这也是我们在做投资决策时需要考虑的。

投资也需看大势，我们可以在自己的能力圈内用部分资金去追随市场趋势。以笔者交易泰信行业精选混合这只基金为例（已经止盈）：该基金是一只影视传媒行业基金，因为 2020 年外部环境对该行业的影响，我一直没有布局相关基金，然而，随着外部环境的变化，笔者开始改变对影视行业的看法，并从 2022 年 12 月 9 日开始分批买入这只基金的，在 2023 年 4 月 12 日止盈，五个月内收益率超过了 40%，如图 6-7 所示。

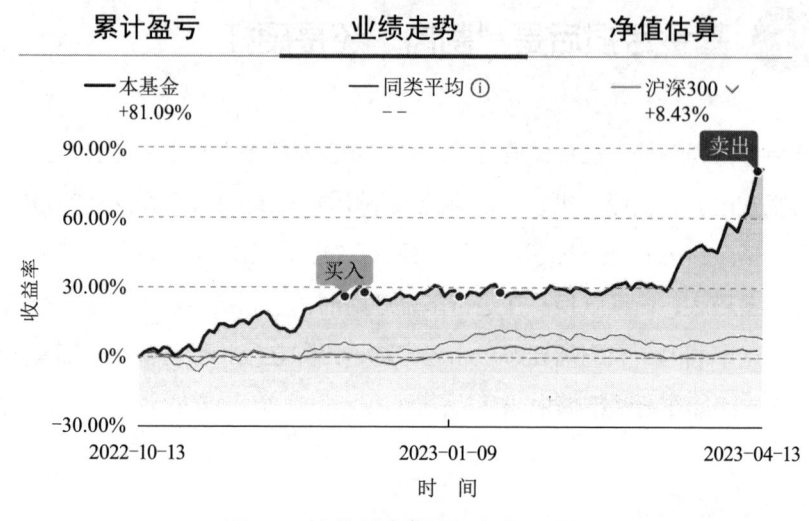

图 6-7 泰信行业精选混合交易过程

当时我在止盈后的文章中也写了止盈原因：

止盈并不代表不看好相关板块基金，只是短期内涨幅太大，落袋为安而已。

该止盈时就别太贪婪了，止盈以后若有机会我会根据市场行情决定是否逢低分批买入，长期来看相关板块市场趋势仍在，但短期波动难免。目前数字经济、ChatGPT、AI 等板块公司良莠不齐，虽说市场终会去伪存真，但目前来看还有一定的滞后性，就我个人而言，止盈后大概率还会买入。在 A 股这样的波动市场中，从不缺机会，关键是机会到来时，你手里还有资金。

这只基金短期内取得如此业绩的主要原因是基金持仓股票遇上了 AIGC 概念而大涨，客观环境改变仅仅是次要原因，但在这段时期内，数字经济与 AI 相关的概念就是市场的趋势所在，并非昙花一现的热点概念。你抓住了，提前布局了，就能享受到由市场趋势带来的收益，而如果你没有提前布局，仅仅是眼红于相关基金的大涨而追高，很可能被套，错过了就错过了，总比追高被套强，市场中从不缺机会。看吧，投资中最不缺的就是不确定性。

## （二）逆势而上

逆势而上，就是与市场在一定时期内相悖，而将来市场还是会回报你的基金重仓股或者说你所选基金所属的行业，也就是你所选基金所属的行业未来仍有前景，此时只是调整，这一点很重要。就比如医疗行业基金，虽然会陷入周期性下跌行情，但总会迎来上涨行情。逢低分批买入超跌板块想要获得好的投资收益，还需要市场大势加持。

在这个时期内可以逢低布局，等到将来行情到来时可以获取更多收益。因为无法预测市场，有时我们必须要付出资金的时间成本，承受一个持仓基金长期收益较低甚至为负的过程，而其他基金此时表现可能很好。注意：这里的"其他基金"不是指与你持有基金相似的同行业基金，如果你的基金在同行业基金中表现中下，可以考虑更换，基金理财并不要求我们买到业绩最好的基金，只需买到业绩在同行业中表现中上的即可。图 6-8 为笔者曾持有的白酒基金，收益率超过140%，也是从 2018 年的市场低点分批买入的。所以，不要总想着去抄底，不要奢望买入就上涨，有时候好收益的取得就是需要付出资金的时间成本的。既不想付出资金的时间成本又想抓住市场趋势获取好的收益是很难的，我们需要做一个平衡或者说是做一个取舍，是要均衡布局还是要重仓某个热门行业的基金，在结构性行情中，是可以用部分资金去买入当前趋势所在行业的基金的。

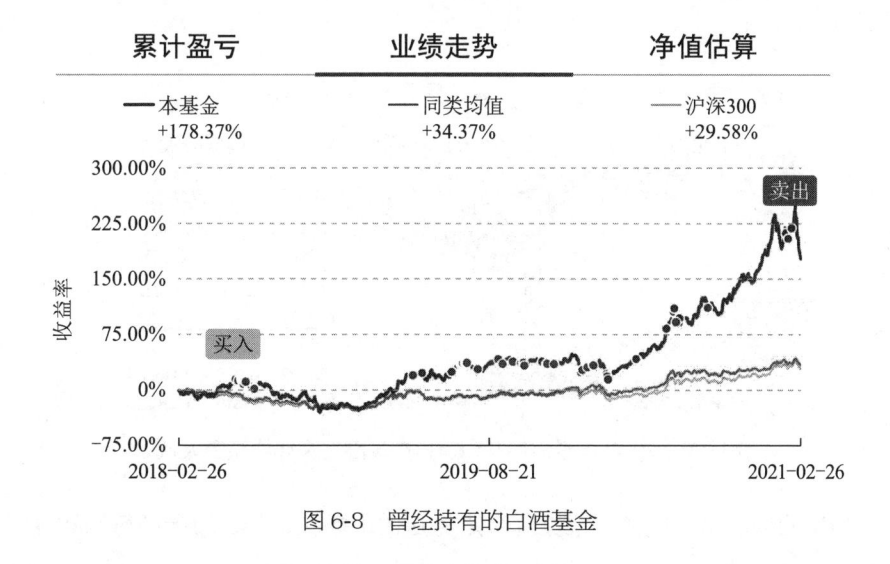

图 6-8 曾经持有的白酒基金

并不是你持有的基金持续下跌，你一直买入就是逆势投资，这个也是需要根据市场行情来操作的，你要确定你的基金所属行业的未来前景。即使有前景，也不能一下跌就买入，因为有的行业会持续调整较长时间，一下跌就买入并不可取。大多数人的资金储备不足以支撑这种操作，并且这样做会增加持仓成本。我们能做的就是尽量降低资金的时间成本，不要一跌就买，建议逢大跌分批买入，若在下跌之初就投入大量资金,这样的结果可能是,等你发现市场遍地机会时,手中已无资金。

投资市场上有这样一种说法:我们与巴菲特差的并不是理念,而是源源不断的后备资金。对于资金雄厚的投资者来说,可能更喜欢在熊市买入价格超跌但价值仍在的公司,他们手里的资金足以让他们在熊市逢低分批买入,或者说是在相对低点分批买入,坚持到相对高点卖出,这个时候时间确实是他们的朋友,下面来看两个例子。

例1:在2018年的市场普跌行情中,几乎所有行业表现得都比较惨淡,很多基民在连续下跌行情下清仓,而此时正是我们逢低布局的大好机会,可以用同样的资金获取更多的基金份额,这才是逢低布局,逆势而上,这个时候我们付出资金的时间成本是值得的。

例2:2020年春节后开市,因为客观环境原因市场普跌,大部分权益类基金普跌7个多点,如图6-9所示,笔者把它当作一次好的买入机会,而不是像部分投资者一样清仓。

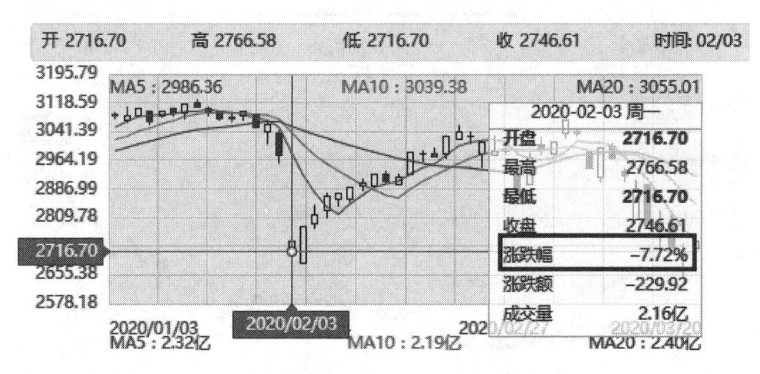

图6-9 2020年春节后开市首日市场因客观环境原因大跌

相反的情况是,很多行业类基金走势是由市场决定的,当市场行情转变时,还盲目追逐这些基金是不明智的,不要盲目地去对抗市场。比如在2021年新能源、顺周期的主线行情中,还盲目追逐白酒类行业基金就不是很明智,就算你看好它们的前景,想要逆势而上,也不应该一整年持续买入,而是在它们大跌时买入,过高的时间成本是不合适的。过早但正确就等于错误,我们要尽可能降低资金的时间成本。

也就是说，对于基金组合中不适合的基金要及时调整，投资需要灵活，价值投资并非死拿不放，该止盈时及时止盈，该切换赛道时及时切换赛道，这里如何取舍在于你个人的投资风格，我们需要不断完善自己的投资理念来适应这个多变的市场。逢低是可以追的，但要分批买入，不要一次性买入，有些投资者因为连涨几天，为自己没有买入而后悔，一看到下跌就急不可耐一次性买入，你以为的低或许不是低，如图 6-10 所示。不要一厢情愿地认为跌了几天就会上涨，市场大多时间不会以你期望的方式运行。

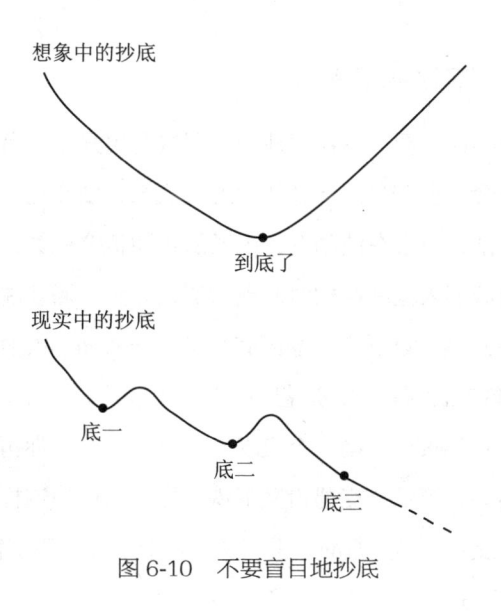

图 6-10　不要盲目地抄底

## 四　如何做到逢低分批买入

"最低点买入，最高点卖出"，是每个投资者都想要做到的，当然，这只是一种理想情况，即使偶尔有那么一两次买在最低点、卖在最高点，也不过是运气使然。理财时间久了，你就会发现自己没有在最低点买入、最高点卖出的能力。很多投资者对自己的择时能力非常自信，总以为自己选择的时机是最好的。实际上，普通投资者还是得承认自己的普通。我们可以把"底"理解为一个相对较低的估值区间，而不是最低点。

分批操作可以有效降低择时风险，避免一次性投入大量资金买在高点；又或是将持有基金一次卖出，享受不到后期基金上涨带来的收益。当然，如果遇到熊市，就算是逢低分批买入，一定时期内还是会亏损的（理财不会只赚不赔的），但是我们可以根据市场行情及个人经验灵活调整（买入额度、买入频次），因为这个时候基金净值相对较低，可以用同样的资金买入更多的基金份额，等到市场翻转，取得更多的收益。

逢低分批买入适合股票型、混合型等波动较大的权益基金，纯债基金分几次买入即可。

## （一）不要一下跌就买入

投资中控制节奏很重要，不要刚开始就把资金用光了，有人可能错过了前段时间涨幅巨大的基金，现在又迫不及待地追高买入，要知道，即使在牛市中，基金也不可能一直上涨，总会有波动的，市场从不缺机会，关键是机会到来时，你手里要有资金。逢低买入也即在相对低点时买入基金，需要注意的是，并不是当天基金净值只要下跌我们就买入，原因有两点。一方面，大多数普通投资者没有那么多资金，很可能在此过程中，追着追着就没有资金投入了。例如，第一个交易日，基金A下跌了，你买入，第二个交易日，又下跌了，你再买入，第三个交易日微涨，你按兵不动，第四个交易日又下跌，你买入……这样往复，不知道你有多少资金可以继续投入。另一方面，没有买在相对低点，不能很好地降低成本。

前两个交易日基金A净值上涨了10%，第三个交易日基金A下跌了1%，如果基金一下跌你就加仓，那么在第三个交易日买入其实还是买在相对高点。当然，在交易中，不可能只根据这几天的净值涨跌来操作，时间太短参考性不大，可以参考一段时间内的基金净值走势，这里只是举例。

## （二）如何认定相对低点

第一种情况相对简单一些，因为一些原因导致整个市场普跌时，这时基金自然也会跟着大跌，投资者情绪悲观，此时我们不要盲目止损，只要你选择的基金没问题，可以"逢低分批买入"。2020年春节后开市，因客观环境原因市场大跌，上证指数跌幅达7.72%，深证成指也大跌8.45%，股票型、混合型、指数型基金也普跌7个多点，这时我们应该分批买入。当时笔者也发文提醒大家：

"2020年2月3日是市场的整体下跌,不是只有你的基金跌了,不用害怕,这么好的补仓机会应牢牢把握住。"

2020年2月3日股市大跌的这一天,你有没有进行什么操作呢?是把这次下跌当作一次千载难逢的补仓机会进行补仓还是被这次大跌吓破了胆而错误地卖出了手里的基金呢?就在这一天,被誉为"聪明资金"的北上资金逆势抄底,净流入沪深股市135.86亿元。

第二种情况需要结合市场行情及该基金一段时间内的净值走势来判断,涨跌是相对的,有可能买了一个"假跌"。例如,昨天你的基金涨了五个点,今天跌了一个点,如果今天买入的话,实际上还是买高了。

以图6-11为例,我们可以看到:7月22日基金跌了2.59%,笔者不会买入,因为前段时间该基金已经上涨了不少,22日并非相对低点。在7月23日,经过两天连续下跌,该基金跌幅已经有6个多点,可以分批买入一部分。当然,后期我们也可以看到,23日并非这一段时间来的最低点,因为26日该基金也跌了4个多点,这就是我们分批买入的意义,降低择时风险。假如我们在23日时看到

| 净值日期 | 单位净值(元) | 累计净值(元) | 日增长率 |
|---|---|---|---|
| 2021—08—03 | 4.8530 | 4.8530 | 3.70% |
| 2021—08—02 | 4.6800 | 4.6800 | 1.15% |
| 2021—07—30 | 4.6270 | 4.6270 | -2.03% |
| 2021—07—29 | 4.7230 | 4.7230 | 3.10% |
| 2021—07—28 | 4.5810 | 4.5810 | 3.27% |
| 2021—07—27 | 4.4360 | 4.4360 | -0.89% |
| 2021—07—26 | 4.4760 | 4.4760 | -4.48% |
| 2021—07—23 | 4.6860 | 4.6860 | -3.36% |
| 2021—07—22 | 4.8490 | 4.8490 | -2.59% |
| 2021—07—21 | 4.9780 | 4.9780 | 1.88% |
| 2021—07—20 | 4.8860 | 4.8860 | 0.27% |
| 2021—07—19 | 4.8730 | 4.8730 | 1.29% |
| 2021—07—16 | 4.8110 | 4.8110 | -2.65% |
| 2021—07—15 | 4.9420 | 4.9420 | 0.57% |
| 2021—07—14 | 4.9140 | 4.9140 | 1.17% |
| 2021—07—13 | 4.8570 | 4.8570 | 0.68% |
| 2021—07—12 | 4.8240 | 4.8240 | 5.01% |

图6-11 逢低分批买入

该基金两天已经跌了 6 个多点，就把我们的资金一次性用于买入该基金了，那么等到 26 日，就没有可用资金投入了。如果 26 日买了，27 日可买可不买，因为 27 日跌幅不是很大，如果 26 日没有买，则 27 日是应该要买入的，另外我们也不是只持有一只基金，还要考虑其他基金的操作。

不要有抄底的想法，做不到的，也不要奢望市场短期内会好转。

我们都想买入之后马上上涨，而不是还要经历一段波动时期，增加资金的时间成本，但这样真的很难。就算是牛市也不会出现简单的单边上涨行情，而是在波动中上涨。所以放弃"买入立马上涨"这一不切实际的想法，再说了，买入了立马上涨，你又该后悔当初买得少了。虽然很难买在最低点，但在逢低分批买入的过程中，每次我们买入的价格都在接近市场底部，将来市场反转也能获得不错的收益，这或许就是"宁要模糊的正确，不要精确的错误"中的"模糊的正确"。当然，在基金下跌时买入后基金也可能继续下跌，所以，在这种连续下跌的行情中，更应该"控制节奏逢大跌分批买入"。

如果第一天跌了，我没有买，第二天又涨了，错过机会怎么办呢？如果第一天大跌，就像 2020 年春节后市场大跌那样，我们当然该买。其他情况，错过一两个点也没什么关系。逢低分批买入一定要考虑基金情况及当时的市场行情，不能盲目买入。

## 五 在连续下跌行情下，基金经理为何不调仓

连续下跌行情下，基金经理不调仓的原因主要有以下四点。

一是基金经理也无法预知市场走势，这是最主要的一点。

二是精准择时很难，调仓越频繁，成本越高，可能对市场行情产生误判。

另外，对于一些行业类基金，如果转去投资其他行业，就会产生"风格漂移"问题。比如医疗行业类基金，即使当前市场趋势已转向新能源行业，也不适合去重仓新能源行业股票。

三是管理的基金规模太大，可能在下跌时没有合适的投资标的，不适合去投一些小盘类的公司，哪怕这些公司发展很好。

权益类基金的股票仓位占比需要满足一定的要求，不能低于基金资产的一定比例，不是基金经理想降低仓位就能降的。我们以工银前沿医疗股票 A 为例，在该基金的招募说明书中对基金的投资范围做出了明确限定：

本基金的投资组合比例为：股票资产占基金资产的比例为 80%～95%，其中，投资于本基金界定的前沿医疗领域范围内股票的资金不低于非现金资产的 80%。每个交易日日终在扣除股指期货合约需缴纳的交易保证金后，应当保持不低于基金资产净值的 5% 的现金或到期日在一年以内的政府债券。

四是他们坚持自己的投资理念，坚守自己擅长的行业，着眼于长期投资，认为调整是暂时的，可能是好的布局良机，只要持仓股本质没问题，是可以长期持有的。

## 六 基金回本后，要如何操作

我们买基金是为了赚钱的，不是仅仅为了保本，当我们选择的投资赛道没问题时，不能仅仅因为一时的亏损而放弃，也不能因为前期的亏损回本而清仓。部分投资者恐慌于市场的连续下跌，成了惊弓之鸟，最终卖出了基金，产生了实质性的亏损，等到后期市场上涨的时候，只能无奈地在场外看着或是重新开始追涨。当然，如果我们的基金确实有问题，表现确实不好，业绩远低于同类型基金的业绩，或者投资风格、波动幅度等不再适合自己，该卖出时就应及时卖出，甚至不用等到回本就可以卖出，避免亏损扩大。基金回本后，有部分投资者会迫不及待地卖出基金，想要落袋为安，摆脱亏损带来的煎熬，或是担心过几天基金又开始下跌，有"只要不赔就行"的思想，其实大可不必这样，既然基金能由亏损到回本，会不会是市场趋势重新回到了你的基金持仓行业呢？如果是这样的话，完全可以先拿住，持有的基金稍有盈利便卖出会使我们的收益变得较差，就算想要卖出，也可以采用"回撤止盈法"分批卖出。

另外，此时也不建议见到市场行情好转就盲目追涨。我们可以根据当时的市场环境灵活操作，只要自己的基金没问题，短期也没有资金需求，还是建议先拿住。当然，这样做的前提是你已经做好资产配置并且自己的基金没问题。

## 七 基金净值大幅变化分析

基金净值发生大幅变动的原因主要有以下四点：市场环境巨变、基金分红、基金份额合并或拆分、巨额赎回。

### （一）市场环境巨变引起

基金净值大幅变化的一个原因就是市场环境产生剧烈变化，比如 2020 年 2 月 3 日，由于客观环境中的负面因素影响，上证指数跌幅达 7.72%，股市都跌成这样了，基金自然难逃大跌走势，除去债券型、货币型基金，股票型、混合型等权益类基金当天普遍下跌七八个点。

在理财过程中，总会遇见市场大幅上涨和大幅下跌的情况，这是很正常的事。当市场大环境整体下跌时，你的基金下跌是正常的，只是这个时候我们千万不要因恐惧而清仓，反而要逢低分批买入，不要浪费捡便宜筹码的机会，用同样的资金获取更多的基金份额，等到市场好转后可以获取更多收益，毕竟这样的机会不多。

### （二）基金分红

基金分红是指把基金收益的一部分以现金或红利再投资的方式（折算成基金份额）派发给基金持有人，这部分收益原本就是基金资产的一部分，分红前后持有人的资产是不变的。分红分的是我们自己的基金资产，相当于把基民左手的钱拿出一部分，放到右手里，总资产并没有变化，并不影响投资者收益，如果你没有通过基金分红来获取流动资金的需求，那么基金分红频率不应该作为基金筛选的参考标准。

在市场整体估值偏高时，基金进行合理分红，可以有效避免因市场回调造成的资产损失，落袋为安，比如因为没有及时止盈而造成的已取得基金收益的下降。另外，进行基金分红，可以降低基金规模，有利于基金经理的管理。但是，基金规模越大，基金管理人收取的管理费越多，所以有些管理人在市场高估时也会为了赚取管理费而不分红。

基金分红后，单位净值会降低，会吸引一些喜欢低净值的投资者申购（并不是单位净值越低越好），利于基金营销，扩大基金规模，从而赚取更多的管理费。

现金分红举例：

M 持有某基金 100 份，单位净值为 1 元，则 M 的基金资产为 100×1＝100（元）。若基金每 10 派 2 元分红，即每份分红 0.2 元，那么通过分红获取的资产为 0.2×100＝20（元），这 20 元分红资金会到 M 的资金账户，分红后基金单位净值为（100－20）÷100＝0.8（元），现在 M 的基金资产为 100×0.8＝80（元），分红 20 元＋剩余基金资产 80 元＝100（元），所以分红前后 M 的总资产是不变的。

红利再投资举例：

M 持有某基金 100 份，单位净值为 1 元，则 M 的基金资产为 100×1＝100（元）。若基金每 10 派 2 元分红，即每份分红 0.2 元，则通过分红获取的资产为 0.2×100＝20（元），若分红方式为红利再投资，分红后单位净值为（100－20）÷100＝0.8（元），分红后 M 持有的份额为 100+20÷0.8＝125（份）。M 的基金总资产为 125 份×0.8 元/份＝100（元），没有改变。现金分红免个人所得税，适合行情高估情形或者不看好后市、短期有现金使用需求的投资者。红利再投资即将所分得的现金红利转换为基金份额，继续持有该基金，适合基金净值低估情形或者短期没有现金使用需求、看好后市、长期投资的投资者。这里需要注意，红利再投资获得基金份额的持有期是从红利再投资买入的交易日期开始计算的。我们都知道，通常赎回费率随着持有期增加而降低，如果不分红的话，我们的赎回费率可能很低了，分红后这部分基金份额的赎回费率又回到最初的最高值了。

## （三）基金份额合并、拆分

基金份额拆分与合并，并不会改变基金持有人的实际利益，基金拆分或合并后，其持有的基金资产并不会发生变化。基金份额拆分可以看作是一种营销方式，有部分基民会有"基金净值越低就越便宜，同样的资金买的份额就越多"的心理，拆分利于扩大基金规模，本质是为了管理费。

**1. 基金份额合并，份额减少，基金净值提升**

以易方达上证50ETF在2023年2月10日的一次基金份额合并为例，我们在基金份额合并结果公告中可以看到以下内容。

①本基金合并前，基金份额总额为1 162 234 318.00份，基金份额净值为1.150 5元；本基金合并后，基金份额总额为973 819 926.00份，基金份额净值为1.373 0元。

②基金份额合并后，基金的基金份额总额与基金份额持有人持有的基金份额数额将发生调整，但调整后的基金份额持有人持有的基金份额占基金份额总额的比例不发生实质性变化。基金份额合并对基金份额持有人的权益无实质性影响。

**2. 基金份额拆分，份额增多，基金净值减少**

基金拆分，是指在保持投资者持有基金资产不变的前提下，改变基金份额净值和基金总份额的对应关系，重新计算基金资产的一种方式，并不会影响基民的实际权益。基金在拆分后，基金份额增加，而单位净值减少。以南方中证500ETF在2022年8月26日的一次份额拆分为例，由基金份额拆分结果公告可知。

①本基金拆分前的基金份额总额为5 173 467 244.00份，拆分前的基金份额净值为7.213 3元；在份额拆分日（2022年8月26日）本基金拆分后的基金份额总额为5 925 768 617.00份，拆分后的基金份额净值为6.297 7元。

②基金份额拆分后，基金的基金份额总额与基金份额持有人持有的基金份额数额将发生调整，但调整后的基金份额持有人持有的基金份额占基金份额总额的比例不发生变化。基金份额拆分对基金份额持有人的权益无实质性影响。

比如M持有某基金10 000份，当前基金单位净值为2元，则M的基金资产为10 000×2 = 20 000（元），如果对基金按照1∶2的比例进行拆分，那么基金的净值则变成了1元，而M的基金份额则由原来的10 000份变为20 000份，此时M的基金资产为20 000×1 = 20 000（元），基金资产没有发生变化，只是持有份额增加，基金单位净值降低。基金拆分目的：主要是为了迎合投资者心理，利于基金营销，扩大基金规模。部分过往业绩相对优秀的老基金，基金净值比较高，部分投资者可能感觉比买入净值低的基金贵而不选择它们，这也导致这些基金规模相对较小，不利于后续运作。基金拆分降低了基金单位净值，弱化了投资者对于基金单位净值的敏感度，迎合了投资者的心理需求，使得基金更易于销售。因为部分投资者认为基金单位净值低，更容易上涨；也有投资者认为基金净值越低，用同样的资金可以获得更多的基金份额，显得更划算。

比如，A 基金单位净值为 10 元，B 基金单位净值为 1 元，很多投资者会因为图便宜的心理选择 B 基金，但是单位净值的高低并不应作为基金买入的条件，直接影响投资者收益的是单位净值的涨幅，"高单位净值基金涨不动，低单位净值基金涨得快"的认识是完全错误的。投资理财不要陷入低价陷阱，买单位净值高的基金并不意味着比买单位净值低的基金贵，净值高正是因为它们的业绩好。选择基金时，可以参考累计净值，相近时期发行的同类型基金，其累计净值高，说明它们的业绩更好一些。

## （四）巨额赎回

巨额赎回是指开放式基金的当日净赎回量［（赎回申请份额 + 基金转出申请份额）-（申购申请份额 + 基金转入申请份额）后的余额］超过基金规模的 10%。巨额赎回可能使基金净值提高，也可能使基金净值降低。

### 1. 巨额赎回导致基金净值提高

巨额赎回可能产生大笔赎回费，一般来讲，基金公司会根据持有时间的不同规定赎回费率，赎回费由基金赎回人承担，不低于 25% 的赎回费总额会计入基金资产，由于赎回费在第二个交易日计入基金资产，最终导致基金净值的大幅上涨，所以，我们在参考基金业绩进行投资时，可以参考长期业绩，但不要"唯业绩论"，对于因净值突然大幅上升而业绩靠前的基金要仔细分析，避免入坑。

我们以红土创新医疗保健的招募说明书为例说明赎回费用的分配：

赎回费由赎回基金的基金份额持有人承担，在基金份额持有人赎回基金份额时收取。对持续持有期少于 30 日的投资人，赎回费全额计入基金财产；对持续持有期不少于 30 日但少于 3 个月的投资人，将不低于赎回费总额的 75% 计入基金财产；对持续持有期不少于 3 个月但少于 6 个月的投资人，将不低于赎回费总额的 50% 计入基金财产；对持续持有期不少于 6 个月的投资人，应当将不低于赎回费总额的 25% 计入基金财产，未归入基金财产的部分用于支付登记费和其他必要的手续费。

举个简单的例子解释一下为什么巨额赎回会导致基金净值提升。B 基金在某交易日的资产规模为 5 000 万元，单位净值 2 元，其基金份额为 2 500 万份，基金赎回费率如图 6-12 所示。

| 适用期限 | 赎回费率 |
|---|---|
| 小于 7 天 | 1.50% |
| 大于等于 7 天，小于 30 天 | 0.75% |
| 大于等于 30 天，小于 180 天 | 0.50% |
| 大于等于 180 天 | 0 |

图 6-12　示例基金赎回费率

在该交易日，投资者赎回 2 490 万份，剩余 10 万份，产生了巨额赎回。假设投资者持有期限为 20 天，则产生的赎回费为：$2\,490 \times 2 \times 0.75\% = 37.35$（万元）。

若赎回费的 75% 计入基金资产，那么剩余基金资产为：$10 \times 2 + 37.35 \times 75\% = 48.012\,5$（万元）。

剩余基金单位净值为：$48.012\,5 \div 10 = 4.801\,25$（元），单日净值涨幅 $(4.801\,25 - 2) \div 2 \times 100\% = 140.06\%$。

### 2. 巨额赎回导致基金净值降低

通过卖出基金资产来筹集赎回资金。由于基金中的现金资产不满足巨额赎回额度，基金经理只能通过出售基金持有的股票或债券等资产来筹备赎回资金，如果此时市场行情不是很好，就相当于低价出售资产，会产生亏损。另外，大规模卖出持有的股票类资产可能会引起股价下跌，若该基金仍持有这些股票，则基金净值会下跌。比如，卖出部分基金持仓的 A 股票，如果规模较大，则势必会使得 A 的股价下跌，这相当于低价卖出 A 股票并且使得基金持仓中剩余的 A 股票资产缩水，从而导致基金净值下跌。

基金净值精确度。我们在查看基金净值时，会发现基金净值通常精确到小数点后四位，基金净值小数点第四位后的数字采用四舍五入方法进行取舍。

如果小数点后第五位是"入"的情况，比如基金单位净值为 1.234 56 元，那么赎回时的基金净值是按照 1.234 6 元来计算的，基金净值将会变高，当基金发生巨额赎回时，赎回资金会变多，而多出来的部分则从剩余基金资产中扣除，剩余持有人收益就会被摊薄，剩余基金净值降低。基金公司为避免上述情况通常采取提高基金净值精度的方式来避免净值出现异动，比如将基金净值精确到小数点后 6 位甚至后 8 位，小数点后数字越精确，巨额赎回带来的影响就会越小。

来看一下因为小数点后数值四舍五入原因产生巨额赎回的例子：建信鑫丰回报灵活配置混合 C 这只基金在 2016 年 1 月 28 日基金净值为 1.039 元，2016 年 1 月 29 日基金净值为 0.337 元，暴跌 67.565%，如图 6-13 所示。假如其在 1 月 28 日的净值为 1.038 6 元，四舍五入为 1.039 元，巨额赎回时，相当于赎回人每一份基金多赚了 0.000 4 元，而这正是剩余持有人亏损的，所以 1 月 29 日的净值大幅下跌。

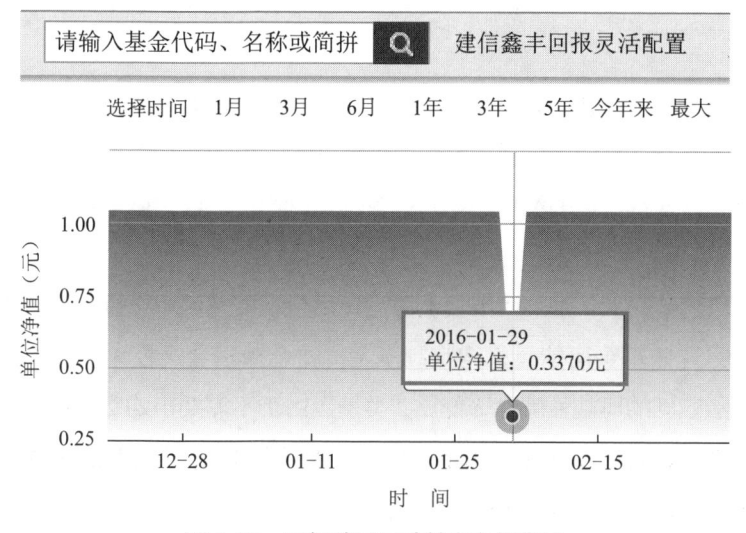

图 6-13　巨额赎回导致基金净值降低

我们来看一下基金公司关于该基金巨额赎回的公告：

建信基金管理有限责任公司旗下建信鑫丰回报灵活配置混合型证券投资基金 C 类份额 2016 年 1 月 29 日的份额净值为 0.337 元，较前一开放日出现了较大净值波动。主要原因是 2016 年 1 月 28 日本基金 C 类份额发生了巨额赎回。根据本基金招募说明书和基金合同的规定，基金份额净值的计算精确到 0.001 元，小数点后第 4 位四舍五入。由于基金份额净值四舍五入产生的误差计入 C 类份额基金财产，导致本基金 C 类份额净值发生大幅波动。

也有基金公司用自有资产来弥补因巨额赎回导致剩余基金持有人的亏损的做法。

当然，如果小数点后第五位是"舍"的情况，比如基金单位净值为 1.234 54 元，那么赎回时的基金净值是按照 1.234 5 元来计算的，在巨额赎回时会有一部分资产没有被拿走而计入基金资产，导致剩余基金净值上涨。

基金管理费、托管费等按前一日基金资产净值和规定费率计提。基金的管理费、托管费及销售服务费都是按前一日基金资产净值和规定费率逐日计提，按月支付。

每日基金管理费用＝（前一日的基金资产净值 × 年管理费率）÷ 当年实际天数。

每日基金托管费用＝（前一日的基金资产净值 × 年托管费率）÷ 当年实际天数。

假设基金资产规模为 10 亿元，如果发生 9 亿元的大额赎回，那么剩余规模为 1 亿元。剩下的 1 亿元份额持有人当天要支付 10 亿元（前一日的基金资产）规模的管理费，这笔费用会记到剩余基金资产中，导致剩余基金资产的净值大跌。

发生巨额赎回后，基金可能会被清盘，尽量不要购买单一投资者持有比例太大的基金，这些基金可能是机构定制基金；要选择基金规模大一些的基金，这样产生巨额赎回的可能性就会降低。C 类基金由于不需要申购费，持有一段时间后，也不需要赎回费，较 A 类基金更容易产生巨额赎回，并且因没有赎回费计入剩余基金资产，会导致基金净值大幅下跌。

## 八 实战经历

下面我们来分析一下我曾持有的一只医疗类行业基金：中银医疗保健混合 A（各数据截至 2020 年 6 月 23 日）。该基金属于医疗类混合基金，2019 年 6 月 23 日至 2020 年 6 月 23 日的涨幅达 112.75%，表现相当不错。截至 2020 年 3

月 31 日，基金规模为 6.84 亿元，相信现在的规模远不止于此了，毕竟从不缺少追涨的人。

一是看该基金的业绩、分红、与同类型基金等的比较。

该基金业绩表现如图 6-14 所示：近 3 月、近 6 月、近 1 年、近 2 年业绩表现稳定、比较优秀，抓住了市场超跌反弹及 2020 年后医疗行业快速发展的红利期。

| 阶段涨幅 | 季度涨幅 | 年度涨幅 | | 下载天天基金手机版，随时查看阶段涨幅 | | 截至 2020-06-23 | | 更多> |
|---|---|---|---|---|---|---|---|---|
| | 近1周 | 近1月 | 近3月 | 近6月 | 今年来 | 近1年 | 近2年 | 近3年 |
| 阶段涨幅 | 4.84% | 19.61% | 42.67% | 60.26% | 55.50% | 112.75% | 145.40% | -- |
| 同类平均 | 2.61% | 8.45% | 18.15% | 17.33% | 14.60% | 32.40% | 37.52% | 41.17% |
| 沪深300 | 3.02% | 8.24% | 14.18% | 3.66% | 1.04% | 7.75% | 14.69% | 14.25% |
| 同类排名 | 583\|3445 | 80\|3445 | 84\|3345 | 25\|3168 | 30\|3197 | 9\|2979 | 7\|2613 | --\|2127 |
| 四分位排名 | | | | | | | | |
| | 优秀 | 优秀 | 优秀 | 优秀 | 优秀 | 优秀 | 优秀 | -- |

图 6-14　中银医疗保健混合 A 的阶段业绩

分红：成立以来分红一次，但也正常，毕竟成立时间短，另外，该基金也不是红利类的基金，在选择基金时，可以不用参考基金的分红频率。

与同类型基金、沪深 300 指数的比较：主要是与同类型基金的比较，与沪深 300 指数比较的参考意义不大，长期来看，该基金的业绩大幅度跑赢了同类型基金的业绩。当然，在医疗类基金中，还有业绩比该基金好的，所以，我们不一定要选到业绩最好的基金，只需要选到在同类型基金中表现中上的即可，然后逢低分批买入，降低持仓成本，其他的交给市场评判。

二是分析基金经理。

查看基金经理的专业能力、业绩情况，比如该经理管理的其他基金的表现，有无频繁更换经理等。

该基金的现任经理刘×任职已达 2 年，任期回报率为 145.52%，共管理三只医疗类基金，表现相对稳定，专注于医疗行业，并没有管理其他行业的基金，管理基金数量、规模适中，也没有超出自己医疗行业的能力圈，并且管理的三只基金持仓股票相似，更容易集中精力管理，如图 6-15 所示。

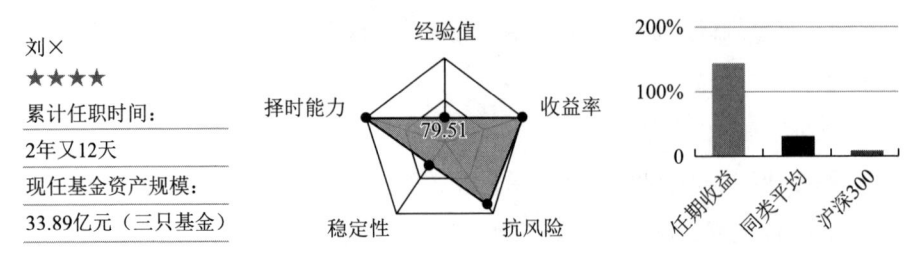

刘×
★★★★
累计任职时间：
2年又12天
现任基金资产规模：
33.89亿元（三只基金）

图6-15　中银医疗保健混合基金经理（数据截至2020年6月19日）

该基金自成立以来，两年时间一直由刘×担任基金经理，还是比较稳定的。

选择口碑好、业绩优的基金公司。基金公司的整体投研实力也很重要，可以更好地辅助基金经理。该基金管理人为中银基金管理有限公司，管理基金规模为4 076.86亿元，综合实力中上。

三是看基金持仓公司或行业发展趋势。

该基金虽然是混合类基金，但持仓以医疗类股票为主，完全可以看作是一只医疗行业基金。医疗行业本身就是一个值得投资的行业，相关医疗股票的前景还是值得期待的，这也是笔者当时持续持有并且逢低分批买入的主要原因。

基金投资风格以大盘平衡型为主，持仓公司发展前景良好，如图6-16所示。

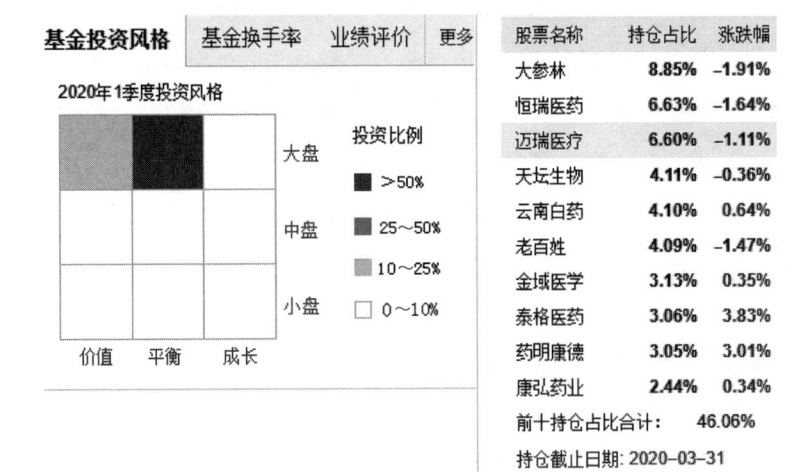

| 股票名称 | 持仓占比 | 涨跌幅 |
| --- | --- | --- |
| 大参林 | 8.85% | -1.91% |
| 恒瑞医药 | 6.63% | -1.64% |
| 迈瑞医疗 | 6.60% | -1.11% |
| 天坛生物 | 4.11% | -0.36% |
| 云南白药 | 4.10% | 0.64% |
| 老百姓 | 4.09% | -1.47% |
| 金域医学 | 3.13% | 0.35% |
| 泰格医药 | 3.06% | 3.83% |
| 药明康德 | 3.05% | 3.01% |
| 康弘药业 | 2.44% | 0.34% |
| 前十持仓占比合计： | | 46.06% |
| 持仓截止日期：2020-03-31 | | |

图6-16　中银医疗保健混合基金持仓

四是分析基金规模。截至2020年3月31日，该基金规模为6.84亿元，规模大小适中，既没有清盘风险，也没有规模过大不易管理的问题。

五是看基金成本。申购费用在支付宝、天天基金等第三方基金销售平台都有一折优惠，并且持有该基金 6 个月后赎回费降至 0，管理费、托管费与其他同类型基金相差不大。

六要看基金评级。该基金成立时间不足三年，无晨星评级：晨星评级只针对成立三年以上的基金，这只基金成立时间还不到三年，所以，晨星评级只是选择基金的一个参考因素，若盲从评级，无疑会错过一些成立时间不足但三年表现优异的基金。

七是分析累计净值。当对成立时间相近的同类型基金进行比较时，选择累计净值高的基金，有很多表现不好的基金累计净值甚至低于 1 元。自成立以来，该基金累计净值从 1 元涨到 2.423 6 元。

以上就是结合前述章节中基金筛选的内容对中银医疗保健混合 A 这只基金的分析，在当时的市场环境下，总的来说，这只基金的表现还是挺不错的。

我们再来看一下 2020 年 6 月 23 日以后，该基金的累计净值走势：其间医疗行业涨至高点，然后进入下行周期，该基金也更换了基金经理，基金净值产生了一定程度的回撤。经过近三年时间，该基金的累计净值从 2020 年的 6 月 23 日的 2.423 6 元变成了 2023 年 5 月 30 日的 2.198 3 元，如图 6-17 所示，所以，不要什么基金、在什么市场行情下都盲从所谓的长期持有。

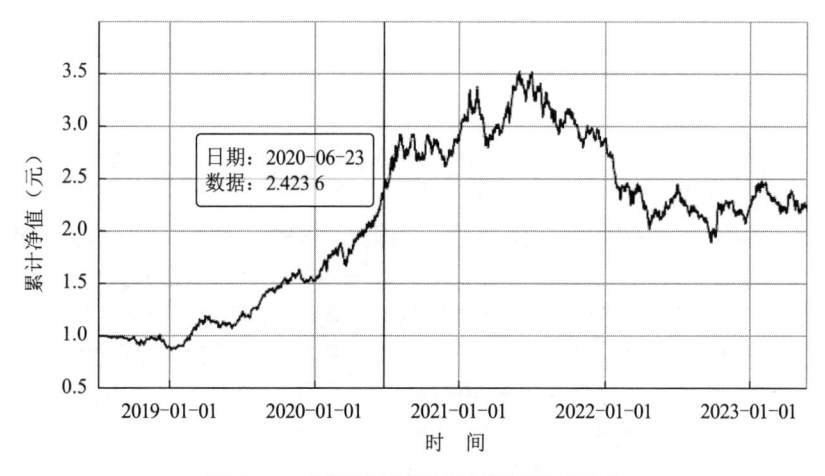

图 6-17 中银医疗保健混合累计净值走势

好的行业在市场趋势到来时，更容易获取好的收益，但是在趋势离开之前，要记得止盈。

# 第七章

# 指数基金与基金定投

指数种类繁多,有股票指数、债券指数、商品指数等,我们这里主要讲股票指数。

股票价格指数简称股票指数,是根据一定的选股规则对特定股票市场中具有代表性的公司的股票价格经过一系列计算后得出的数值,可以用来度量和反映特定股票市场中股票的平均价格走势与波动情况,作为市场整体变动情况的参照指标,可以说是股票市场行情的"晴雨表"。比如上证50指数,就是选取上海证券市场规模大、流动性好的最具代表性的50只股票作为指数的成分股,综合反映上海证券市场最具市场影响力的一批龙头企业的整体表现,其平均价格走势就是用成分股股价按规则经过计算后得出的"指数点位"来表现的。那么指数是怎么来的呢?

指数是由证券交易所或金融服务机构编制的,就国内而言,主要是由中证指数有限公司(由上海证券交易所与深圳证券交易所共同出资成立)和深圳证券信息公司(深圳证券交易所下属企业)编制的,另外,国内比较常见的指数还有万得系列指数等。

## 一、指数基金的定义

指数基金是以特定指数（如上证 50 指数、沪深 300 指数、恒生指数等）为标的指数，以该指数的成分股为投资对象，通过购买该指数的全部或部分成分股构建投资组合，追踪标的指数表现，力求降低跟踪误差，使得投资组合的变动趋势接近于标的指数，以取得与标的指数近似收益率的基金产品。

## 二、指数基金分类

指数基金分类方式多样，比较常见的分类方式有四种：①复制方式；②交易方式；③覆盖范围或代表性；④跟踪标的资产类别。

### （一）复制方式

按照复制方式，指数基金可分为完全复制型指数基金与增强型指数基金。

**1. 完全复制型指数基金**

即被动型指数基金，基金完全按照标的指数的成分股和权重配置股票、构建投资组合，力求降低跟踪误差，使得投资组合的变动趋势接近于标的指数，以取得与标的指数近似的收益率。完全复制型指数基金的基金经理不进行择时、选股等主动操作，不用考虑资金分配，只负责拟合指数，基金的收益取决于标的指数的表现，受基金经理影响较小。

**2. 增强型指数基金**

即主动型指数基金，以指数化投资为主、主动性投资为辅。
并非如完全复制型指数基金般完全复制指数，而是将大部分资产按照标的指数的成分股和权重进行配置来跟踪复制指数的走势，剩余资产加入了主动管理策略，基金经理可以使用一部分资产进行基金投资的主动管理，比如主动选股、择时、打新股等，通常投资于标的指数成分股及其备选成分股的比例不低于非现金基金资产的 80%。其目标为在紧密跟踪标的指数的同时获得高于基准指数的超额收益，在投资上更加灵活。

增强型指数基金的收益主要受标的指数表现的影响，另外，一定程度上也受基金经理的管理能力影响，比如选股、择时能力，其收益由两部分构成：$\alpha$ 收益（超额收益，来源于基金经理主动管理能力）+ $\beta$ 收益（市场收益，来源于标的指数的表现）。

## （二）交易方式

按照交易方式，指数基金可分为封闭式指数基金与开放式指数基金。其中，开放式指数基金又包括普通开放式指数基金、LOF 基金中的指数基金（LOF 型基金既包括指数型基金，也包括非指数型基金）、ETF 基金。

LOF 基金、ETF 基金既可在场内买卖，也可在场外申赎。区别是 ETF 基金在场外需用"一揽子"股票申购基金份额，赎回时得到的也是"一揽子"股票，因申赎额度较大，普通投资者不适合在场外申赎 ETF 基金，可以购买 ETF 联接基金或者在场内交易 ETF。封闭式指数基金的基金份额在基金合同期限内不变，持有人不可在场外申购赎回，但可以在交易所交易。

## （三）指数覆盖范围（指数代表性）

按照指数覆盖范围，指数基金可分为宽基指数基金与窄基指数基金。

### 1. 宽基指数基金

宽基指数基金的标的指数成分股覆盖范围广，并不囿于某一行业或主题，每只成分股的权重不会过于突出，更具有代表性，比如沪深 300、中证 500 等，风险一般介于债券类基金与混合类基金之间。宽基指数基金通过买入标的指数成分股来配置投资组合，可以降低因单一行业不景气造成资产损失的风险。

### 2. 窄基（行业/主题）指数基金

窄基指数基金标的指数覆盖范围较窄，成分股仅限于某一行业（如医药、消费等行业指数）或主题（如碳中和等主题概念指数），这也就导致其波动性（收益与风险）较宽基指数更大。

行业/主题指数基金易受政策或周期影响，波动较大，不适合风险承受能力弱的投资者。当我们说指数基金风险介于混合型基金与债券型基金之间时，一定要知道，这里指的是宽基指数基金而不是行业/主题指数基金。对于行业类基金，业绩很难保持稳定：当属于该行业的行情到来时，会获得远超市场的收益；当行情不在时，也会让你大幅亏损。综合指数是指成分股包含某一市场上所有上市的股票的指数，通过综合指数的涨跌，我们可以判断市场的整体表现情况，比如上证综指、深证成指等，我们经常说的"3000点保卫战"，就是指上证综指的点位。

## （四）跟踪标的资产类别

按照指数跟踪标的资产类别，指数基金可分为股票型指数基金、债券型指数基金、商品型指数基金。

### 1. 股票型指数基金

它是跟踪股票指数走势的基金，这也是我们接触最多的指数基金，比如跟踪A股上证50、沪深300、中证500等指数的基金，也包括跟踪海外股票市场指数走势的海外指数基金，比如跟踪标普500指数、纳斯达克100指数的基金。

### 2. 债券型指数基金

它是跟踪债券指数走势的基金，债券指数反映了债券市场的平均价格走势，比如跟踪国债、信用债、可转债等指数的基金。

### 3. 商品型指数基金

它是跟踪大宗商品指数走势的基金，通常大宗商品可以分为基础原材料、能源类、贵金属类、农产品类四大类，例如跟踪原油、黄金、有色、白银等指数的基金，如黄金ETF等。

## 三　A 股宽基指数

常见的 A 股宽基指数有沪深 300 指数、上证 50 指数、中证系列规模指数、创业板指数、科创 50 指数、科创创业 50 指数等。当然，随着市场或行业的发展，指数编制机构还会不断推出新的指数，各基金公司也会根据这些指数发布自己的指数基金产品。

### （一）沪深 300 指数

沪深 300 指数由中证指数有限公司开发，包含沪深市场中规模大、流动性好的最具代表性的 300 只证券，于 2005 年 4 月 8 日正式发布，反映了沪深市场上市公司证券的整体表现。因其成分股既包含上交所股票，又包含深交所股票，所以它有两个代码：000300（上海证券交易所行情系统代码）和 399300（深圳证券交易所行情系统代码）。

我们以沪深 300 指数为例讲解一下指数的编制方案，其他指数编制方案可以去中证指数、上海证券交易所、国证指数官网查看。

**1. 沪深 300 指数的编制方案**

首先是样本空间。

沪深 300 指数样本空间由同时满足以下条件的非 ST、*ST 沪深 A 股和红筹企业发行的存托凭证组成：

科创板证券、创业板证券：上市时间超过一年；

其他证券：上市时间超过一个季度，除非该证券自上市以来日均总市值排在前 30 位。

其次是选样方法。

沪深 300 指数样本是按照以下方法选择经营状况良好、无违法违规事件、财务报告无重大问题、证券价格无明显异常波动或市场操纵的公司的证券：

对样本空间内证券按照过去一年日均成交额由高到低排名，剔除排名后 50% 的证券；

对样本空间内剩余证券，按照过去一年的日均总市值由高到低排名，选取前

300 名的证券作为指数样本。

再次是基日与基点。

沪深 300 指数以 2004 年 12 月 31 日为基日，基点为 1 000 点。

最后是指数调样周期。

依据样本稳定性和动态跟踪相结合的原则，每半年审核一次沪深 300 指数样本，并根据审核结果调整指数样本。一般在每年 5 月和 11 月的下旬审核沪深 300 指数样本，样本调整实施时间分别为每年 6 月和 12 月的第二个星期五的下一交易日。

### 2. 市场占比

截至 2024 年 4 月 30 日，沪深 300 指数成分股各板块占比如下：上海主板（61.50%）、深圳主板（24.35%）、创业板（10.81%）、科创版（3.34%），可以作为反映沪深两市整体表现的"晴雨表"。

### 3. 十大权重股

截至 2024 年 4 月 30 日，沪深 300 指数的前十大权重股分别是：贵州茅台、宁德时代、中国平安、招商银行、美的集团、五粮液、紫金矿业、长江电力、兴业银行、恒瑞医药。十大权重股在指数中占比相对较低，可以说沪深 300 指数持仓相对分散，见表 7-1。

表 7-1　沪深 300 指数十大权重股

| 证券代码 | 样本简称 | 一级行业 | 二级行业 | 权重（%） |
|---|---|---|---|---|
| 600519 | 贵州茅台 | 主要消费 | 食品、饮料与烟草 | 5.85 |
| 300750 | 宁德时代 | 工业 | 电力设备 | 2.92 |
| 601318 | 中国平安 | 金融 | 保险 | 2.43 |
| 600036 | 招商银行 | 金融 | 银行 | 2.32 |
| 000333 | 美的集团 | 可选消费 | 耐用消费品 | 1.87 |
| 000858 | 五粮液 | 主要消费 | 食品、饮料与烟草 | 1.60 |
| 601899 | 紫金矿业 | 原材料 | 有色金属 | 1.58 |
| 600900 | 长江电力 | 公用事业 | 公用事业 | 1.38 |
| 601166 | 兴业银行 | 金融 | 银行 | 1.34 |
| 600276 | 恒瑞医药 | 医药卫生 | 医药 | 1.13 |

## 4. 行业分布

截至 2024 年 4 月 30 日，沪深 300 指数成分股占比最高的四个行业分别是金融（22.30%）、工业（18.30%）、主要消费（13.30%）、信息技术（17.70%），行业分布相对均衡，以大盘股为主，相较于仅包含上交所股票的上证 50 指数更能反映 A 股市场的整体表现。

## 5. 指数走势

沪深 300 指数近几年走势如图 7-1 所示。可以发现，其周期性波动比较明显。

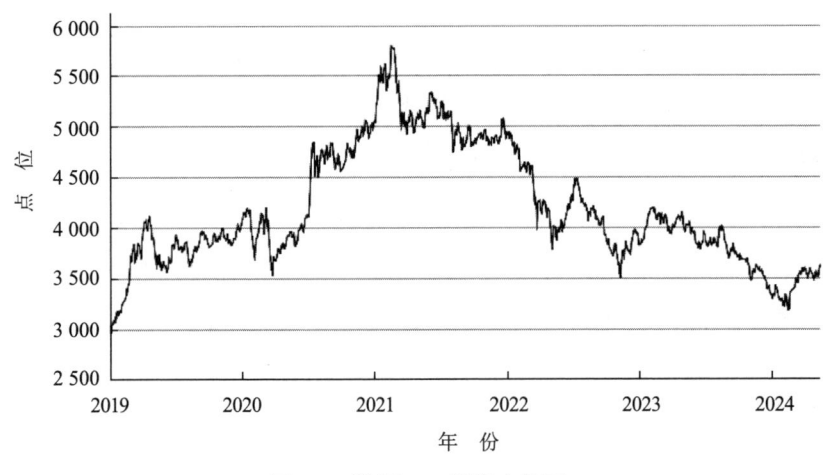

图 7-1  沪深 300 指数走势图

## （二）上证 50 指数

上证 50 指数以上证 180 指数样本为样本空间，挑选上海证券市场规模大、流动性好的最具代表性的 50 只证券作为样本，综合反映上海证券市场最具市场影响力的一批龙头企业的整体表现。指数代码为 000016，基日为 2003 年 12 月 31 日，基点为 1 000 点。上证 180 指数以沪市证券为样本空间，选择经营状况良好、无违法违规事件、财务报告无重大问题、股票价格无明显异常波动或市场操纵的公司，并按照中证一级行业的自由流通市值比例分配样本数，在行业内选取综合排名最靠前的 180 只证券作为样本，旨在建立一个反映上海证券市场的概貌和运行状况、能够作为投资评价尺度及金融衍生产品基础的基准指数。

截至2024年4月30日，上证50指数的前十大权重股分别是：贵州茅台、中国平安、招商银行、紫金矿业、长江电力、兴业银行、恒瑞医药、工商银行、中信证券、伊利股份，以大盘蓝筹股为主，行业分布以金融、主要消费、工业为主，稳定性与分红能力较强，但成长性低一些。较沪深300指数而言，上证50指数前十大权重股占比较大，超过了50%，其中，贵州茅台权重占比最大（15.79%），极易影响指数走势，上证50指数与沪深300指数走势还是很相似的，在构建基金组合时，要注意持仓基金的相关性。

## （三）中证系列规模指数

中证指数既有宽基指数，也有行业指数，上文中的沪深300指数也是由中证指数有限公司开发的。这里我们简单介绍一下中证系列规模指数中的中证500指数、中证800指数，以及与之相似的中证1 000指数的相关概念。

### 1. 中证500指数

中证500指数全称为中证小盘500指数，综合反映沪深市场中小盘股的整体表现，其样本空间与沪深300指数样本空间相同，指数代码为000905（上海证券交易所）、399905（深圳证券交易所），基日为2004年12月31日，基点为1 000点。

选样方法：

首先，在样本空间中剔除沪深300指数样本及过去一年日均总市值排名前300的证券；

其次，对样本空间内剩余证券按照过去一年日均成交金额由高到低排名，剔除排名后20%的证券；

最后，将剩余证券按照过去一年日均总市值由高到低进行排名，选取排名前500的证券作为指数样本。

十大权重股情况如下。

截至2024年4月30日，中证500指数的前十大权重股分别是：新易盛、沪电股份、天孚通信、赛轮轮胎、科伦药业、思源电气、西部矿业、银泰黄金、格林美、神火股份，前十大重仓股权重之和为6.60%，比较分散，见表7-2。

表 7-2  中证 500 指数十大权重股

| 证券代码 | 样本简称 | 一级行业 | 二级行业 | 权重（%） |
|---|---|---|---|---|
| 300502 | 新易盛 | 通信服务 | 通信设备及技术服务 | 0.96 |
| 002463 | 沪电股份 | 信息技术 | 电子 | 0.70 |
| 300394 | 天孚通信 | 通信服务 | 通信设备及技术服务 | 0.70 |
| 601058 | 赛轮轮胎 | 可选消费 | 乘用车及零部件 | 0.68 |
| 002422 | 科伦药业 | 医药卫生 | 医药 | 0.68 |
| 002028 | 思源电气 | 工业 | 电力设备 | 0.63 |
| 601168 | 西部矿业 | 原材料 | 有色金属 | 0.60 |
| 000975 | 银泰黄金 | 原材料 | 有色金属 | 0.56 |
| 002340 | 格林美 | 工业 | 电力设备 | 0.56 |
| 000933 | 神火股份 | 原材料 | 有色金属 | 0.53 |

较上证 50 指数、沪深 300 指数而言，中证 500 指数成分股覆盖范围更广，行业分布更为均匀，以工业、原材料、信息技术、医药卫生等领域为主，成分股具有较高的成长性。

### 2. 中证 800 指数

中证 800 指数以中证 500 指数与沪深 300 的指数样本一起作为指数样本，综合反映沪深证券市场大中小市值公司的整体状况，中证 800 指数代码为 000906，基日为 2004 年 12 月 31 日，基点为 1 000 点。截至 2024 年 4 月 30 日，中证 800 指数的十大权重股分别是：贵州茅台、宁德时代、中国平安、招商银行、美的集团、五粮液、紫金矿业、长江电力、兴业银行、恒瑞医药，十大权重股占比为 16.59%，行业分布以工业、金融、信息技术、主要消费、原材料为主。

### 3. 中证 1000 指数

中证 1000 指数选取中证 800 指数样本以外的规模偏小且流动性好的 1 000 只证券作为指数样本，持仓行业以工业、信息技术、原材料、医药卫生为主，综合反映 A 股市场中一批小市值公司的股票价格走势，成分股的成长性与波动性较大，与沪深 300 和中证 500 等指数形成互补，其指数代码为 000852，基日为 2004 年 12 月 31 日，基点为 1 000 点。

## （四）创业板指数

创业板指数由创业板中市值大、流动性好的 100 只股票组成，这些公司大多处于成长期，反映创业板市场的运行情况，指数波动性较跟踪沪深主板市场的指数更大。其选样指标为：创业板市场中剔除成交额后 10% 的股票，选取总市值排名前 100 名的公司。创业板指数代码为 399006，基日为 2010 年 5 月 31 日，基点为 1 000 点。创业板、科创板股票上市后前五个交易日不设涨跌幅限制，从第六日开始，涨跌幅限制为 20%。

截至 2024 年 4 月 30 日，创业板指数的十大权重股为：宁德时代、东方财富、迈瑞医疗、中际旭创、汇川技术、阳光电源、温氏股份、爱尔眼科、新易盛、亿纬锂能，十大权重股市值占市场总市值比重大，行业分布以工业（39.61%）、医药卫生（18.98%）、信息技术（16.10%）为主。

## （五）科创 50 指数

上证科创板 50 指数由上海证券交易所科创板中市值大、流动性好的 50 只证券组成，反映最具市场代表性的一批科创企业的整体表现。科创板 50 指数代码为 000688，基日为 2019 年 12 月 31 日，基点为 1 000 点。

截至 2024 年 4 月 30 日，科创 50 指数的前十大权重股分别是：中芯国际、海光信息、金山办公、中微公司、联影医疗、传音控股、澜起科技、寒武纪、石头科技、中控技术，行业分布以信息技术、工业为主。

## （六）中证科创创业 50 指数

中证科创创业 50 指数从科创板和创业板中选取市值较大的 50 只新兴产业上市公司证券作为指数样本，以反映上述市场中代表性新兴产业上市公司证券的整体表现。指数代码为 931643，基日为 2019 年 12 月 31 日，发布日期为 2021 年 6 月 1 日，基点为 1 000 点。

截至 2024 年 4 月 30 日，科创创业 50 指数的前十大权重股分别是：宁德时代、迈瑞医疗、汇川技术、中际旭创、阳光电源、中芯国际、海光信息、金山办公、中微公司、联影医疗，行业分布以工业、信息技术、医药卫生为主，占比超过 92%。

## （七）各指数收益情况及相关性

我们来比较一下截至 2024 年 4 月 30 日各个指数的收益情况，见表 7-3，有些指数年化收益率真的很一般，这也是笔者不买宽基指数基金的原因，任它优点再多（低成本、运作透明等），收益不行，还是不值得持有。

表 7-3　各指数收益情况

| 指数简称 | 收益情况 | | | | | | |
|---|---|---|---|---|---|---|---|
| | 1 年 | 3 年年化 | 5 年年化 | 2020 年 | 2021 年 | 2022 年 | 2023 年 |
| 沪深 300 | −10.54% | −11.06% | −1.63% | 27.21% | −5.20% | −21.63% | −11.38% |
| 上证 50 | −7.97% | −10.96% | −3.50% | 18.85% | −10.06% | −19.52% | −11.73% |
| 中证 500 | −12.82 | −5.69% | 0.50% | 20.87% | 15.58% | −20.31% | −7.42% |
| 中证 800 | −11.16% | −9.85% | −1.14% | 25.79% | −0.76% | −21.32% | −10.37% |
| 中证 1000 | −18.23% | −4.85% | −0.66% | 19.39% | 20.52% | −21.58% | −6.28% |
| 创业板指 | −0.2% | −14.79% | 3.16% | 64.96% | 12.02% | −29.37% | −19.41% |
| 科创 50 | −29.45% | −16.58% | — | — | 0.37% | −31.35% | −11.24% |

再来看一下这些指数基金间的相关性，由图 7-2 可知，跟踪国内不同指数的基金，其相关性还是比较强的，所以，单纯地通过这些指数基金构建基金组合不能很好地分散投资风险，可以考虑在组合中加入债券型基金、商品类基金、国外基金等资产。

| | | 1 | 2 | 3 | 4 | 5 | 6 | 7 | 8 |
|---|---|---|---|---|---|---|---|---|---|
| 1 | 588303 招商中证科创创业50ETF | 1.00 | 0.85 | 0.85 | 0.85 | 0.85 | 0.85 | 0.85 | 0.85 |
| 2 | 588000 科创50ETF | 0.85 | 1.00 | 0.85 | 0.79 | 0.67 | 0.69 | 0.48 | 0.63 |
| 3 | 560010 中证1000ETF指数 | 0.85 | 0.85 | 1.00 | 0.85 | 0.85 | 0.85 | 0.85 | 0.85 |
| 4 | 002656 南方创业板ETF联接A | 0.85 | 0.79 | 0.85 | 1.00 | 0.85 | 0.87 | 0.64 | 0.80 |
| 5 | 001588 天弘中证800指数A | 0.85 | 0.67 | 0.85 | 0.85 | 1.00 | 0.92 | 0.90 | 0.98 |
| 6 | 510500 中证500ETF | 0.85 | 0.69 | 0.85 | 0.87 | 0.92 | 1.00 | 0.68 | 0.86 |
| 7 | 502048 易方达 上证50指数（LOF）A | 0.85 | 0.48 | 0.85 | 0.64 | 0.90 | 0.68 | 1.00 | 0.93 |
| 8 | 519300 太成沪深300指数A | 0.85 | 0.63 | 0.85 | 0.80 | 0.98 | 0.86 | 0.93 | 1.00 |

正相关　　　　　　　　　　　　　　　　　　负相关

图 7-2　不同指数基金间相关性

## 四 港股宽基指数

常见的港股宽基指数有恒生指数、恒生中国企业指数、恒生科技指数。

### （一）恒生指数

恒生指数以反映港股市场整体表现为目标，指数包括市值最大及成交最活跃并在香港联合交易所主板上市的公司，金融业、资讯科技业是恒生指数中占比最大的两个行业，指数代码为 HIS，基日为 1964 年 7 月 31 日，基值为 100 点。截至 2024 年 4 月 30 日，恒生指数包含 82 只成分股，规划将来最终包含 100 只成分股。作为离岸市场，港股市场更易受外部因素影响，波动较大，普通投资者持有前一定要谨慎考虑。

#### 1. 指数特点

指数包括市值最大及成交最活跃且在香港上市的股票，也包括 H 股及红筹股；

成分股经流通市值调整，以反映其可投资性；

为免指数偏重个别成分股，设有 8% 的股份比重上限；

四个分类指数：金融、公用事业、地产、工商业。

#### 2. 十大权重股

截至 2024 年 4 月 30 日，恒生指数的十大权重股见表 7-4。

表 7-4 恒生指数十大权重股

| 证券代码 | 公司名称 | 行业分类 | 股份类别 | 权重（%） |
| --- | --- | --- | --- | --- |
| 00700.HK | 腾讯控股 | 资讯科技业 | 其他香港上市内地公司 | 9.23 |
| 00005.HK | 汇丰控股 | 金融业 | 香港普通股 | 8.49 |
| 09988.HK | 阿里巴巴-SW | 资讯科技业 | 其他香港上市内地公司 | 7.45 |
| 01299.HK | 友邦保险 | 金融业 | 香港普通股 | 5.82 |
| 03690.HK | 美团-W | 资讯科技业 | 其他香港上市内地公司 | 5.73 |
| 00939.HK | 建设银行 | 金融业 | H 股 | 4.87 |

续上表

| 证券代码 | 公司名称 | 行业分类 | 股份类别 | 权重（%） |
|---|---|---|---|---|
| 00941.HK | 中国移动 | 电信业 | 红筹股 | 3.79 |
| 01398.HK | 工商银行 | 金融业 | H股 | 2.92 |
| 00883.HK | 中国海洋石油 | 能源业 | 红筹股 | 2.80 |
| 00388.HK | 香港交易所 | 金融业 | 香港普通股 | 2.68 |

### 3. 股份类别占比

恒生指数股份类别占比如图7-3所示。

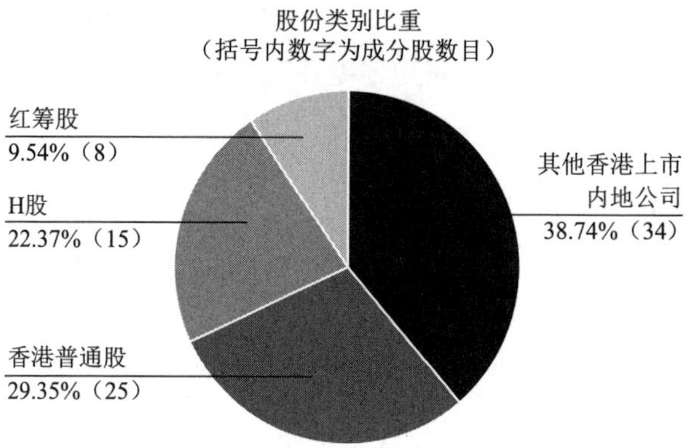

股份类别比重
（括号内数字为成分股数目）

- 红筹股 9.54%（8）
- H股 22.37%（15）
- 香港普通股 29.35%（25）
- 其他香港上市内地公司 38.74%（34）

图片来源：恒生指数官网。

图7-3 恒生指数股份类别占比

蓝筹股是指在其所属行业内占有重要支配性地位、长期稳定增长、业绩优良、成交活跃、红利优厚的大公司股票，多见于传统工业股及金融股。红筹股是指在中国境外注册、在中国香港上市的中资控股和主要业务在中国的股票。

### 4. 指数走势

恒生指数自成立以来的走势如图7-4所示：总体来看恒生指数趋势是在波动中上涨的。

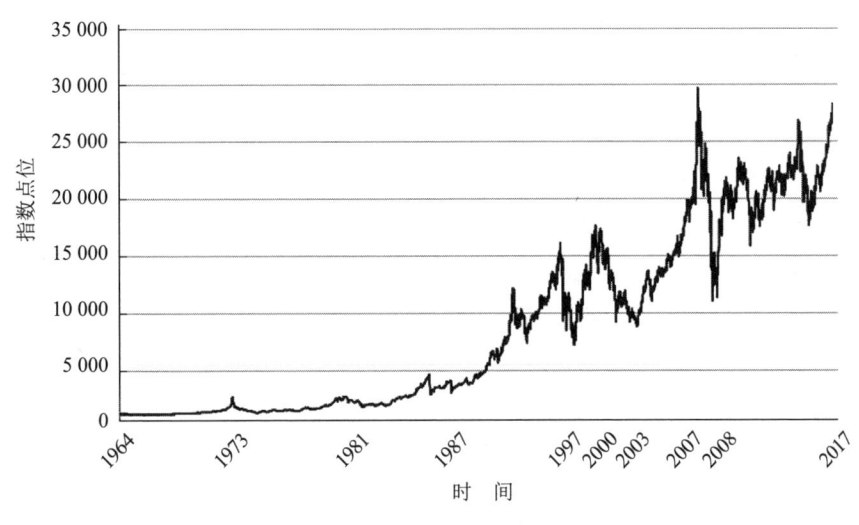

图 7-4　恒生指数走势图

## （二）恒生中国企业指数

恒生中国企业指数，简称国企指数或 H 股指数，成分股包含综合市值排名最高的 50 只 H 股，资讯科技行业、金融业是在该指数中占比最大的两个行业，指数代码为 HSCEI，基日为 2000 年 1 月 3 日，基值为 2 000 点。

### 1. 指数特点

指数包括最大及成交最活跃的在港上市的中国企业；

成分股经流通市值调整，以反映其可投资性；

个别成分股占指数的比重不超过 8%。

### 2. 十大权重股

截至 2024 年 4 月 30 日，恒生中国企业指数的十大权重股见表 7-5：恒生指数与恒生中国企业指数的前十大权重股还是有所重合的。

表 7-5　恒生中国企业指数十大权重股

| 证券代码 | 公司名称 | 行业分类 | 权重（%） |
| --- | --- | --- | --- |
| 00700.HK | 腾讯控股 | 资讯科技业 | 9.02 |
| 03690.HK | 美团-W | 资讯科技业 | 8.76 |
| 00939.HK | 建设银行 | 金融业 | 7.44 |

续上表

| 证券代码 | 公司名称 | 行业分类 | 权重（%） |
|---|---|---|---|
| 09988.HK | 阿里巴巴-SW | 资讯科技业 | 7.28 |
| 00941.HK | 中国移动 | 电讯业 | 5.79 |
| 01398.HK | 工商银行 | 金融业 | 4.45 |
| 00883.HK | 中国海洋石油 | 能源业 | 4.27 |
| 01810.HK | 小米集团-W | 资讯科技业 | 4.10 |
| 03988.HK | 中国银行 | 金融业 | 3.98 |
| 02318.HK | 中国平安 | 金融业 | 3.25 |

## （三）恒生科技指数

恒生科技指数代表经筛选后的最大30家与科技主题高度相关的在中国香港上市的公司的表现，资讯科技行业在恒生科技指数中占比达74.73%，占据绝对地位。指数代码为HSTECH，基日为2014年12月31日，基值为3 000点。

**1. 指数特点**

指数由30家最大的在中国香港上市的科技企业的股票组成，成分股需满足以下条件：

属于工业、非必需性消费业、医疗保健业、金融业或资讯科技业；

业务与精选科技主题高度相关：云端、数码、电子商贸、金融科技或互联网；

被视为具有创新性，比如利用科技平台进行营运、积极投入研究发展及高收入增长；

采用流通市值加权法计算，并将每只成分股的比重上限设定为8%。

**2. 指数表现**

截至2024年4月30日，恒生指数、恒生科技指数、恒生中国企业指数近期表现如图7-5所示。

| 指数 | 指数水平 | 变动（百分比） | | | | | | |
|---|---|---|---|---|---|---|---|---|
| | | 1个月 | 3个月 | 6个月 | 1年 | 3年 | 5年 | 年初至今 |
| 恒生科技指数 | 3 700.67 | +6.42 | +23.12 | -1.56 | -5.15 | 55.48 | -13.64 | -1.69 |
| 恒生指数 | 17 763.03 | +7.39 | +14.71 | +3.80 | -10.71 | 38.16 | -40.19 | +4.20 |
| 恒生中国企业指数 | 6 273.75 | +7.97 | +20.79 | +7.03 | -6.39 | -42.05 | -45.65 | +8.76 |

图 7-5　港股相关指数表现

### 3. 恒生科技指数、恒生指数、恒生中国企业指数的相关性

三者之间的相关性比较强，相关系数如图 7-6 所示。

| 指数 | 恒生科技指数 | 恒生指数 | 恒生中国企业指数 |
|---|---|---|---|
| 恒生科技指数 | 1.00 | 0.94 | 0.95 |
| 恒生指数 | — | 1.00 | 0.99 |
| 恒生中国企业指数 | — | — | 1.00 |

图 7-6　港股相关指数相关性

## 五　美股宽基指数

常见的美股宽基指数有纳斯达克 100 指数、标准普尔 500 指数等。

### （一）纳斯达克 100 指数

纳斯达克 100 指数于 1985 年 1 月 31 日发布，成分股为根据市值加权方式挑选出的在纳斯达克股票交易市场上的 100 只市值最大的非金融类上市公司，以高科技行业、高成长公司为主，包括苹果、微软、谷歌等公司，反映了科技、工业、零售、电信、生物技术、医疗保健、交通、媒体和服务公司等行业的整体走势。指数基日为 1971 年 2 月 5 日，基点为 100 点，图 7-7 为纳斯达克 100 指数走势图。

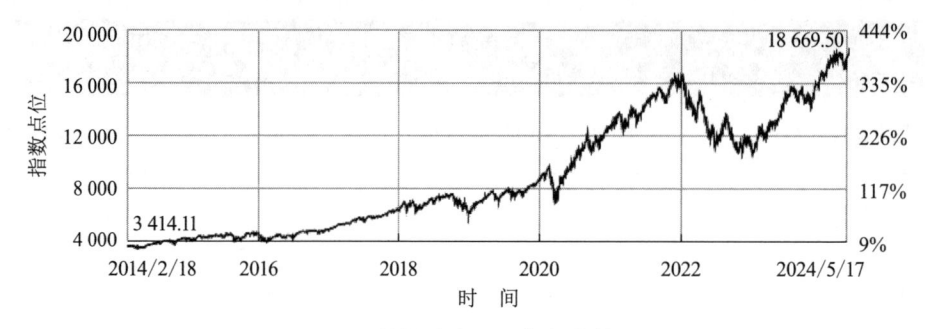

图 7-7  纳斯达克 100 指数走势图

图 7-8 为截至 2024 年 5 月 17 日，跟踪纳斯达克 100 指数的 QDII 基金与跟踪创业板指数的 ETF 基金的收益对比：跟踪纳斯达克 100 指数的基金的收益优于创业板指数基金。

| 阶段收益 | 000834<br>大成纳斯达克 | 513100<br>国泰纳斯达克 | 159957<br>华夏创业板E | 159908<br>博时创业板E |
|---|---|---|---|---|
| 成立日期 | 2014—11—13 | 2013—04—25 | 2017—12—08 | 2011—06—10 |
| 今年来 | 9.33% | 10.47% | −0.88% | −0.97% |
| 近1周 | 2.40% | 2.47% | −0.72% | −0.69% |
| 近1月 | 4.45% | 4.72% | 4.28% | 4.30% |
| 近3月 | 3.67% | 4.23% | 8.56% | 8.45% |
| 近6月 | 14.51% | 15.85% | −5.28% | −5.50% |
| 近1年 | 38.77% | 40.44% | −17.64% | −17.77% |
| 近2年 | 54.12% | 56.84% | −19.59% | −20.04% |
| 近3年 | 47.91% | 49.91% | −37.45% | −37.98% |
| 近5年 | 136.78% | 145.03% | 37.75% | 34.13% |
| 成立来 | 340.17% | 565.00% | 19.96% | 70.65% |

图 7-8  跟踪纳斯达克 100 指数与跟踪创业板指数的基金的业绩

## （二）标准普尔 500 指数

标准普尔 500 指数简称标普 500，由标普道琼斯指数公司采用流通市值加权方式创建并维护，指数代码为 SPX.GI，基日为 1928 年 1 月 3 日，基点为 10 点。截至 2024 年 4 月 30 日，标准普尔 500 指数包含 503 只成分股，其成分股总市值约占美国股市总市值的 80%，行业分布相对均衡，旨在衡量在纽约证券交易所和纳斯达克上市的符合指数条件的股票的表现，被广泛认为是唯一衡量美国大盘股市场的最好指标，可视为美国股市的代表。

图 7-9 为截至 2024 年 5 月 17 日，跟踪标普 500 指数的 QDII 基金与跟踪沪深 300 指数的 ETF 基金的收益对比：跟踪标普 500 指数的基金的收益优于沪深 300 指数基金。

| 阶段收益 | 161125 ☒<br>易方达标普5 | 513500 ☒<br>博时标普50 | 510360 ☒<br>广发沪深30 | 510330 ☒<br>华夏沪深30 |
|---|---|---|---|---|
| 成立日期 | 2016—12—02 | 2013—12—05 | 2015—08—20 | 2012—12—25 |
| 今年来 | 10.58% | 11.40% | 7.20% | 7.18% |
| 近1周 | 1.54% | 1.64% | 0.40% | 0.41% |
| 近1月 | 4.57% | 4.84% | 3.33% | 3.34% |
| 近3月 | 5.49% | 5.97% | 9.37% | 9.36% |
| 近6月 | 15.29% | 16.47% | 3.24% | 3.24% |
| 近1年 | 30.23% | 31.96% | −4.94% | −5.07% |
| 近2年 | 36.64% | 38.19% | −4.46% | −4.55% |
| 近3年 | 38.90% | 39.74% | −24.16% | −25.23% |
| 近5年 | 84.93% | 92.42% | 13.79% | 10.15% |
| 成立来 | 132.83% | 255.20% | 33.48% | 87.07% |

图 7-9　跟踪标普 500 指数与跟踪沪深 300 指数基金业绩

## 六　策略（加权）指数

上证 50、沪深 300、中证 500 等指数在选取成分股时根据各成分股市值占指数成分股总市值的比例来确定其在指数中的权重，股票市值越大，其在指数中的权重就越大，这就是市值加权，也是最常见的加权方式。另外，市场上还有一种加权方式：根据特殊的策略来确定成分股在指数中的权重，这就是策略加权，对应的指数称为策略加权指数，也被称为聪明贝塔指数。在 A 股中，常见的策略因子有红利、基本面、价值、低波动等，相对应的指数分别为红利指数、基本面指数、价值指数、低波动指数。

## （一）红利指数

按照股息率来决定成分股权重，成分股股息率越高，其在指数中的权重就越大，这样就可能虽然有些成分股市值低，但因其股息率高，反而在指数中权重较大。

股息率是指企业过去一年的总派息额与其市值的比率，也可理解为每股的股息与买入时股价的比率。

如果你没有持有企业股票，股息率 = 每股股息 ÷ 股票当前价格；如果你持有企业股票，股息率 = 每股股息 ÷ 买入时股价，这样更符合个人实际情况。

我们接触的红利基金通常以跟踪中证红利指数居多。

中证红利指数从沪深市场中选取 100 只现金股息率高、分红较为稳定并且具有一定规模及流动性的上市公司的证券作为指数样本，以反映沪深市场高股息率上市公司的证券的整体表现。中证红利指数近 5 年的走势如图 7-10 所示。

图 7-10　中证红利指数走势图

另外，其他常见的红利指数列举如下。

上证红利指数：选取在上海证券交易所上市的现金股息率高、分红比较稳定、具有一定规模及流动性的 50 只证券作为指数样本，以反映沪市高股息率证券的整体表现。

深证红利指数：由深圳证券交易所上具有稳定分红历史、较高分红比例且流动性较有保证的 40 只股票组成，指数样本股包括众多成熟的绩优股或分红能力较强的成长股。

标普中国 A 股红利机会指数：由标普道琼斯指数公司于 2008 年 9 月 11 日发布，成分股为标普中国本地 A 股 BMI 指数（ST 与 *ST 股票除外）中股息率排名前 100 的股票。成分股最低市值为 10 亿元，权重不超过 3%，六个月内日均成交额须达到 2 000 万元，单个行业权重不超过 33%。另外，成分股还需满足以下条件：

红利增长：股票过去三年的红利增长须保持稳定或增加，现有指数成分股红利应维持正增长或稳定增长，现有成分股红利增长允许小幅回撤，但三年回撤幅度须低于 5%。

红利覆盖率：股票的每股营运所得资金与每股派息的比率须高于 100%。

股息率：股息率须高于标普中国本地 A 股 BMI 指数（ST 与 *ST 股票除外）中符合其他所有可投资性及稳定性要求的剩余股票的股息率中值。

## （二）基本面指数

基本面指数以上市公司的基本面为跟踪标的，从企业的营业收入、现金流、净资产、分红四个维度来筛选成分股。

以基本面 50 指数为例，中证锐联基本面 50 指数是从沪深市场中选取了基本面价值最大的 50 只上市公司证券作为指数样本，采用基本面价值加权方式，一定程度上打破了样本市值与权重间的关联，避免了传统市值指数中过多配置高估证券的现象，成分股行业分布以金融、工业为主。基本面 50 指数以过去 5 年的年报数据计算以下四个基本面指标，若可用年报数据少于五年，那么按可用年限的数据计算。

营业收入：公司过去五年营业收入的平均值；

现金流：公司过去五年现金流的平均值；

净资产：公司在定期调整时的净资产；

分红：公司过去五年分红总额的平均值。

另外，还有深证基本面指数系列。深证基本面指数系列包括深证基本面 60 指数、120 指数和 200 指数。该指数系列以深市证券为样本空间，分别挑选基本面价值最大的 60 家、120 家和 200 家上市公司证券作为指数样本，样本的权重配置由基本面价值决定。

## （三）价值指数

价值指数从市盈率、市净率、市现率、股息率四个维度来筛选成分股，低市盈率、低市净率、低市现率、高股息率的成分股权重更高。

市盈率 = 每股股价 ÷ 每股盈利 = 公司市值 ÷ 公司盈利。

市净率 = 每股股价 ÷ 每股净资产 = 公司市值 ÷ 公司净资产。

市现率 = 每股股价 ÷ 每股现金流量 = 公司市值 ÷ 公司现金流量。

股息率 = 每股股息 ÷ 购买时每股股价 = 年度总派息额 ÷ 购买时公司市值。

其代表指数为沪深 300 价值指数：沪深 300 价值指数从沪深 300 指数样本中，根据价值因子计算风格评分，选取价值得分最高的 100 只证券作为其样本。价值因子包含股息收益率、每股净资产与价格的比率、每股净现金流与价格的比率和每股收益与价格的比率四个指标。

## （四）低波动指数

低波动指数选取样本空间中波动率最小的企业作为成分股，波动率指股票每天涨跌幅的标准差，成分股权重与自身波动率成反比，即波动率越小的股票权重越大。

以中证 500 行业中性低波动指数为例，中证 500 行业中性低波动指数（930782）是在中证 500 指数二级行业内选取具有低波动特征的证券作为指数样本，在保持行业中性的同时，行业内证券采用波动率倒数加权，包含 150 只成分股。

有时候，会结合几种策略因子来确定成分股权重，比如红利低波动指数，就包含了红利因子与低波动因子。

## （五）策略指数收益对比

截至 2024 年 4 月 30 日，四只策略指数的收益对比见表 7-6。

表 7-6　四只策略指数的收益对比

| 指数名称 | 收益情况 | | | | | | |
|---|---|---|---|---|---|---|---|
| | 1 年 | 3 年年化 | 5 年年化 | 2020 年 | 2021 年 | 2022 年 | 2023 年 |
| 中证红利 | 1.56% | 3.53% | 3.04% | 3.49% | 13.37% | −5.45% | 0.89% |
| 中证锐联基本面 50 | −3.80% | −1.92% | −2.31% | −3.99% | −7.08% | −7.06% | −2.84% |
| 沪深 300 价值 | −1.39% | −4.91% | −2.41% | 0.19% | −4.22% | −14.51% | −4.10% |
| 中证 500 行业中性低波动 | −6.28% | 0.47% | 3.15% | 14.01% | 20.22% | −14.95% | 3.10% |

对于红利或者红利低波动等策略指数基金，波动性相对较低，持仓也比较分散，还是比较适合稳健投资者的需求的，可以适度配置。

## 七　基金定投

对于无暇关注市场的投资者来说，基金定投是一种较好的理财方式，前提是要选对基金，并且当未来仍有前景的基金因市场大跌而亏损时继续坚持定投，甚至加大定投金额，只要最终市场趋势是在波动中整体向上的，我们在适时止盈后还是比较容易获利的。

### （一）定投定义

基金定投是定期定额投资基金的简称，指投资者在固定的日期（如每月 18 日）用固定的资金（如 1 000 元）买入指定的开放式基金，定投适合波动较大的基金，货币型基金、纯债基金不适合定投。现在很多基金销售平台推出的"智能定投"也是定投的一种，只不过是每期投入的资金不固定，会根据市场行情来判断，跌幅大的时候就多买入，跌幅小的时候就少买或者维持平时正常购买额度，属于定期不定额的方式。

### （二）对基金定投的看法

基金定投，能赚钱，自然也能亏钱。可以这样说，选择正确的基金（同类型基金中表现中上即可），构建合理的基金组合，适时止盈，在因市场环境不好导致基金净值普遍下跌时，继续坚持定投，基金定投很大概率是赚钱的。

不鼓吹基金定投，"通过定投指数基金轻松实现年化收益率15%+"的说法是夸大了定投的收益，但是，基金定投也并非骗局，在你认为定投是骗局的时候，总有人用定投的方式赚到了钱。

建议选择一些混合类基金进行定投，或者构建一个适合自己风险承受能力的基金组合定投，这样也可以适度分散风险，定投并不一定非要选择指数基金。定投一定要选择业绩表现尚可的基金，如果长时间坚持定投较差的基金，后果可想而知，有时候选择比努力更重要，一旦方向错误，越努力只会离目标会越遥远。

### （三）定投类型

常见的定投类型可以分为定期定额、定期不定额、不定期不定额三种。

定期定额：在固定的时间用固定的资金买入指定的基金。

定期不定额：买入时间固定，但金额不固定。也就是在低位多买，高位少买或正常买，从而有效平摊持仓成本。例如，定投日基金净值上涨4%（当然，如果结合市场行情或者基金在一段时期内的走势会更好，比如从上次定投到本次定投之间基金净值的涨跌情况），此时可以降低定投金额；若定投日基金净值下跌5%，则可以适当提高定投金额。

不定期不定额：通过分析市场走势，选择买入时机，在市场低位加大买入量（建议逢低分批买入），对于择时能力强的人来说，这样的买入方式比前两种方式在低位时买入的份额更多，可以降低持仓成本。总的来说，这种方式已经超出基金定投的定义了，需要投资者有较强的择时能力，经常分析基金的波动情况，没有了定投省心省力的优点。

定期买入操作比较方便，比较适合初入者或者无暇关注市场走势的基民，第三种方式虽然有可能取得更高的收益，但是风险也较大，等我们积累了一定的理财经验后，可以选择以前两种方式中的某一种为主，并以第三种方式为辅的投资方法来提升我们的投资收益。笔者目前的主要基金买入方式是逢低分批买入。

## （四）定投优势

基金定投的投资门槛较低，在选择好投资标的后，可以省时省力地执行定投计划，另外定投可以有效弱化择时风险，平滑波动与成本，而且定投有着类似强制储蓄的作用，可以使我们的财富积少成多。

一是门槛低，省时省力。

按照设定的日期、金额，平台可以自动扣款，不需花费过多精力，对于有周期性资金收入的上班族、没有足够时间管理自身资产的投资者或者理财经验不足的投资者比较友好。基金销售平台的"智能定投"功能，可以根据市场行情自动调整买入额度，实现低位多买、高位少买的目标。

二是弱化择时风险，平滑波动与成本。

定投的规律性分批买入减少了投资者的情绪对投资的干扰，有助于避免在市场高点时把我们的资金一次性追高买入的风险。虽然定投可以弱化择时风险，但在定投周期内，如果市场处于熊市或者波动行情中的下跌期长于增长期的阶段，即使买入成本已经被摊薄至较低，基金定投还是会亏损的；另外，如果在市场估值过高时定投，一定时期内也有可能产生亏损。表7-7为五只基金截至2024年5月17日的定投收益情况。

表7-7 五只基金定投收益情况

| 定投收益 | 招商中证白酒 | 万家行业优选 | 银河创新成长 | 农银新能源 | 工银前沿医疗 |
| --- | --- | --- | --- | --- | --- |
| 近1年 | −2.98% | −21.21% | −13.57% | −9.45% | −4.69% |
| 近2年 | −8.84% | −28.73% | −21.46% | −22.53% | −9.24% |
| 近3年 | −12.86% | −36.26% | −29.36% | −29.87% | −16.11% |
| 近5年 | 4.35% | −31.42% | −23.01% | 7.24% | −2.48% |

在市场低迷行情中，定投可以获取更多的基金份额，摊薄持有成本，以图7-11为例，假设在每月10日定投100元，忽略各种费用，截至5月10日共定投五期，投入500元，期间基金净值由1元下跌为0.8元，则第五次定投后，基金资产为：（100÷1+100÷0.8+100÷0.6+100÷0.5+100÷0.8）×0.8＝573.33（元），虽然基金净值由最初买入时的1元下跌到了0.8元，但是通过定投摊薄了买入成本，最终取得了正收益。

图 7-11 定投可以摊薄买入成本

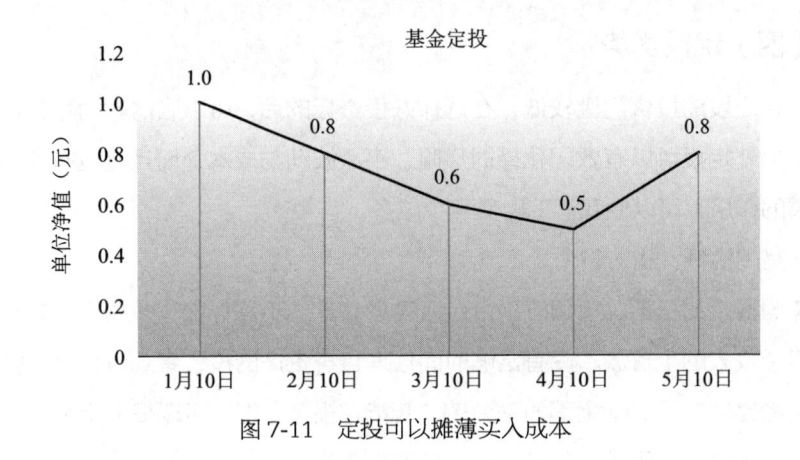

三是强制储蓄，帮你存钱，财富积少成多，聚沙成塔。

比如上班族，起初可能积蓄不多，定投可以将每月的部分收入强制储蓄起来。

四是长期投资，享受复利效应，但仍需适时止盈。

长期投资是定投积累财富最重要的原则，这种方式最好要持续三年以上（但行业类基金要及时止盈，很少有行业能连续上涨超过三年），才能得到好的效果，并且长期投资更能发挥定投的复利效果，前提是我们定投的基金业绩相对较好，在同类型基金中排名中上，这个时候时间才是我们的朋友，不然的话时间就变成"杀猪刀"了。定投对于准备养老金等有长期理财规划需求的投资者也比较适合。

五是在定投过程中，通过持续关注理财知识，可以提高理财本领。

## （五）如何定投

可依据自身实际情况制订定投计划，比如投资目标、个人风险承受能力、收益情况、定投周期、定投金额、定投基金组合等，这些都是需要自己在实践中探索的，不可能一蹴而就，需要慢慢形成适合自己的定投方式。在选择基金时建议考虑波动稍大，业绩在同类型基金中表现中上的权益类基金。

### 1. 定投周期

无须过于纠结择时，因为在定投过程中，时间成本慢慢地被平滑掉了。可依据个人经济情况和定投金额而定，对于每月有稳定现金流且定投金额合适的投资者而言，不妨采用每月定投的形式，长期来看周定投和月定投收益差别不大。

## 2. 定投金额

定投金额可以根据自己的实际收入、市场行情及个人存量资金情况来确定，慢慢调整到适合自己的额度，后期随着收入的变动也可以调整，若要更进一步，可以采用定期不定额的方式。理财要在不影响自身及家庭正常生活质量的前提下进行，从而使资产获得稳定增值。如果你每月用钱的事情比较多，比如水电房租等家庭开销较大，可能工资刚刚够用，此时对你来说，理财不是主要的，想办法提升自己或者发展副业，从而提高自己的收入才是主要的。当然，此时仍需学习理财相关的知识，用少量资金实践，以后总能用得到。每月定投金额可以参考以下方式设置。

对于每月有固定工资收入的上班族来说，可以在扣除所有支出费用后，用剩余资金的一半来进行定投；也可以用每月收入的固定比例来进行定投，比如收入的20%，这个比例要根据自身情况适时调整。同时，我们还需要将部分资金放在相对稳健的纯债基金、银行存款等产品上作为避险资金。

还可以根据自己的收益目标、投资周期及不同类型基金的长期年化收益率来反推出定投金额。对于已有一定数量的存款或者额外收入较多想拿出来投资的投资者来说，可以根据定投周期，将资金等分投入。

一定要用闲钱投资，最好是短期不用的钱，投资之前，先要规划一下未来自己是否需要动用准备投资的钱，比如说，一年内你需要买车，那么就不应该用这笔钱购买风险较高的权益类基金，可以放到纯债基金中。虽然定投是相对长期的投资行为，可以平滑风险，但是当基金有问题时要及时更换，并且也要记得及时止盈。做好资产配置，不要因为急用钱而卖出基金，有时候，逆势布局就是需要付出一定的时间成本来获取超额收益。

## 3. 定投方式

至于选择何种类型的定投方式，如果自身投资经验丰富、能够比较好地把握市场行情，可以考虑定期不定额、不定期不定额的方式，否则定期定额也是不错的选择，省心省力。

## 4. 计划执行

定投计划做好之后，就需要我们坚持执行了，不要轻易止损，不要在遇到市场波动时就试图终止定投，面对中短期的下跌，只要所选基金没问题，在同类型基金中表现中上，就应该坚持下去。甚至可以考虑在市场下跌时多买一点，这样就能够较平时以更低的成本获得更多的基金份额，等到行情反弹，就会取得更好的收益，如图7-12所示。

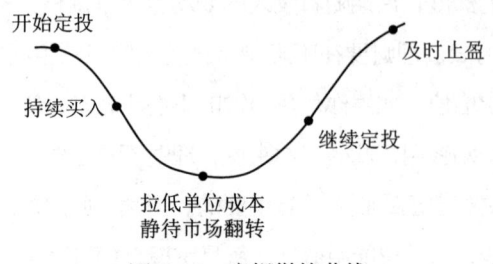

```
       开始定投
          •                    •  及时止盈
     •                        •
    持续买入                 继续定投
          拉低单位成本
          静待市场翻转
```

图7-12  定投微笑曲线

定投并非简单地"买入并持有"，要想取得好的收益，还需要及时止盈或者及时更换不合适的基金，我们要记得查看定投基金的基本情况，比如业绩、投资风格、基金经理有无变动等，如果定投基金业绩持续低于同类型基金，或许可以考虑更换基金了。

理财要灵活，在执行定投计划的过程中，发现不合适的地方，要及时调整，定期检查优化自己的投资组合，在投资中不要总想着一劳永逸，基金理财只是进入门槛低，想赚钱却不一定如你想得那么简单，如果对自己的钱不负责，往往会被市场教训。

## （六）定投终止

当你持有的基金是一只好的基金标的时，定投可以止盈不止损，不要定投的基金短期内表现不好就急于赎回，定投是一个长期的过程，如果定投时间太短，投入的资金就太少，这样取得的收益就比较有限。在因市场普跌行情导致基金产生亏损而该基金持仓行业未来仍有发展前景时，可以继续持有、继续定投。好基金可以长期持有，但长期持有并不等于不止盈，要结合市场行情、止盈方法及时止盈，对于劣质基金不要盲目长期持有，要及时止损。定投终止的情形可以分为四种：止盈；基金标的不合适，及时更换；急用钱卖出基金；割肉或止损。

## （七）定投误区

虽然基金定投有很多优点，但是有的投资者通过基金定投并没有赚到钱，可能是因为在定投过程中存在以下误区。

**1. 认为任何基金都适合定投**

定投适合净值波动较大的基金,并不限于指数基金,纯债基金、货币型基金这些低波动的基金并不适合定投。

**2. 认为定投时间"越长越好"**

A股牛短熊长,这也导致了基金的业绩有一定周期性,很多基金成立以来的业绩还不如近两、三年的业绩,所以,如果我们的持仓周期没那么久的话,可以考虑适时止盈。看一下图7-13所示的上证指数近几年的走势,就知道止盈是必要的了,A股波动性太大,上涨周期太短,如果盲目长期持有,可能会导致本金或已取得的收益亏损。

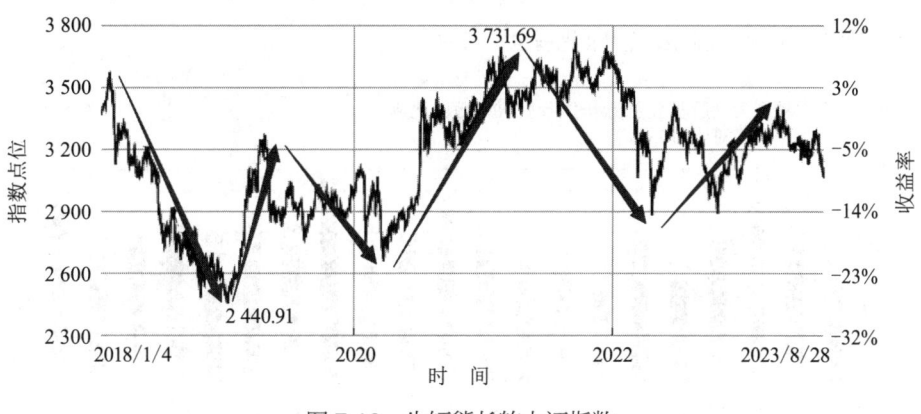

图7-13 牛短熊长的上证指数

**3. 看见市场下跌就赎回**

只要我们的基金没问题,可以在下跌时坚持定投,甚至可以加大投入额度,增加持仓份额,拉低持仓成本,而不是恐惧于市场下跌而"割肉"卖出手里的基金。

**4. 认准一只基金定投,不管业绩好坏**

不要对定投的基金产生感情,定投标的不再适合时,要及时更换,如果定投基金业绩较差,"复利"就变成"负利"了。

**5. 忽视持仓成本**

长期来看,基金的收益与费率整体上呈负相关关系,所以,不要频繁交易。

## （八）基金定投与指数基金

一提到基金定投，可能很多人会想到指数基金，其实笔者不是很建议定投A股宽基指数基金。我认为定投并非一定要选择指数基金，定投混合类基金或者构建一个适合自己的基金组合是一个相对更好的选择。

我们要知道，在一个相对有效的市场，指数基金的收益超过主动基金是很正常的。比如美股市场，市场参与者以机构投资者为主，散户占比较小，机构之间在投研实力上的差距远小于机构与散户之间的差距，各种信息可以较好地体现在股价上，机构投资者也更为理性，主动基金经理通过选股、择时等主动操作战胜市场的概率较低，所以，主动基金要想获取超额收益还是很难的，持有指数基金是比较合理的理财方式。

从2001年至2022年6月30日的21年间，标普500指数有18年跑赢美国半数及以上的大盘股主动管理型基金，如图7-14所示。

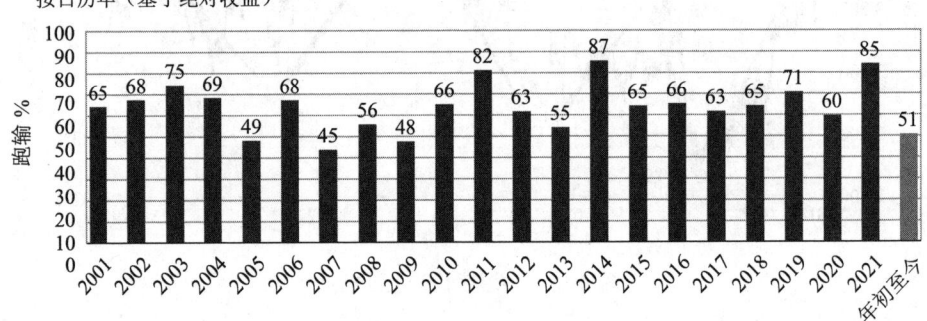

美国国内主动型大盘股基金表现跑输标普500指数的比例
按日历年（基于绝对收益）

| 年份 | 跑输% |
|---|---|
| 2001 | 65 |
| 2002 | 68 |
| 2003 | 75 |
| 2004 | 69 |
| 2005 | 49 |
| 2006 | 68 |
| 2007 | 45 |
| 2008 | 56 |
| 2009 | 48 |
| 2010 | 66 |
| 2011 | 82 |
| 2012 | 63 |
| 2013 | 55 |
| 2014 | 87 |
| 2015 | 65 |
| 2016 | 66 |
| 2017 | 63 |
| 2018 | 65 |
| 2019 | 71 |
| 2020 | 60 |
| 2021 | 85 |
| 年初至今 | 51 |

图片来源：标普道琼斯指数有限公司。

图7-14 标普500指数跑赢美国主动型大盘股基金比例图

目前，国内市场机制还有待完善，市场有效性相对较低，信息披露制度不完善，参与者以散户为主，散户与机构投资者占比约为3∶7，在与散户的博弈中，有强大投研实力的机构投资者更容易战胜散户获取超额收益。此外，当前国内普通投资者的投资理念大都不成熟，频繁交易，追涨杀跌，交易频率远高于机构投资者，这也导致了主动基金获取超额收益难度远低于一些国外成熟市场，在国内持有指数基金的收益往往低于主动基金，另外，"指数失真"问题也比较突出。

还有很重要的一点是，国内股市牛短熊长，波动太大，长期定投指数基金的收益平平。在不同市场上或者同一市场的不同周期内，投资方法与投资品种是不同的，不要生搬硬套。指数基金定投在国内传播这么广，以至于刚开始接触基金理财的人就知道定投指数基金，主要源于以下三点。

一是巴菲特对（美股）指数基金的推荐，被国内媒体用来借势宣传。

这里我们要注意：在美国，巴菲特、约翰·博格等著名投资者都推荐定投指数基金（具有低成本、低风险、高透明度等优点），是因为美股市场相对成熟，指数基金起步比较早，制度相对完善，所以，在美国定投指数基金获得的收益还是比较理想的。

国内指数基金与美股指数基金还是有差别的，表现差一些，国内很多大盘指数基金的业绩并不怎么好。当然，市场不会一成不变，要学会应对市场，如果国内指数基金表现有所改善，还是可定投的。

图 7-15 为美股道琼斯指数走势图，再来对比看一下图 7-16 中上证指数走势

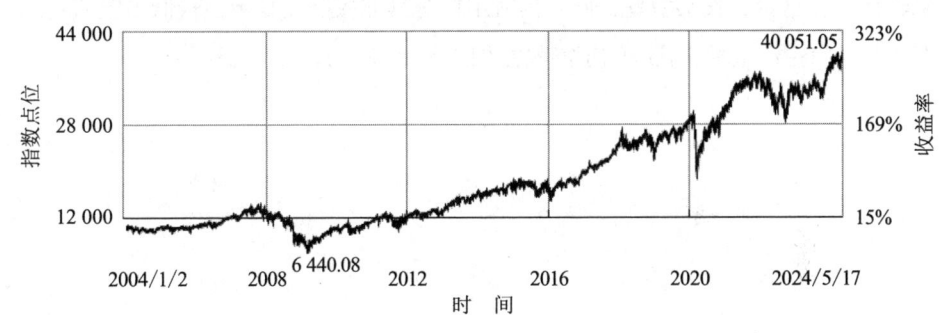

图 7-15　2004 年来道琼斯指数走势图

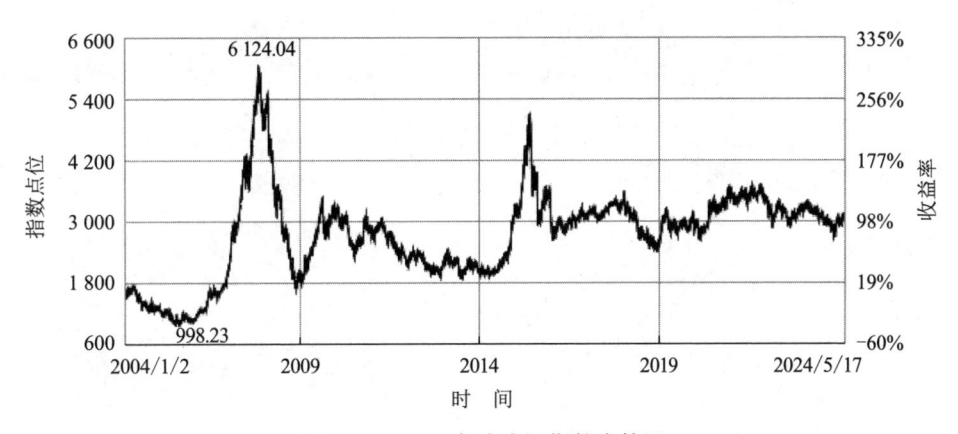

图 7-16　2004 年来上证指数走势图

图，我们可以很明显地看出美股指数与国内指数走势的差异，虽说美股指数也有波动，但长期来看它的上扬趋势还是很明显的，在波动中持续上涨，长期持有还是很容易获利的；而国内指数波动性更大一些，牛短熊长，如果不及时止盈，长期持有收益可能会回到原点，如果这种情况不改变，不建议持有宽基指数基金。

如果将来国内市场逐渐变得成熟、有效，机构投资者在市场上占据主力地位，主动基金获取超额收益的难度也越来越大，那个时候，持有宽基指数基金或许是一个不错的选择。

二是很多媒体对指数基金的宣传，比如"通过定投指数基金，轻松取得年化收益率15%+"，对于这样的说法，很多人当了真。理财是我们自己的事，对各种观点要注意甄别。在选择指数基金进行定投时，一定要选择业绩尚可的指数基金，有些指数基金的收益还不如偏债混合基金。

三是指数基金本身确实有很多优点。宽基指数基金持仓分散，运作透明，风险较混合型基金、股票型基金低，其费用相对其他权益类基金也较低（但节省的费用与持有主动型基金获取的超额收益相比差太多了）。

# 第八章

# 基金亏损原因及应对

范K·撒普说过:"金融市场如同大自然,它只会让参与者显现暴露自身的问题,而不会去解决这些问题。"所以,在进行理财时,我们要学会自助,从市场给我们的教训中总结经验,吃一堑,长一智,这样在后续理财时才能更合理地去解决遇到的问题。

在本书的最后一章,我们结合前述章节的内容来分析基金理财常见的亏损原因,了解了亏损的原因,在以后的基金理财过程中才能采取相应措施来减少损失,做到有的放矢。

## 一　市场大环境不好，基金普遍下跌

对于股票型、混合型等权益类基金，持仓组合以股票为主，当市场整体环境不好时，基金持仓股票的表现自然也不好，相应地，基金业绩也会很差。比如在2018年市场普跌的行情中，大多数基金的业绩都不理想，即使这些基金的管理者是知名的基金经理，见表8-1。

表8-1　2018—2022年部分知名基金的业绩表现

| 历史年度收益 | 招商中证白酒 | 万家行业优选 | 银河创新成长 | 农银新能源 | 工银前沿医疗 |
|---|---|---|---|---|---|
| 2018年 | −23.75% | −12.68% | −23.64% | −34.41% | −19.30% |
| 2019年 | 86.82% | 89.83% | 97.12% | 34.64% | 69.29% |
| 2020年 | 113.34% | 96.95% | 45.42% | 163.49% | 98.96% |
| 2021年 | −2.36% | 4.09% | 32.36% | 56.20% | 11.74% |
| 2022年 | −11.92% | −29.94% | −35.25% | −28.26% | −21.18% |

在普跌行情下，持有权益类基金想赚钱是很难的，此时小亏即赚，这也比较考验投资者的心态，因为基金的持有体验很差。每天看到那满屏的"绿色"，我们在心理上有所恐惧也是正常的，但是，恐惧归恐惧，你要是真的随意清了仓，那可真成了"不成熟"的投资者了。

不要抱有"在市场普跌行情到来前，我把手里的基金卖出不是更好吗"的想法，绝大多数人做不到。如果没有及时止盈、止损，持有的基金也没问题，我们可以把普跌行情当作低吸的机会，付出资金时间成本，等将来行情好转后获取更多收益，做你该做的，耐住市场连续下跌时的煎熬，反弹时市场先生自会给你回馈。

在进行基金理财时，我们也不要错过普跌行情带来的逢低买入机会。这在普跌行情中是可行的，此时是可以逆势而上的。但是，一定要控制好买入的节奏，因为我们并不知道下跌会持续多久。有人喜欢在下跌初期抄底，但是没有控制好节奏，在连续下跌行情下，越追底仓位越重，越陷越深，此时"割肉"又舍不得，只能硬扛，所以，在连续下跌行情中并不适合"一直跌，一直买"。波动中往往孕育着机会，而很多人都在波动行情中被吓破了胆，轻易交出了自己的筹码，自然享受不到后期市场反弹带来的收益。

可以通过资产配置等方式合理降低投资组合风险，但不要总想着去规避风险，当你一味追求低风险时，也就意味着你错过了其他高收益的理财产品，比如为了降低风险而将资金全部配置到货币型基金上。

我们无法判断牛市熊市何时到来，我们能做的就是选对基金标的，构建适合自己的基金组合，做好资产配置，在市场下跌时，不要急于赎回，用闲置资金逢大跌分批买入（这时候的基金价格"相对便宜"），不要一下跌就买入，做好迎接持久战的准备，静待市场反转。如果你做定投，可以继续执行计划，不要跌几天就迫不及待地赎回了，在熊市用同样的资金换取更多的基金份额，待牛市到来时，你的收益将会大幅增加。

我们来看一下上证指数在 2005 年 1 月至 2022 年 12 月期间历次到达底部位置后的表现，如图 8-1 所示，每次大跌，都带来了极佳的投资机会，每次大跌后的反弹，都为坚持下来的投资者带来了丰厚的回报。在极端市场行情中，往往孕育着最佳的投资机会，机会到来时要敢于下注，股市牛熊转换，就我们普通投资者而言，低点买入才是可操作性较高并且获取更大收益的方式。

好基金适合长期持有（但并不代表不止盈，因为很多基金的业绩有一定的周期性），买股票型、混合型等权益类基金，其实就是买这些基金持有的股票组合，我们的收益主要来自这些公司的成长，当市场整体下跌时，如果基金持仓行业仍有前景，重仓股一切正常，基金的投资风格也没有改变，基金业绩在同类型基金中表现中上，这时我们不应轻易止损。很多朋友总是在基金连续上涨时来问我要不要买，总是在基金下跌时来问我要不要卖，我倒是希望他们可以反着来。

在市场行情较差时杀跌卖出，这种情况会造成实质性亏损。但是，又有几人能够耐住长期大幅下跌而享受到后期市场行情好转带来的收益呢？当投资者恐慌于市场下跌都不敢买入时，往往是我们最应该买入的时候，这是捡便宜筹码的好机会。

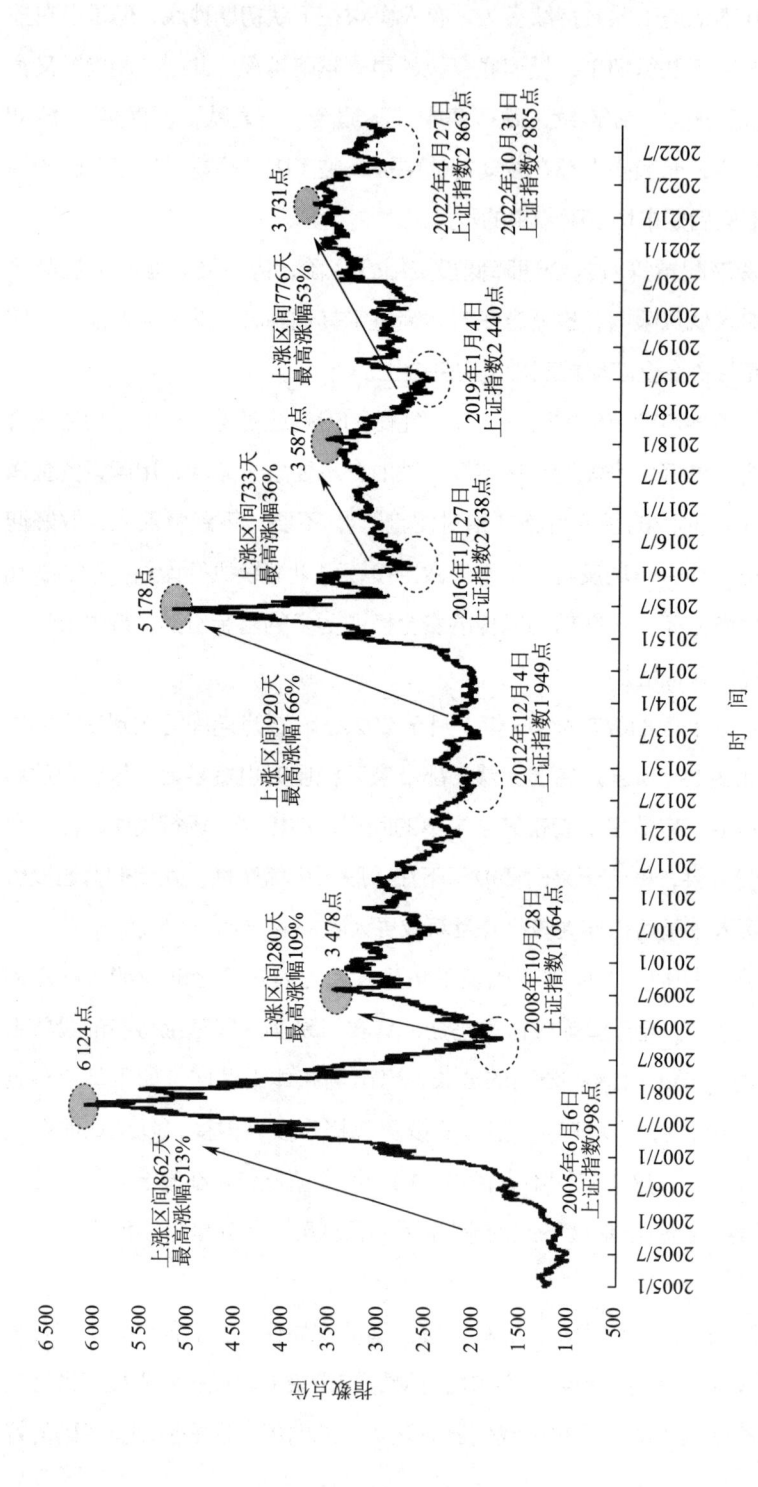

图 8-1 上证指数 2005—2022 年的底部位置

图片来源：华夏基金。

波动才是股市的特质，我们都知道股市的周期性，跌久必涨，A股也逃脱不了这种周期规律，实际上，这种情况出现过太多次了，但我们却很少从中获取经验。当你一味规避风险的同时，可能也错失了布局的良机。所以，不要总去担心市场会发生什么，重要的是你在不同市场行情下会做出怎样的反应。

## 二 基金选择不合理，盲目买入

很多基民在选择基金时，可能会存在以下误区。

### （一）"唯业绩论"，只选择业绩排名靠前的基金

基金业绩是我们选择基金的一个参考维度，但并不是唯一标准。业绩都是过去式，并且有一定的周期性，过往业绩优秀并不能代表未来业绩同样优秀，绩优基金可能在某个周期内或者熊市时业绩变得很差，如果不加筛选，只看业绩买入，很可能会追高被套。

行业类基金虽然业绩诱人，但是风险也很大，当板块轮动、趋势不在时，经常会产生较大回撤，要结合自己的风险承受能力决定是否进行行业类基金配置。我们可以考虑构建一个适合自身情况的基金组合，做好风险控制，用部分资金去追逐趋势，抓住板块轮动机会，一定不要觉得今年某行业是趋势就把所有资金都投在该行业上。

另外，选择的基金还要与我们自身实际情况契合，比如投资风格、风险承受能力、投资周期等，绝不能只看业绩，如果没有做好风险适配，可能在震荡行情中"割肉"离场。

### （二）跟风买入知名基金经理管理的基金

选择适合我们投资风格的基金经理是我们基金理财过程中很重要的一环，基金经理优秀与否也是我们选择基金的重要参考条件，但这并不代表只要选择了优秀的基金经理就能取得良好的基金收益。每位基金经理都有自己擅长的投资方向，市场总是变动的，当市场趋势不再时，他们的业绩自然也好不到哪里去。

基金经理只是我们选择某只基金的一个参考条件，在理财过程中不应跟从知名基金经理盲目买入，不要觉得只要选了这个基金经理就一定会赚钱，理财没那么容易。

即使选择了各方面（从业年限、过往业绩、回撤控制等）表现都很优秀的基金经理，投资者交易时机不对，追涨杀跌，收益照样很差。

很多人在选择基金经理的时候，最看中的就是他们管理基金的过往业绩，但是，过往业绩并不能代表未来业绩，只是我们的一个参考因素，没有只涨不跌的权益类基金。

当市场环境不好的时候，"顶流"基金经理也没辙，所以，我们可以学着去应对市场而不是预测市场。我们在选择基金时一定要分清主次，要"先基金，再基金经理"。

### （三）盲从专家，选择他们推荐的基金

专家并非贬义词，大部分人还是能够分享有用知识的。天下熙熙，皆为利来；天下攘攘，皆为利往。他们所求，无非通过分享自己的知识获取名利，当然，求名逐利，其实没什么不好的，坏就坏在，为名利不择手段。

跟着专家真能赚到钱，我们给他名利也未尝不可，双赢，大家都开心。要知道，有些所谓的有名投资者是"打造"出来的。部分投资者在刚开始理财的时候，可能会盲目地去买入专家等推荐的基金，抄作业不是不可以，但是，我们要知其然，更要知其所以然。在这种抄作业的过程中，我们需要一步步去研究，为什么要选择这只基金？依据在哪里？适不适合我？投资者在做投资决定之前要做足功课，只有这样，我们才能做到心中有底，减少踩坑的可能性。相比作出非凡的决策，投资中更重要的是避免愚蠢的决定。

我们要在模仿中前行，不断学习，积累经验，形成自己的理财观。当然在这一过程中我们会不可避免地踩坑，而且不止一次，但是，有些坑早踩比晚踩要好，因为前期的试错成本可能会低很多。

市场上充满着各种各样的观点，今天这样说，明天那样看，不要被那些新闻、自媒体、专家蒙蔽了双眼，作出各种愚蠢的决定。理财从来都是我们自己的事情，我们要对自己负责。当你对自己的钱都不负责时，还指望别人对你负责？

对于一些专家或是媒体的观点我们要辩证看待，切不可盲从，不要被他们的观点蒙蔽了双眼，不然可能会在投资中吃大亏。

自媒体、专家等的观点有时是互相矛盾的，甚至对同一位专家来说，观点也经常前后不一。就像肯尼斯·波斯纳塔勒布在《黑天鹅：如何应对不可预知的未来》中写的那样："只要去找，你总能找到某个人曾经说过的能够支撑你观点的冠冕堂皇的话。而同时，对每一个观点也都能够找到一个恰好说过相反观点的已故思想家。"

在股市的长河中，从不缺预测者，这些人有专家，有基金经理，"市场先生"总是一次次打他们的脸，即使这样，他们还是会继续预测，尤其是当他们依靠这个赚钱的时候。一些所谓的有一定名气的自媒体或专家就跟墙头草似的，为了引流，市场上什么热就写什么。投资久了，越来越觉得不受外界繁杂声音所扰的重要性，不要盲从任何人，更不要用自己的钱去验证别人观点的对错。赚超出自己认知体系以外的钱，靠的是运气，但运气并不总是站在你这边，可能只需一次坏运气，你就会连本金都输掉。

当整个市场都在跌的时候，基本上买权益类基金就是个赔钱的，理财高手、金牛基金经理也在跌，环境不好，谁也赚不了。关键是环境不好的时候我们怎么做，只要基金没问题，就不要随意杀跌，不要频繁操作，跌得多了就逢低分批买入一点儿。所以，基金赚钱与否，与当时的市场环境是紧密相连的。

### （四）莫被基金理财课程忽悠

对于一些理财课程，一定要慎重选择，可能刚开始花几元就可以试看课程、领资料，但是，后期课程的价格可能会翻百倍。

现在获取信息的渠道有很多，只要你肯用心去找，我们可以通过相关书籍、文章、视频等内容学习理财知识，然后自己慢慢实践、慢慢积累经验就可以了，不要总想着走捷径。

### （五）不建议看直播买基金

回想一下，你从选择到决定买入一只基金用了多长时间？有的投资者用时甚至不如挑选衣服的时间多。有人说基金理财简单，但是也不至于简单到花几分钟时间随便选一只基金买入就能赚钱。理财永远是自己的事情，对自己的钱都不负责，亏损是正常的。

为什么非得盲目买入别人推荐的呢？他们为什么推荐，是有利可图还是推荐的基金真的好？好基金很重要，但交易时机也同样重要，就算推荐的基金不错，万一此时买在高点上被套呢？看直播买东西（不限于基金），很容易做出非理性决策，理性很重要，尤其是在理财中。对大多数普通投资者来说，赚快钱，基金不合适。记住，财不入急门，就算你赌对了一次，这次赚了，总会在下次还回去的，理财时不要把运气当成自己的能力。

### （六）盲目买入基金销售平台推荐的基金

第三方基金销售平台就像一个基金超市，超市推荐你买的东西大多是超市有利可图的。很多时候基金销售平台推荐的基金是不靠谱的，这就需要我们善于筛选基金，毕竟投资是自己的事，不要只看别人推荐的，就算别人推荐了，我们也要分析推荐的基金是否合适。基金平台推荐基金，可能是有以下几个原因。

平台推荐基金有利可图（比如收取推广费用）；

推荐的基金是短期内热点概念基金，短期业绩亮眼，吸引一些买基金只看业绩的小白，这样追高容易被套；

推荐的基金可能是一些被低估的行业基金，吸引一些买基金只看估值的小白，而这些低估行业的基金长期表现并不好。

对于如何选择合适的基金，可以从基金业绩表现、基金经理能力、基金持仓股未来前景、基金规模、基金评级、基金累计净值等基金自身情况与个人预期收益目标、风险承受能力、投资时长、基金组合搭配合理度等个人实际情况及市场行情来做出综合判断。

## 三 基金组合不合理，无法分散风险

选对基金，构建适合自身的基金组合，选择合适的交易时机，才是我们基金理财的核心。当市场整体环境表现正常或者很好时，而你的基金却亏损了，很可能的原因就是你的基金（组合）有问题。在构建我们的基金组合时，要结合自己的实际情况，对组合的基金慎重筛选，合理搭配，适度分散风险。以下是笔者对基金组合配置的几点看法。

基金组合中要配置一定比例的纯债基金来避险；

基金组合配置3~5只基金为宜（混合类基金甚至可以更少），不要贪多；

基金定投并非一定要选择指数基金，混合型基金或许是更好的选择；

注意控制行业类基金配置比例，高收益伴随着高风险；

组合中基金持仓相关性要低；

投资组合中并非一定要包含投资国外市场的基金。

基金组合构建好之后，并不代表就可以高枕无忧了，投资不是一件一劳永逸的事情，我们要对组合及时复盘，当组合中的基金不再适应自己的投资目标时，要及时进行调整。鉴于基金每季度都会出季报，我们可以每季度对组合进行一次分析，根据基金在同类基金中的表现、基金经理是否变动、基金持仓及组合中基金的相关性等判断基金是否还适合我们。

## 四 持有期短、交易频繁，易错失机会且成本高

长期来看，频繁交易对基金收益的影响很大，频繁交易显著提高了投资者的持有成本，可能错过市场快速上涨时期带来的收益。此外，交易越频繁，对投资基金的了解程度就越低，没有时间去仔细分析，做出错误决定的概率就越高，所以，一定不要频繁交易，不要用股票投机的那一套来操作基金。在进行基金理财时，钱会从频繁交易的投资者手中流向耐心持有者手中。

### （一）持有期短可能会错过市场快增长时期

持有期过短无法享受基金持仓公司持续发展所带来的收益，这里需要注意的是长期持有并不等于不止盈。图8-2为截至2021年一季度末不同持仓时长的基金投资者的收益情况，机构数据也表明：持仓时间越长，投资者平均收益率水平越高。

当然，长期持有是指持有那些业绩表现尚可的基金，若基金表现在同类型基金中靠后，那么绝不能死拿不放，要及时止损，此外，还要会及时止盈，不然收益可能会回撤，尤其是行业类基金，因其上涨周期很难超过两年，更要及时止盈。

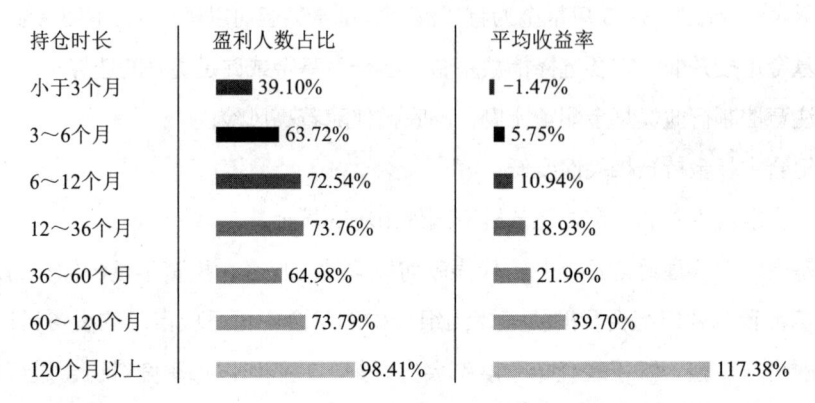

| 持仓时长 | 盈利人数占比 | 平均收益率 |
|---|---|---|
| 小于3个月 | 39.10% | -1.47% |
| 3~6个月 | 63.72% | 5.75% |
| 6~12个月 | 72.54% | 10.94% |
| 12~36个月 | 73.76% | 18.93% |
| 36~60个月 | 64.98% | 21.96% |
| 60~120个月 | 73.79% | 39.70% |
| 120个月以上 | 98.41% | 117.38% |

图 8-2　截至 2021 年一季度末不同持仓时长的基金投资者收益情况

在理财时，也有类似"二八法则"的现象存在，即理财收益的 80% 源自于投资周期中市场快速上涨的 20% 的时间。查理·芒格也曾说过："如果把我们最赚钱的 10 笔交易抹去，我们就会是一个笑话。"图 8-3 为 2011 年 1 月 1 日至 2020 年 12 月 31 日期间 A 股、美股主要指数收益率与去除涨幅最好的 20 个交

剔除黄金20天后，投资收益大打折扣
■ 年化收益率　■ 剔除黄金20天

| 指数 | 年化收益率 | 剔除黄金20天 |
|---|---|---|
| 上证综指 | 2% | -7% |
| 沪深300 | 5% | -5% |
| 中小板指 | 3% | -6% |
| 内地消费 | 13% | 2% |
| 上证50 | 6% | -5% |
| 中证500 | 2% | -7% |
| 创业板指 | 10% | -2% |
| 标普500 | 11% | 1% |
| 纳斯达克 | 17% | 6% |

图片来源：易方达互联网投教基地。

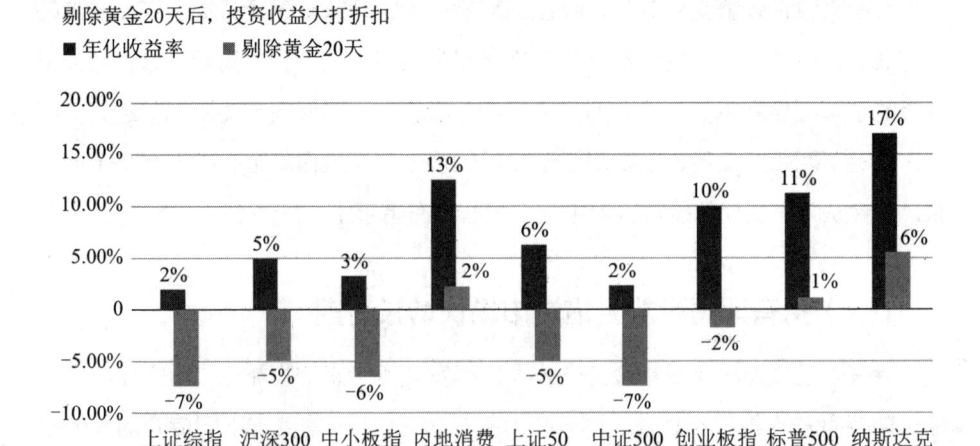

图 8-3　剔除黄金 20 天后的投资收益变化图

易日（黄金 20 天）后的收益率对比：不要高估自己的择时能力，否则可能会错失市场快速上涨的机会。

查尔斯·艾里斯在《投资艺术》中写道："当闪电打下来的时候，你最好在场。"基金的大部分收益是在少数的市场上涨阶段内获得的，而其他时期市场都是在波动中，当你想要逃离极端下跌行情时，反而很有可能会错失大涨行情，绝大多数普通投资者的择时能力是很差的，如果持有期短，频繁交易，可能会错过这段大幅增长时期，收益自然就好不到哪里去。在基金理财的大多数时间里，都是在平淡涨跌中等待上涨机会的到来，当你没有预测市场走势的能力时，最好待在场上。

### （二）交易频繁会提高持基成本

图 8-4 为截至 2021 年一季度末不同月交易频率的基民平均收益情况，这表明交易频率也影响基金收益，交易越频繁，手续费越高，盈利情况越差。

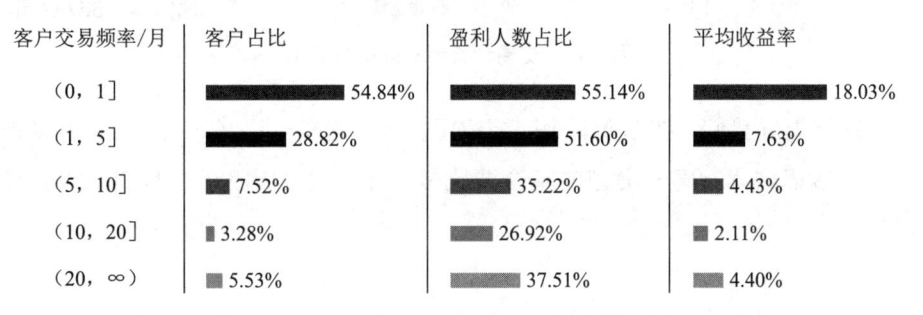

| 客户交易频率/月 | 客户占比 | 盈利人数占比 | 平均收益率 |
| --- | --- | --- | --- |
| (0, 1] | 54.84% | 55.14% | 18.03% |
| (1, 5] | 28.82% | 51.60% | 7.63% |
| (5, 10] | 7.52% | 35.22% | 4.43% |
| (10, 20] | 3.28% | 26.92% | 2.11% |
| (20, ∞) | 5.53% | 37.51% | 4.40% |

图 8-4　截至 2021 年一季度末不同月交易频率基民平均收益情况

以招商产业债券 A 为例，这只曾获晨星奖、金牛奖的基金，表现自然很好，但是短期赎回费率太高，这当然也与持有期过短有关系，通常基金的赎回费率会随着持有期增加而降低，所以，选择基金前就要对自己的持有期有一个大致的估算，以便决定选择基金的 A 类份额还是 C 类份额。如图 8-5 所示，赎回 400 份，手续费为 8.6 元，而在持有期间收入是多少呢？约为 7.2 元，所以，折腾了一阵子，做了赔本买卖。原因有两个：一是持有期太短，对应的赎回费率高；二是这只基金的赎回费相对其他债券类基金来说偏高。

图 8-5  交易频繁会提高持基成本

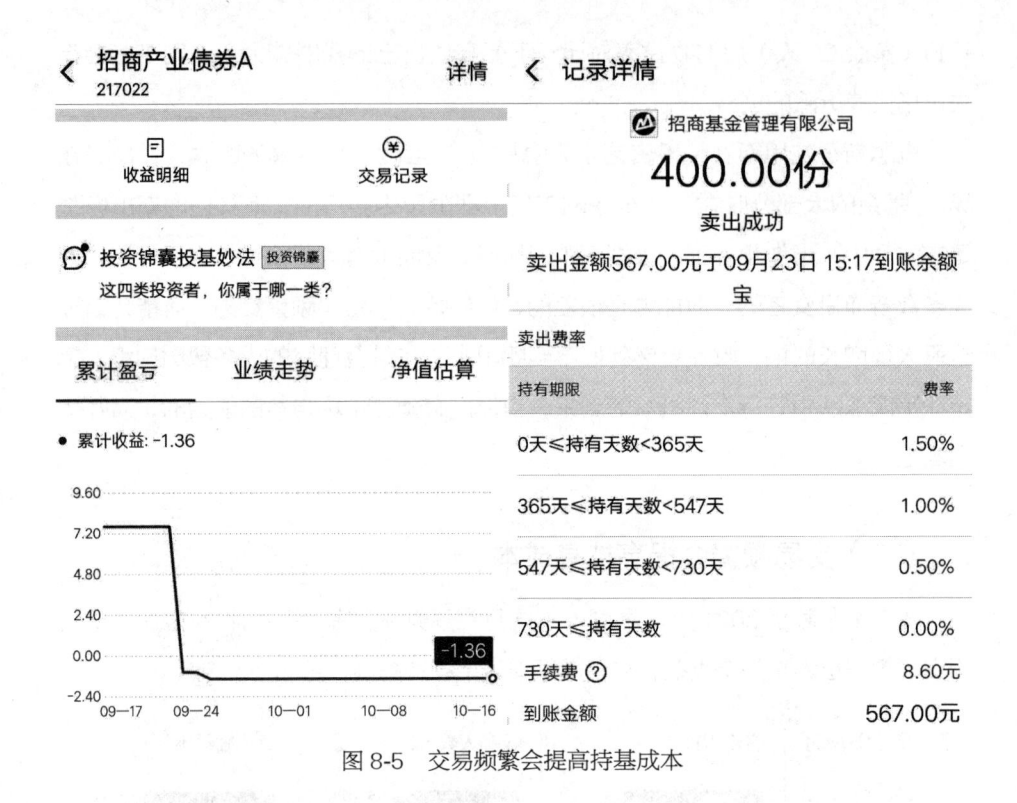

这就提醒我们，在选择基金时要慎重，可以选择一只好的基金标的长期持有，要考虑成本，同一类型的基金要比较一下基金的申赎费、管理费、托管费等。

## 五 交易时机不合理，追涨杀跌

同一只基金，不同的交易时机收益是不同的，比如行业类基金在市场行情到来时收益可能翻倍甚至更多，然而，仍有部分投资者收益为负，大概是被这些基金的亮眼业绩迷惑，盲目追高买入导致被套。好资产很重要，但合理的买入价格同样重要。部分投资者在市场行情较好时更容易作出不理智的投资行为，此时，他们沉醉于上涨行情，认为市场风险很低，通过基金赚钱很容易，有着更高的风险容忍度，倾向于在市场行情高涨时追涨买入，这也导致他们很容易被套。当多数人都觉得风险很低时，往往此时风险已经很高了。在市场行情较差时，总有投资者恐慌于市场的连续下跌而迫不及待地卖出持有的基金，此时，他们更应该担心的是错过市场大跌带来的投资机会而不是下跌造成的临时损失，这时基金净值已经跌得相对较低了，买入亏损的风险反而很小，更容易获得丰厚的回报。建议在基金交易时采取分批操作，分批操作可以有效降低择时风险，避免一次性投入大量资金买在高点，等到后期有更好的买入机会时手中已无资金的情况；也可防止将持有的基金一次卖出而享受不到后期行情上涨带来的收益。

## （一）买入时机不对——追涨、盲目抄底

在基金理财过程中，你有没有追涨呢？基金的净值变动很大程度上取决于其持仓股票的走势，而股市是不理性的，有时会因为一个热点事件、热点概念产生大幅波动。此时持有这些股票的基金的净值也会短期内大幅上涨，这个时候你有没有心动呢？有没有情不自禁地追高买入呢？事实表明，大部分人是抓不住这短暂上升期所产生的红利的。

当然，若你已买入了，也不要轻易赎回，净值的高低是相对的，若该基金的表现较好，所在行业发展前景良好并且当前估值并不算高，还是可以继续持有的。

如果一个行业发展趋势很好，相关基金经过前期上涨，净值已经相对较高了，而你很看好这个行业，那么要不要买入该行业的基金呢？比如在几个月的时间内，某些行业基金净值大幅上涨超过40%，这个时候尽量先不要买，如果要买，我们要在基金净值大幅回撤时逢低分批买入，不要一次性买入。因为市场总是在波动中的，热门行业也会回调，总有机会。建议在买入基金的时候，要逢低分批买入，也即在相对低点时买入基金。连续下跌行情中并不适合一下跌就买入，不要盲目抄底，原因如下。

一方面，大多数普通投资者没有那么多资金，很可能追着追着就没有资金投入了。在下跌之初就投入大量资金，这样可能等你发现市场遍地机会时，手中已无资金；另一方面，没有买在相对低点，不能很好地降低成本。

在连续下跌行情中，可以考虑控制节奏，非大跌不买入，做好长期下跌的应对。投资并不要求我们买在最低点，在相对低点买入即可，但却要求我们在相

对高点到来时还在场,很多投资者的资金储备或者耐心可能还不足以支撑到那一刻。

当然,逢低分批买入是需要一定经验的,不适合初入者,刚开始可以选择以定投方式为主、逢低分批买入为辅的投资方法来提升我们的投资收益。

## (二)卖出时机不对——低卖

"会买的是徒弟,会卖的是师傅",卖出时机不对易产生两种情况。一是过早止盈,导致盈利缩减,错失扩大收益的良机,这种情况还好,至少本保住了;二是亏损,除去急需钱而卖出的情形,亏损是因为我们对当前市场形势把握不准确,自身太焦躁,没有耐住净值下跌的煎熬,错误地进行了赎回或者清仓操作。

基金盈亏的根本原因在于市场,这点我们无法左右,市场可不管你适应不适应,我们能做的就是不要人为地去增加亏损的可能。

在理财过程中,总会遇见市场剧烈波动的情况,这是很正常的事。市场是不会以我们的意志为导向的,能让你赚钱,就能让你亏钱。关键是面对大跌,我们应该如何操作?是当作买入的好机会还是被吓破了胆"割肉"清仓。

很多时候,投资者卖出基金并不是达成收益目标主动止盈,而是无法忍受基金的连续下跌而杀跌离场。来看一下图8-6中2018年3月31日至2021年3月31日成立满三年基金的近三年年化波动率与投资者持有时长情况:基金波动率过高会对投资者持有基金的体验产生负面影响,通常波动率越大的基金投资者持有期越短,进一步会影响平均收益率。

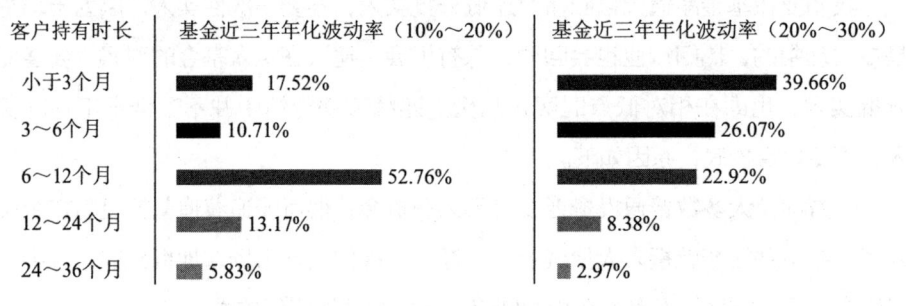

| 客户持有时长 | 基金近三年年化波动率(10%~20%) | 基金近三年年化波动率(20%~30%) |
| --- | --- | --- |
| 小于3个月 | 17.52% | 39.66% |
| 3~6个月 | 10.71% | 26.07% |
| 6~12个月 | 52.76% | 22.92% |
| 12~24个月 | 13.17% | 8.38% |
| 24~36个月 | 5.83% | 2.97% |

图8-6 基金波动率与投资者持有时长关系

虽然比我们更为专业的基金经理能让基金取得良好的整体业绩,但是,再厉害的基金经理也挡不住一些投资者的追涨杀跌，频繁交易。风险与市场有关，也与投资者的认知有关。恐惧于市场的连续下跌非但不在低点买入反而卖出持有的基金，心动于错过前期低点布局但现在大涨的热点基金而追高买入，这种操作在基金投资者中屡见不鲜。杀跌要不得，不要所选基金短期内出现下跌就迫不及待地清仓，就算想要卖出，也要分批卖出。

## 六 资产配置不合理

系统性风险我们无法避免，但是，我们可以通过合理的资产配置降低非系统性风险。

设想一下，你的资金都配置在股票或者股票型、混合型等这类收益与风险相对较高的权益类基金上，这类资产随市场波动大，有可能在你急用钱时，下跌很大，这时你就只能"割肉"了（这也是一种卖出时机不对的情况）。在进行高风险投资前，要根据自己的实际情况做好资产配置，不要一味地追求高收益而忽略了风险，理财是为了让生活变得更好，而不是给自己添堵的。我们无法预测市场，但可以学着应对市场，要用资产配置的观念去理财，这样才能走得更稳、走得更远。

在进行资产配置时，要考虑自己及家人的保险保障，然后留出日常生活所需资金，再将部分资产配置在相对稳健的纯债型基金、银行存款等产品上，降低投资组合波动。做好以上准备后，就可以用剩余资产投资股票、权益类基金等风险相对较高的产品了。

### 1. 保险：社会保险+商业险

一定要入保险，无论是职工医疗保险还是农村合作医疗，这些都是最基础的。除基础保险外，还可以考虑一些商业保险，因为这些基础保险的保障并不是很完善。

买保险要明确自己的首要目的，无论是消费型保险还是储蓄型保险，都是以为自己及家人提供医疗保障为主。

**2. 日常使用、应急资产：货币基金或银行存款**

主要是用于日常生活、紧急情况下的备用资金，要保证安全且随时可用。这部分钱可以放在银行或者货币基金中，资金量小的话，收益差别可以忽略。

**3. 稳健、避险资产：纯债基金或定期存款**

主要用于未来可预见的支出，比如买车、子女教育等。

该部分资产配置以稳为主，同时可以带来一定的持续收益，年均收益在3%~5%。避险资产不要求能够取得多高的收益，而是可以在你资产组合中的其他资产大幅下跌时保持稳定，甚至有小幅上涨，降低组合的波动性。当你的其他资产因为大幅下跌而产生较大损失时，你的避险资产可以拿来使用而不用急于卖出亏损资产。

**4. 风险投资资产：股票＋股票型或混合型基金**

这部分投资主要是为了获取超额收益，需要承担一定的风险，要结合自己的风险承受能力来决定是否配置，量力而行，注意配置比例。每种资产的配置比例需要根据市场行情、年龄阶段、资产额度、投资周期、投资目标等因素的变动而调整。对于短期（比如一年内）内要用的资金，不适合投资风险较高的理财产品，也不适合买封闭期过长的基金。在资产合理配置好后，就算市场下跌，也无须过度担忧。我们甚至可以这样想：市场行情不好时，投资标的变得相对便宜，可以在市场低迷时买入更多的基金份额，等到行情好转就能获取更多的收益。

## 七 没有及时止盈、止损

在进行基金理财时，对于盈利基金，要适时止盈，不要过于贪婪；对于前景黯淡的亏损基金，也要敢于止损，不要死拿不放。

### （一）止　　盈

很多基金的业绩有一定的周期性：有的基金成立以来的业绩还不如近两、三年的业绩，所以，如果持仓周期没那么久的话，可以考虑适时止盈。止盈时一定要结合自己的风险承受能力来操作，不要幻想着在最高点卖出，这不现实，建议结合以下方法分批操作。

### 1. 目标止盈法：达成收益率目标，止盈

我们可以设置一个目标收益率，比如盈利 30% 就可以卖出了，建议分批卖出，在止盈过程中，要注意控制贪婪情绪。当我们有一定的经验后，可以结合市场行情、基金类型、个人风险承受能力、持有周期、基金买入时的位置高低等因素来分批止盈。

如果你的风险承受能力相对较高，持有期较长，持有的是行业类等这种波动较大的权益基金，那么止盈目标就可设置得高一点。另外，低点买入基金与高估值时买入基金的收益率目标设置也应有所不同，比如基金 A 今年收益率为 100%，在年初其收益率为 10% 时买入与在年中其收益率为 50% 时买入的止盈目标也应不同。

### 2. 根据市场情形来决定

比如已经投资了三年，市场或行业估值变得非常高（估值），投资者也变得狂热，周围的人都开始谈论、买入股票或基金，都认为市场会继续上涨（情绪），我们分析之后，认为市场行情可能将进入下跌期，对于行业类基金来说，可能会发生周期转换，持仓的行业会进入下行周期，其他行业开始上涨，那么最好先行赎回获利了结。

止盈时可采用回撤止盈法，比如基金收益率为 100%，此时还在上涨，上涨时先不用管，我们可以规划一下当基金收益率回撤几个点位（回撤值）后，分批卖出一部分，这样可以降低错失卖出后基金继续上涨收益的概率，增加"持盈"的可能性，当然，也可能会损失自己设定的回撤点的收益，但性价比还是可以的。回撤值的设置也要灵活一点，需要考虑自己的收益情况，比如基金收益率为 30%，可以设置回撤 5% 后止盈，收益率为 90%，可以设置回撤 10% 后止盈。

目标止盈法也可以与回撤止盈法结合使用，比如自己设置的回撤值为 10%，当基金收益率到达自己设置的止盈目标时，比如 50%，可以先不用卖出，继续持有，此时基金收益率可能继续上涨到 70%，当基金收益率回撤幅度达到自己设置的回撤值时，也就是从 70% 的收益率回撤到 60%，可以分批卖出止盈。

其实，我们可以综合使用"目标止盈""情绪止盈""回撤止盈""估值止盈"等方法，结合分批操作方式，作为基金止盈时作出系统判断的一些基本考虑因素。

## （二）止　　损

当市场整体下跌时，你的基金下跌也是正常的，如果我们的基金因市场普跌行情而不是因基金自身问题亏损，此时不要急于赎回，可以逢大跌分批买入，抓住波动中蕴含的机会。但是，如果市场行情不算差，你的基金或者说同一行业的基金业绩表现都很差，尤其是该行业的基金最近已经经历过一次持续上涨行情，此时发生板块轮动，而其他行业的基金业绩表现很好，这个时候是可以止损的，并不适合死拿不放等待回本，在这种情况下的止损是很明智的，并不等同于普跌行情下的"割肉"。

市场上确实存在部分很差的基金，就算你没有追涨杀跌，收益也不是很理想，这就要求我们持有的基金在同类基金中排名中上，当选择的基金不合适时，要及时进行调整，接受亏损并避免继续增加沉没成本。

在投资中要控制好自己的情绪：不要对自己持有的基金产生感情，不适合要及时调整；不要因为自己对劣质基金的不作为而让亏损持续扩大，不要让亏损超出自己的承受范围。

## 八　加杠杆，急于还债，低价卖出

不知道有没有人在认为行情好或者在连续下跌行情下可以抄底时，就用一些借贷工具，举债买入基金，想等过一段时间后卖出赚一笔，但不幸因追高又或因市场仍在继续下跌被套，然后急于还上借款，又把基金"割肉"卖出了，在理财时，我们尽量不要加杠杆，但这不是说绝不能加杠杆，只是说杠杆理财不适合我们普通投资者，借钱买基金，有三个不利影响。

一是会影响我们的投资心态，一下跌就心慌，这样不仅会影响我们的操作判断，也会影响我们的生活状态。

二是由于急于还上借债，可能会低价卖出基金，很容易产生亏损。你想在预期时间内取得预期的收益，然后卖出基金还债，想法很好，但"市场先生"通常不会让你得偿所愿。你有没有想过，在预期时间内，举债买入的基金不仅没上涨，而且亏损了怎么办？要杀跌吗？

三是基金理财需要一定的时间等待基金净值增长（基金持仓公司也需要时间发展），只要所选基金没问题，可以长期持有，而时间越长，借的钱也需要还更多利息。

巴菲特也说过："任何序列的正数，无论多大的数字，只要乘以一个零，都会蒸发殆尽，一切归零。历史告诉我们，所有杠杆通常导致的结果会是零，即便使用它的人非常聪明。"

以上就是我认为基金理财亏损的原因及应对方式，为了减少理财时的亏损，获取更多收益，我们应该做到如下几点。

要选择适合自己组合的基金，不要"唯业绩论"，不要盲从基金经理、专家，对他人及平台推荐的基金要慎之又慎。

合理进行资产配置，构建适合个人实际情况的投资组合，并及时调整，做好风险控制，没事别总盯着市场，偶尔看看就行。

用闲置资金理财，保持合理仓位，当行情不适合投资时，要学会降低仓位，当出现好机会时，也要敢于重仓并拿住，比如上证指数跌到 2 400 点的时机。

普通投资者尽量不要加杠杆。不要追涨杀跌，好基金也需好的买入时机，这样性价比才高，普跌行情是好的布局时机。投资过程中，可能会出现各种各样的热点概念，我们对此要慎之再慎，不预测，不要盲目追热点。

盲目抄底不可取，我们的资金储备不支持一下跌就买入，也不要总想着在最低点买入，这不现实，在低估区域买入即可。勿频繁交易，学会控制持仓成本。

要注意不同行业的板块轮动，好的行业更容易取得好的收益，尤其是在有政策加持时。好基金可以长期持有，但长期持有并不代表不止盈，要及时止盈，尤其是对行业类基金来说，很少有行业类基金能够连续大涨三年，大涨两年就很好了，劣质基金要及时止损。

控制好心态，避免受市场情绪过多影响，管住手，看长远，做长期投资，忽视短期波动，要利用市场情绪赚钱，而不是被市场情绪左右。

既然知道了基金亏损的主要原因，那么在以后的理财过程中我们要减少亏损因素的干扰，增强盈利能力，避免人为增加亏损。

希望你不要学过很多基金理财知识，却依旧亏损。不要在什么都不懂的情况下就匆匆进入市场，不懂不要乱买，初期可以边学习边用少量资金实践，降低试错成本，不断积累经验，提高自己的理财能力，最终形成自己的投资观。

好了，去体验这个有趣而又残酷的市场吧！